# Muttersprache *plus*

## Sprach- und Lesebuch

# 8



Erarbeitet von
Hartmut Frentz, Thomas Hopf, Birgit Mattke, Jana Mikota, Viola Oehme, Elke Oll, Gerda Pietzsch, Bianca Ploog, Cordula Rieger, Luzia Scheuringer-Hillus, Adelbert Schübel, Ute Schultes, Wiebke Schwelgengräber, Bernd Skibitzki, Viola Tomaszek

Unter Beratung von
Franziska Möder, Viola Oehme





VOLK UND WISSEN

# Inhalt

# Was weißt du noch aus Klasse 7?

1 Lies den folgenden Text.

## Freunde treffen, Schule, Sport – Prioritäten setzen

**1** Stress kann vermieden werden, wenn man sich auf die Dinge konzentriert, die einem wirklich wichtig sind. Soziale Beziehungen stehen für die meisten an erster Stelle. Doch permanente Erreichbarkeit durch Handy, Chat und Co. kann anstrengend werden.

**2** Jugendliche sollten sich Zeit nehmen, um bewusst Schwerpunkte in ihrem Leben zu setzen. »Immer mehr muss heute in immer weniger Zeit erledigt werden«, sagte Wolfgang Gaiser vom Deutschen Jugendinstitut in München. Wichtige Fragen seien deshalb: Was habe ich mir alles vorgenommen? Was muss wirklich sein? Was ist mir sehr wichtig? Auf was kann ich vielleicht verzichten?

**3** Dass sich Jugendliche zwischen immer mehr Bereichen entscheiden müssen, belegt auch die aktuelle Shell-Jugendstudie, die am Dienstag in Berlin vorgestellt wurde: Der persönliche Erfolg durch Fleiß und Ehrgeiz ist demnach für eine Mehrheit der Jugendlichen wichtig. Gleichzeitig wollen sie ihr Leben genießen und legen Wert auf ihr soziales Umfeld aus Familie, Freunden und Bekannten. Auch politisches Engagement spielt für viele Jugendliche eine Rolle.

**4** Es gehe deshalb vor allem darum, Prioritäten zu setzen und die eigentlichen Interessen nicht aus den Augen zu verlieren, erklärte Gaiser. Dabei könnten am besten die eigenen Freunde helfen. Jugendliche empfinden ihre Entscheidung für eine bestimmte Ausbildung zum Beispiel als viel zufriedenstellender, wenn sie das Thema vorher mit Freunden besprochen haben.

**5** Unter Freunden könnten Jugendliche Fragen stellen und diskutieren, welche Entscheidungen sie im Leben wirklich treffen wollen, erläuterte Gaiser. Soziale Netze dienten als wichtiger Rückhalt, um den immer vielfältigeren Anforderungen der Jugend gerecht zu werden.

**6** Das Gefühl, immer viele Dinge erledigen zu müssen, könne sich Gaiser zufolge durch permanente Erreichbarkeit verstärken. »Dauernd surfen, E-Mails bearbeiten, Fotos herumschicken und chatten kann durchaus Stress erzeugen.« Deshalb sollten Jugendliche zwischendurch auch einmal komplett auf Kommunikation und Erreichbarkeit verzichten.

2 Notiere die richtige Antwort.

Die Shell-Jugendstudie berichtet, dass die meisten Jugendlichen ...
1 wenig Interesse an politischem Engagement haben.
2 ihre eigentlichen Interessen aus den Augen verlieren.
3 persönlichen Erfolg sowie Freunde und Familie wichtig finden.
4 sich mit Freunden selten über Entscheidungen im Leben unterhalten.

3 Welches zentrale Problem wird im Text angesprochen? Notiere die richtige Antwort.

Jugendliche ...
1 chatten zu häufig und schreiben zu viele E-Mails.
2 nehmen sich zu selten Zeit für sich und ihre Hobbys.
3 sind ständig erreichbar und genießen das Leben zu wenig.
4 machen viele Dinge gleichzeitig und können daher gestresst werden.

4 Schätze ein, welche Funktion der Text hat, und notiere die Antwort. Begründe deine Entscheidung am Text, indem du mindestens zwei Beispiele findest.

Der Text ...
1 informiert mich, was Jugendlichen wichtig ist.
2 fordert mich auf, bewusst mit der Zeit umzugehen.

5 Schreibe aus dem 3. Abschnitt des Textes von Aufgabe 1 die Attribute mit den Nomen/Substantiven heraus, auf die sie sich beziehen. Bestimme die Attribute nach ihrer Stellung.

6 Forme die Sätze wie in Klammern angegeben in Aktiv oder Passiv um. Beachte die Zeitformen.

1 Ich schrieb die E-Mails auf diesem Computer. (Passiv)
2 Paul schießt beim Fußballspielen die meisten Tore. (Passiv)
3 Der Fußballverein wurde von Tom gegründet. (Aktiv)
4 Soziale Netzwerke werden von Jugendlichen oft genutzt. (Aktiv)

## Meinungen austauschen – Diskutieren

!

Die **Diskussion** ist eine Gesprächsform, in der man gemeinsam um die Lösung eines Problems oder die Beantwortung einer problemhaften Frage ringt. Die Diskussionsteilnehmer tauschen ihre Standpunkte und Argumente aus. **Standpunkte** geben die persönlichen Meinungen zum Problem in Form von **Behauptungen (Thesen)** wieder. **Argumente (Begründungen + Beispiele)** sollen die Richtigkeit der Behauptungen beweisen.
Die Diskussion endet in der Regel mit der Zusammenfassung der Ergebnisse des Gedankenaustauschs und Vorschlägen für das weitere Handeln.

**1** Schnelle Snacks am Schulkiosk oder warmes Schulessen?

**a** Lies, was die Schülerinnen und Schüler der Klasse 8 b dazu sagen.

**Leonie** Der Schulkiosk bietet mir alles, was ich brauche, wenn mich der Hunger überfällt.

**Henry** Mir reicht auch das Angebot am Kiosk. Aber mittags esse ich lieber etwas Warmes. Da weiß ich, dass es gesund ist. Außerdem kostet es nicht viel.

**Julia** Was soll denn daran gesund sein?

**Martin** Das Schulessen ist fettarm, wenig gesalzen und ohne Geschmacksverstärker und künstliche Aromen. Das genaue Gegenteil von Snacks und Fast Food!

**Sophie** Typisch Martin: »... ohne Geschmacksverstärker und künstliche Aromen«!

**Claudia** Martin hat zwar Recht, aber es schmeckt nicht! Dieses labbrige Zeug bleibt einem im Halse stecken. Und man muss auch noch die halbe Pause anstehen. Die Kleinen toben herum und besonders einladend ist der Essenraum auch nicht. Nein, danke!

**Eric** Das sehe ich auch so! Ich beobachte schon lange, dass viele sich morgens beim Bäcker versorgen oder etwas Schnelles am Kiosk kaufen. Wer isst schon Schulessen?

**Anne** Ich gehe lieber richtig Mittag essen! Da ist der Weg nicht weit. Außerdem haben wir da schon so eine Art Stammtisch. Wir sitzen gern dort und es ist immer lustig.

**Max** Ich bin weder für das eine noch für das andere. Das kostet alles Zeit und Geld. Ich bringe mir mein Pausenbrot von zu Hause mit. Da weiß ich, was ich habe.

**Gregor** Na, dann lass dir deine aufgeweichte Stulle schmecken!

**Nele** Ich meine, es würden sich mehr Schüler mittags für Schulessen entscheiden, wenn sich einiges verbessern ließe. Essen und Preis sind ja ganz okay, aber das Drumherum ist nicht einladend. Hier könnten wir mithelfen, z. B. die Tische dekorieren und ab und zu mal zum Wischlappen greifen. Ebenso sollten wir auch unsere Wünsche zum Angebot deutlicher äußern.

Diskussionsbeiträge untersuchen

**b** Nenne diejenigen Schülerinnen/Schüler, die nur eine Behauptung aufstellen und keine Begründungen und Beispiele anfügen.

**c** Nenne die SprecherInnen/Sprecher, die Begründungen und Beispiele für oder gegen eine der Verpflegungsmöglichkeiten anbringen.

**d** Beurteile die Überzeugungskraft der Begründungen. Welche Diskussionsteilnehmer wirken überzeugend, welche nicht? Woran liegt das?

**e** Erkläre, warum man Gregors Bemerkung als »Killerphrase« bezeichnen kann.

**f** Im Gespräch ist noch eine »Killerphrase« enthalten. Suche sie und begründe deine Meinung.

→ S. 40 Sachtexten Informationen und Meinungen entnehmen

**!**

Man überzeugt in Diskussionen nur dann, wenn man seine Behauptungen beweisen kann. Dazu führt man **Argumente (Begründungen + Beispiele)** an. Diese können auf allgemein bekannte Tatsachen, auf gemeinsame Erlebnisse oder persönliche Erfahrungen Bezug nehmen.
Ein **Diskussionsbeitrag** besteht also aus folgenden Teilen:

- Behauptung: *Unser Schulessen ist gut,*
- Begründung: *denn es ist gesund und abwechslungsreich.*
- Beispiel: *Die Speisen sind fettarm, wenig gesalzen und ohne Geschmacksverstärker und künstliche Aromen.*
- Schlussfolgerung: *Das Schulessen bietet alles, was wir brauchen.*

**2** Bereite einen Diskussionsbeitrag vor.

Einen Diskussionsbeitrag vorbereiten

• Argumente suchen und ordnen

**a** Notiere zuerst: Was spricht für (pro) und was gegen (kontra) schnelle Snacks und warmes Schulessen? Lege dazu eine Tabelle an und ordne die Argumente aus der Diskussion in Aufgabe 1a (Seite 8) richtig ein.

| pro (für) Schulessen | | kontra (gegen) Schulessen | |
|---|---|---|---|
| **Begründung** | **Beispiel** | **Begründung** | **Beispiel** |
| gesund | … | … | … |

| pro (für) schnelle Snacks | | kontra (gegen) schnelle Snacks | |
|---|---|---|---|
| **Begründung** | **Beispiel** | **Begründung** | **Beispiel** |
| … | … | … | … |

**b** Ergänze die Tabellen durch Beispiele aus deiner eigenen Erfahrung.

**c** Suche weitere Argumente (Begründungen + Beispiele) und ergänze die Tabellen.

• Den Standpunkt formulieren

**d** Formuliere deine Meinung zur Frage »Schnelle Snacks am Schulkiosk oder warmes Schulessen?« als Behauptung (These).

*Ich denke, dass …*

• Argumente formulieren und ordnen

**e** Notiere die Argumente, mit denen du deine Meinung begründen willst, und ordne sie steigernd, d.h., das wichtigste Argument sollte am Schluss stehen.

• Schlussfolgerungen und Lösungsvorschläge formulieren

**f** Formuliere einen Schluss deines Diskussionsbeitrags. Fasse deinen Vorschlag zusammen und leite Schlussfolgerungen ab, wie man das Problem lösen könnte.

*Zusammenfassend kann man sagen, dass … Daraus kann man die Schlussfolgerungen ableiten, dass …*

Einen Diskussionsbeitrag vorstellen

**g** Stellt eure Diskussionsbeiträge in der Klasse vor und beurteilt ihre Überzeugungskraft.

## Einen Diskussionsbeitrag sprachlich gestalten

**3** Ordne die folgenden Wendungen den Bestandteilen eines Diskussionsbeitrags zu. Vervollständige die Aufstellung mit eigenen Beispielen.

1. Meine These lautet: …
2. Die Gründe für meine Meinung sind: …
3. Folgende Beobachtungen (Erlebnisse, Tatsachen) sprechen für die Richtigkeit meines Standpunkts: …
4. Zusammengefasst ergibt sich, dass …
5. Abschließend gebe ich folgende Empfehlungen: …

– *Behauptung*:
  *Meine These lautet: …*
– *Begründung*:
  …

## Einen Diskussionsbeitrag vorbereiten und halten

**4** Bereite einen weiteren Diskussionsbeitrag vor.

**a** Lies den Vorschlag von Max (S. 9) noch einmal und notiere dazu eine Behauptung (These).

**b** Formuliere Pro- und Kontra-Argumente zu diesem Vorschlag.

**c** Schreibe jetzt deine eigene Meinung zum Vorschlag von Max auf und begründe sie durch Argumente. Du kannst die Sätze deiner Argumentation durch folgende Wörter verbinden.

zuerst – weil – deshalb – darum – damit – außerdem – wenn … dann – um … zu

**d** Stellt eure Meinungen und Argumente in der Klasse vor und beurteilt ihre Überzeugungskraft.

**5** Überlege, welche anderen Möglichkeiten es für eine gesunde Schulverpflegung gibt.

**a** Stelle deinen Vorschlag zur Diskussion. Nutze dazu die Schrittfolge.

**So kannst du einen Diskussionsbeitrag vorbereiten**

1. Formuliere das Problem, das diskutiert werden soll, als Frage.
2. Überlege, welche Meinung du zu diesem Problem hast.
3. Formuliere deinen Standpunkt als Behauptung (These).
4. Suche Argumente für die Richtigkeit deiner These.
   - Überlege dir Begründungen zur Verdeutlichung deines Standpunkts.
   - Suche Beispiele zur Veranschaulichung.
5. Leite Schlussfolgerungen ab.
   - Wie lautet dein Vorschlag zur Lösung des Problems?
   - Was ist bei der Umsetzung deines Vorschlags zu tun?

**b** Formuliere eine Empfehlung für eine gesunde Schulverpflegung. Berücksichtige dabei die Vorschläge aus der Diskussion.

**6**

**a** Wie verhalte ich mich in der Diskussion angemessen? Sucht passende Regeln aus und begründet eure Auswahl.

**1** Ich warte, bis mich die Diskussionsleitung aufruft.
**2** Ich höre mir die Beiträge der Teilnehmerinnen/Teilnehmer genau an und schließe meinen Beitrag an eine Vorrednerin / einen Vorredner an.
**3** Ich mache durch Mimik und Gestik auf mich aufmerksam.
**4** Ich melde mich, wenn gerade eine Gesprächspause ist.
**5** Ich falle den Vorrednern ins Wort, um nicht vergessen zu werden.
**6** Ich warte das Ende der Diskussion ab, weil mein Beitrag der wichtigste ist.

**b** Ergänzt weitere Gesprächsregeln.

**!** Eine **Diskussionsleiterin** / ein **Diskussionsleiter** führt die Teilnehmerinnen und Teilnehmer durch die Diskussion. Sie/Er eröffnet die Diskussion, achtet auf die Einhaltung der Gesprächsregeln und fasst die Ergebnisse zusammen. Eine Protokollantin / Ein Protokollant kann sie/ihn dabei unterstützen.

Die Leitung einer Diskussion vorbereiten

**7** Stelle dir vor, du wärst Diskussionsleiterin/Diskussionsleiter.

**a** Formuliere eine Einleitung für die Diskussion zum Problem »Schnelle Snacks am Schulkiosk oder warmes Schulessen?« (S. 8, Aufgabe 1a).

**b** Notiere Fragen, die sich aus diesem Problem ergeben.

**c** Schreibe Stichpunkte für den Abschluss der Diskussion auf.

*– Dank für die Beiträge, …*

Eine Diskussion vorbereiten, durchführen und auswerten

**8** Führt in der Klasse eine Diskussion zu folgendem Thema durch.

**a** Lies den Text und bereite einen Diskussionsbeitrag vor. Nutze dabei die Schrittfolge auf S. 12. Wenn du weitere Hilfen brauchst, bearbeite die Aufgaben b bis e.

»Raubkopierer sind Verbrecher« – so das Motto einer Kampagne der Filmwirtschaft. In den Werbespots sitzen Raubkopierer im Gefängnis, weil sie Filme illegal kopiert haben. Auch die Musikwirtschaft hat Raubkopierern den Kampf angesagt. Etwa dann, wenn sie gebrannte CDs verbreiten und MP3s ins Internet stellen. Die Musikindustrie macht Raubkopierer für die starken Umsatzeinbrüche verantwortlich. Aber fünf Jahre Haft für einen Download bei Internet-Tauschbörsen wie Kazaa oder für das Brennen einer CD? […]
Eins ist klar: Kopien für den eigenen Gebrauch sind erlaubt. Das regelt das Urheberrechtgesetz, Paragraph 53, Absatz 1: »Zulässig sind einzelne Vervielfältigungen eines Werkes durch eine natürliche Person zum privaten Gebrauch auf beliebigen Trägern.« Legal ist also: CD kaufen, mit legaler Software brennen und im Auto hören. Oder CD »rippen« und die Dateien auf den eigenen MP3-Player schieben. Aber mehr ist nach Meinung der Musikwirtschaft nicht drin. […]
Andere Juristen sind aber der Meinung, dass der Käufer durchaus auch Kopien an Verwandte und Freunde weitergeben darf. […] Wie viele Kopien der Käufer machen darf, ist nach Meinung einiger Juristen auch geregelt: bis zu sieben Kopien. […] Wie die Gerichte heute im Ernstfall entscheiden, ist unklar. […]
Und noch eins ist klar: Das Kopieren von Filmen, Musik oder Software für den gewerblichen Gebrauch ist ohne Einschränkung verboten. […] Wer CDs oder DVDs brennt und die Kopien verkauft, macht sich strafbar. Ebenso droht strafrechtliche Verfolgung, wenn jemand illegale Kopien kauft oder gegen Bezahlung aus dem Internet zieht.

b Formuliere das Problem, das der Text aufwirft, als Frage.

*Im Text geht es um die Frage: Ist ...?*

c Überlege, welche Meinung du zu diesem Problem hast. Formuliere deinen Standpunkt in Form einer Behauptung (These).

*Ich denke, dass ...*

d Überlege, mit welchen Argumenten (Begründungen + Beispielen) du deinen Standpunkt verdeutlichen kannst.

e Leite Schlussfolgerungen ab. Wie lautet dein Lösungsvorschlag?

*Abschließend gebe ich folgende Empfehlungen: ...*

→ S.15 Diskussionen auswerten

f Bestimmt eine/-en Diskussionsleiter/-in und führt die Diskussion durch. Wertet sie danach aus: Was ist gelungen, was kann man verbessern?

**Eine Diskussion vorbereiten, durchführen und auswerten**

**9** Führt eine Diskussion zu einem der folgenden Probleme durch.

a Wählt eine der Problemfragen aus.

1 Verletzt das Einsammeln von Handys Rechte von Schülerinnen/Schülern?
2 Sollten Schüler ihre Lehrer im Internet bewerten dürfen?
3 Wie kann unser Schulalltag weniger stressig werden?

b Bildet euch einen Standpunkt und bereitet einen Diskussionsbeitrag vor. Sucht nach überzeugenden Argumenten.

c Bestimmt eine/-en Diskussionsleiter/-in und führt die Diskussion durch. Achtet dabei auf die Gesprächsregeln (S.12, Aufgabe 6a).

**10** Führt weitere Diskussionen zu selbst gewählten Themen durch. Einigt euch zuerst, wie ihr dabei vorgehen wollt.

**Was habe ich gelernt?**

**11** Fasse zusammen, was du über das Diskutieren und Argumentieren gelernt hast, und fertige ein Merkblatt an.

## Diskussionen auswerten

!

Um bewerten zu können, ob ein Problem in der Diskussion gelöst werden konnte, sollte man die **Diskussion auswerten**. Dabei geht man auf inhaltliche Fragen ein, z.B. ob man sich in der Diskussion auf eine gemeinsame Meinung oder einen Kompromiss einigen konnte. Die Inhalte der Diskussion (Verlauf und/oder Ergebnisse) können auch in einem **Protokoll** festgehalten werden.
Eine wichtige Rolle bei der Auswertung spielen aber z.B. auch die Einhaltung der Gesprächsregeln und der Umgang der Diskussionsteilnehmer miteinander.

**1**

**a** Wählt aus dem Kapitel *Meinungen austauschen – Diskutieren* (S. 8–14) ein Thema aus oder sucht selbst ein Thema und organisiert eine Diskussion.

**b** Beurteilt nach dem Ende der Diskussion und dem Lesen des Protokolls den Inhalt und den Verlauf des Gesprächs. Nutzt dazu die Schrittfolge.

**So könnt ihr eine Diskussion auswerten**

1. Zum Inhalt der Diskussion
   - Welche Standpunkte zum Thema wurden geäußert?
   - Welche Argumente wurden genannt?
   - Mit welchen Beispielen wurden die Argumente veranschaulicht?
   - Zu welchem Ergebnis sind wir gekommen?
   - Welche Schlussfolgerungen wurden gezogen?
2. Zum Verlauf der Diskussion
   - Wie gingen die Diskussionsteilnehmer miteinander um?
   - In welcher Weise sind sie auf ihre Vorredner eingegangen?
   - Wurde sachlich und zielbewusst diskutiert?
   - Wie wurde die Diskussionsleiterin / der Diskussionsleiter ihrer/seiner Rolle gerecht?
   - Wie hat sie/er auf die Einhaltung der Gesprächsregeln geachtet?
   - Waren ihre/seine Fragen und Anregungen verständlich und auf die wichtigen Punkte des Themas bezogen?

# Sich schriftlich mit Problemen auseinandersetzen – Erörtern

## Lineare Erörterungen schreiben

!

Bei einer **schriftlichen Erörterung** setzt man sich denkend und schreibend mit einem Problem auseinander. Dieses wird als **Thema** in der Überschrift formuliert, z. B.: *Mobbing unter Schülern.*
Mit dem Thema verbunden sind einzelne **Fragen**, die für mögliche Lösungen des Problems wichtig sind, z. B.:
*Was kann man gegen Mobbing unter Schülern tun? Ist Mobbing unter Schülern vermeidbar?*
Das Ziel des Erörterns ist es, Problemlösungen zu finden.
Dazu verschafft man sich einen Überblick über das Problem, bildet sich einen **Standpunkt** dazu und sucht nach Problemlösungsmöglichkeiten. Mit **Argumenten (Begründungen + Beispielen)** überzeugt man die Leserinnen/Leser von der Richtigkeit der Problemlösungen.

**1** In der Zeitschrift »Hallo« erschien folgender Artikel.

**a** Lies den Artikel aufmerksam durch.

Die vielen Leserzuschriften zeigen, dass in der letzten Zeit die Zahl der Mobbingfälle unter Schülern gestiegen ist. Insbesondere Mädchen werden aus unterschiedlichen Gründen gehänselt, von der Klassengemeinschaft ausgestoßen oder sogar terrorisiert. Solche Gründe können in einer anderen Nationalität, in einem abweichenden Aussehen oder Verhalten liegen. Gerade stille und ängstlich wirkende Schülerinnen und Schüler sind die typischen Mobbingopfer. Die meisten dieser Opfer haben starke Schulängste und Leistungsschwächen. Einige werden sogar krank, weil sie keinen Ausweg sehen. Sie ergeben sich ihrem Schicksal.
Mobbing ist aber kein Schicksal!
Mobbing kann und muss bekämpft werden!
Mobbing ist zu besiegen!

Viele Leserzuschriften beweisen das. Sie zeigen, dass man Mobbing überwinden kann, wenn man als Opfer in erster Linie zweierlei beachtet: Erstens sollte man sein eigenes Verhalten ändern. Man muss seine Zurückhaltung und Ängstlichkeit überwinden. Ein selbstbewusstes Auftreten wirkt auf die Täter abschreckend. Man muss den Mut aufbringen, sich gegen die Täter zu stellen. Selbstbehauptungs- und Selbstverteidigungskurse können hilfreich sein. Das ist für den Einzelnen jedoch schwer, Hilfe ist nötig. Deswegen ist es zweitens ratsam, sich mit anderen zu verbünden. Wer Freunde gewinnt und nicht mehr allein dasteht, scheidet schon als Mobbingopfer aus. Auch Eltern und Lehrer können helfen, man muss sie nur ansprechen.

Einige unserer Leserinnen und Leser belegen mit ihren Zuschriften den Erfolg solcher Empfehlungen:

Lilli hat nicht nur etwas gegen ihr Übergewicht getan, sie tritt jetzt auch viel offener und entschiedener auf und behauptet sich unter ihren Mitschülern besser als früher. Sie merkt sogar schon, dass sie etwas mehr geachtet wird.

Niklas hat sich seinen Lehrern anvertraut. So machte z. B. seine Deutschlehrerin das Thema »Mobbing« zum Unterrichtsthema. In Rollenspielen und Diskussionen suchte man gemeinsam nach Lösungen.

Maren ist froh, eine Freundin gefunden zu haben. Sie steht ihr bei, wenn sie bedroht wird. Das ist zwar nicht immer erfolgreich, aber ein Anfang ist gemacht.

Diese Beispiele machen Mut. Sie zeigen, dass sich niemand dem Mobbing ergeben muss. Sie zeigen, dass gemeinsames Handeln den Teufelskreis durchbricht.

Es ist also nötig, dass wir alle etwas gegen Gewalt gegen andere tun. Noch besser ist es, wenn es gar nicht erst zu solchen Konflikten kommt. Probleme untereinander lassen sich z. B. durch Gespräche miteinander eher lösen als durch seelische oder körperliche Gewalt gegeneinander.

**Eine Erörterung untersuchen**

**b** Nenne das Thema des Artikels und suche eine passende Überschrift.

- **Ein Problem erkennen**

**c** Formuliere das Problem, das in dem Text erörtert wird, als Frage.

*Was kann man …?*

**2**

• Einen Standpunkt erkennen

**a** Stelle fest, welcher Standpunkt in dem Artikel vertreten wird. In welcher Form wird er formuliert? Nenne weitere Formulierungsmöglichkeiten.

• Argumente erfassen

**b** Bestimme die Argumente (Begründungen + Beispiele), die im Text genennt werden, und trage sie in die Tabelle ein.

| **Begründung** | **Beispiel** |
|---|---|

• Eigene Argumente finden

**c** Suche nach weiteren Argumenten für die Richtigkeit des redaktionellen Standpunkts. Ergänze dazu deine Tabelle.

• Schlussfolgerungen erkennen

**d** Gib die Schlussfolgerung der Redaktion wieder. Lies den Text noch einmal und nenne die Textstelle, an die die Schlussfolgerung anknüpft.

Probleme erkennen, Fragen formulieren

**3** Übe, Probleme zu erkennen und als Fragen zu formulieren. Notiere zu folgenden Themen Fragen für eine Erörterung.

**1** Gefahr(en) von sozialen Netzwerken
**2** Schuluniformen für alle!
**3** Schwänzen – na und?
**4** Technik – immer das Neuste?

**!**

Eine **lineare (steigernde) Erörterung** ist eine der beiden Hauptformen des schriftlichen Erörterns. Man baut sie folgendermaßen auf:
- *Einleitung:*
  Nennen des Themas, Beschreiben des Problems und Wecken des Interesses der Leserinnen/Leser,
- *Hauptteil:*
  – Formulieren des eigenen Standpunkts als These (Behauptung),
  – Begründen des Standpunkts durch einzelne Argumente (Begründungen + Beispiele), wobei das wichtigste in der Regel am Schluss steht,
- *Schluss:*
  – Zusammenfassung mit Bezug auf die These und
  – Schlussfolgerungen für das weitere Handeln.

Eine lineare Erörterung untersuchen

**4** Lies noch einmal den Artikel aus der »Hallo« (S. 16, Aufgabe 1 a).

**a** Formuliere den Standpunkt der Redaktion als Behauptung (These).

**b** Beurteile, ob es sich um eine lineare Erörterung handelt.

**c** Bestimme in dem Artikel Einleitung, Hauptteil und Schluss. Gib jeweils Anfang und Ende der Teile an.

**TIPP**
Nutze dazu die Ergebnisse der Aufgabe 2 b (S. 18).

**d** Überprüfe die Anordnung der Argumente im Hauptteil des Artikels. Woran erkennst du eine Steigerung ihrer Wichtigkeit?

**e** Suche nach einem eigenen Argument, das eine weitere Steigerung gegenüber den genannten Argumenten darstellt. Ergänze deine Tabelle aus Aufgabe 2 b (S. 18).

**f** Beurteile den Schluss. Äußere deine Meinung zur Empfehlung der Redaktion, wie man Mobbing vermeiden kann, in einer These.

## Eine lineare Erörterung planen

**5** Lege begründet deinen Standpunkt zur Frage »Sind Tattoos gefährlich?« dar.

**a** Lies die Zeitungsmeldung und überlege, welche Informationen du für die Einleitung deiner Erörterung verwenden kannst.

**Tückische Tattoos**

Tätowierungen standen schon seit Langem im Verdacht, das Risiko von Infektionen zu erhöhen. Nun haben kanadische Forscher entdeckt, dass Tattoos beispielsweise zur Hepatitis-C-Infektion beitragen können. Ihre Auswertung von 124 medizinischen Untersuchungen ergab, dass Tattoo-Träger das gefährliche Virus dreimal häufiger haben als Menschen, die diesen Hautschmuck nicht tragen. Es wird empfohlen, sich nach dem Anbringen eines Tattoos, etwa während eines Aufenthalts im Ausland, einem Bluttest zu unterziehen. Der Test kann die Infektion schon zwei Wochen nach einer eventuellen Übertragung der Viren nachweisen.

**b** Beschreibe in deiner Einleitung das Problem in ein bis zwei Sätzen.

*1 Einleitung: …*

**TIPP**
Überlege, welche Fragen zu klären sind.

**c** Formuliere für den Hauptteil deiner Erörterung zunächst deinen Standpunkt zum Thema in Form einer These.

2 Hauptteil:
Standpunkt: …

**TIPP**
Suche nach weiteren Informationen, um deine Argumentation zu untermauern.

**d** Notiere Argumente zur Begründung deines Standpunkts und ordne sie. Achte auf eine Steigerung der Überzeugungskraft deiner Begründungen und Beispiele.

Argument 1: …
Argument 2: …
…

**!** Der **Schlussteil** der linearen Erörterung enthält eine Zusammenfassung und Schlussfolgerungen für das weitere Handeln. Man kann ihn z. B. mit folgenden sprachlichen Wendungen einleiten:
*Zusammengefasst ergibt sich …*
*Deshalb meine ich …*
*Meine Schlussfolgerung lautet: …*
*Daraus kann man ableiten …*

**e** Formuliere deinen Schluss in ein bis zwei Sätzen. Achte darauf, dass er keine neuen Argumente enthält, sondern eine Zusammenfassung deines Standpunkts ist und Schlussfolgerungen aufzeigt.

3 Schluss:
Zusammenfassung: …
Schlussfolgerung: …

Eine lineare Erörterung entwerfen

**f** Schreibe einen Entwurf deiner linearen Erörterung zum Thema »Sind Tattoos gefährlich?«. Verwende dazu deinen Schreibplan aus den Aufgaben 5 a–e.

Eine Erörterung überarbeiten

**g** Überarbeitet eure Entwürfe mithilfe der Arbeitsschritte und Tipps im Merkkasten auf der nächsten Seite.

**6** Schreibe eine lineare Erörterung zum Thema »Ist Sport ›Mord‹?«. Gehe dazu vor wie in den Aufgaben 5 b–g.

!

**Eine Erörterung überarbeiten**

| Arbeitsschritte | Tipps |
|---|---|
| **1. Schreibaufgabe bedenken** | |
| – Für wen? Für welchen Zweck? | *Beachte z. B. die Besonderheiten einer Erörterung.* |
| **2. Inhalt überarbeiten** | |
| – Darstellung des Themas und Problems?<br>– Darstellung des Standpunkts?<br>– Überzeugungskraft der Argumente?<br>– Anordnung der Argumente?<br>– Gestaltung von Einleitung und Schluss? | *Prüfe, ob Thema/Problem und Standpunkt eindeutig genannt sind.*<br><br>*Prüfe, ob das wichtigste Argument am Ende steht.*<br>*Beurteile, ob die Einleitung Interesse weckt.*<br>*Prüfe, ob am Schluss die Erörterung des Standpunkts zusammengefasst und Schlussfolgerungen gezogen wurden.* |
| **3. Wortwahl und Satzbau überarbeiten** | |
| – Klar und verständlich formuliert?<br>– Fachbegriffe sinnvoll und richtig verwendet?<br>– Unnötige Wortwiederholungen vermieden?<br>– Sinnvolle Satzverknüpfungen genutzt? | <br><br>*Nutze ggf. Nachschlagewerke.*<br><br>*Nutze ggf. Wortfelder.*<br><br>*Prüfe, ob Satzglieder umgestellt werden können/sollten.*<br>*Nutze geeignete Konjunktionen und Adverbien.* |
| **4. Rechtschreibung und Zeichensetzung korrigieren** | |
| Alles richtig geschrieben?<br>– Alle Satzzeichen vorhanden?<br>– Genutzte Quellen richtig gekennzeichnet? | *Nutze Nachschlagewerke.*<br>*Berate dich mit anderen.*<br>*Beachte die Regeln für Quellenangaben.* |

Was habe ich gelernt?

**7** Fasse zusammen, was du über das lineare Erörtern gelernt hast. Erstelle ein Merkblatt zum Aufbau einer linearen Erörterung.

## Kontroverse (dialektische) Erörterungen schreiben

!

Eine **kontroverse (dialektische) Erörterung** ist neben der linearen Erörterung die zweite Hauptform des schriftlichen Erörterns. Dabei wägt man im **Hauptteil** verschiedene Argumente für (pro) und gegen (kontra) einen Standpunkt zum Problem ab. Eine Möglichkeit der **Gliederung** ist die Gegenüberstellung der Argumente **im Block**.
Das heißt, man führt zuerst alle Kontra-Argumente und danach alle Pro-Argumente an oder umgekehrt. Ausschlaggebend ist, ob man sich selbst für Pro oder für Kontra entscheidet. Die Argumente für die eigene Position stellt man an das Ende, weil sie so dem Leser besser im Gedächtnis bleiben, z. B.:

These: *Tablets sind bessere Mobilrechner als Notebooks.*

Kontra-Argument 1: *Tablets haben weniger Programme als Notebooks und man kann z. B. keine …*
↓
Kontra-Argument 2: *Tablets haben kein DVD-Laufwerk.*
↓
Kontra-Argument 3: *Tablets haben nur wenig Speicherplatz.*
↓
Pro-Argument 1: *Es gibt Tablets mit allen notwendigen Programmen.*
↓
Pro-Argument 2: *DVDs kann man über einen USB-Stick anschauen.*
↓
Pro-Argument 3: *Den Speicher kann man oft durch ein Upgrade erweitern.*

Eine kontroverse Erörterung planen

• Das Problem formulieren

**1** Ist ein Tablet besser als ein Notebook?

a Lies die Informationen in der Tabelle.

| Tablet | Notebook |
|---|---|
| vorwiegend für Internetnutzung | vollwertiger Arbeitsplatzrechner |
| wenig Speicherplatz | viel Speicherplatz |
| virtuelle Tastatur | richtige Tastatur |
| kleiner und leichter | größer und schwerer |
| günstiger als Notebook, im Verhältnis aber teurer | höherer Preis, im Verhältnis aber günstiger |
| nicht alle Standardanschlüsse (z. B. Drucker) | alle Standardanschlüsse |
| nicht unbedingt Standardsoftware | Standard-Programme laufen |

• Thesen formulieren

**b** Formuliere zur Frage in Aufgabe 1 zwei verschiedene Standpunkte in Form von Behauptungen (Thesen).

*Standpunkt 1: Ja, ein Tablet ist ...*
*Standpunkt 2: ...*

• Argumente notieren und ordnen

**c** Notiere Argumente (Begründungen + Beispiele) für (pro) und gegen (kontra) Tablets. Nimm die Informationen aus der Tabelle zu Hilfe und überlege, welche weiteren Fakten du einbeziehen könntest.

• Sich eine Meinung bilden

**d** Entscheide dich jetzt für eine These und ordne die Argumente im Block nach Kontra und Pro. Lies dazu ggf. noch einmal im Merkkasten (S. 22) nach.

• Den Schluss formulieren

**e** Formuliere den Schluss der Erörterung. Nutze dazu den Merkkasten auf S. 20.

Einen Textentwurf schreiben

**f** Schreibe einen vollständigen Entwurf deiner kontroversen Erörterung. Nutze dazu die Vorarbeiten aus den Aufgaben c und d.

Den Textentwurf überarbeiten

→ **S. 21** Eine Erörterung überarbeiten

**g** Überarbeite deinen Entwurf und schreibe die Endfassung.

**!**

Eine zweite Möglichkeit der **Gliederung** des **Hauptteils** einer kontroversen (dialektischen) Erörterung ist folgende: Man verbindet **im Wechsel** die Kontra-Argumente sofort mit den Pro-Argumenten, z. B.:

These: *Tablets sind bessere Mobilrechner als Notebooks.*

Kontra-Argument 1: ... → Pro-Argument 1: ...
Kontra-Argument 2: ... → Pro-Argument 2: ...
Kontra-Argument 3: ... → Pro-Argument 3: ...

**2** Erprobe mithilfe des Merkkastens die zweite Gliederungsmöglichkeit einer Erörterung.

**TIPP**
Nutze deine Vorarbeiten aus Aufgabe 1.

**a** Schreibe deine Erörterung zum Thema »Ist ein Tablet besser als ein Notebook?« erneut. Gestalte den Hauptteil wie im Merkkasten, indem du die Pro- und Kontra-Argumente im Wechsel anordnest.

**b** Gib am Schluss deiner Erörterung eine Kaufempfehlung –
entweder für ein Tablet oder für ein Notebook.

*Nachdem ich die Vor- und Nachteile abgewogen habe, …*

**3** Schreibe zu einem Thema aus Aufgabe 3 (S. 18) eine kontroverse
Erörterung. Gestalte dabei den Hauptteil wie im Merkkasten (S. 23),
indem du die Pro- und Kontra-Argumente im Wechsel anordnest.

●●● **4** Schreibe zu einem selbst gewählten Thema eine kontroverse
Erörterung. Entscheide dich dabei für eine der beiden Gliederungs-
möglichkeiten. Nutze dazu die Schrittfolge.

**So kannst du eine kontroverse (dialektische) Erörterung schreiben**
1. Formuliere das Problem in Form einer Frage und bilde dir
   eine Meinung dazu.
2. Gib deinen Standpunkt als Behauptung (These) wieder.
3. Notiere dir Argumente (Begründungen + Beispiele) und
   ordne die Pro- und Kontra-Argumente entweder im Block
   oder im Wechsel.
4. Schreibe einen Entwurf deiner Erörterung (Einleitung,
   Hauptteil, Schluss).
5. Überarbeite den Entwurf und schreibe die Endfassung
   der Erörterung.

**Was habe ich gelernt?**

**5** Fasse zusammen, was du über das (kontroverse) dialektische
Erörtern weißt. Ergänze dein Merkblatt zum Erörtern.

*Aufbau einer linearen Erörterung:*
*– Einleitung: …*
*– …*

*Aufbau einer kontroversen Erörterung:*
*– Einleitung: …*
*– …*

# Beschreiben

## Personen und Figuren charakterisieren

**1**

a Tauscht euch darüber aus, wann und in welchen Formen euch Personenbeschreibungen begegnet sind.

→ S. 248 Merkwissen

b Wiederholt, was man bei einer Personenbeschreibung beachten muss.

!

Personen oder literarische Figuren werden beschrieben, damit andere sich eine Vorstellung von ihnen machen können.
Um das Aussehen einer Person oder Figur zu beschreiben, benennt man ihre **äußeren Merkmale** (Gesamterscheinung, Einzelheiten, Besonderheiten) möglichst genau und anschaulich.
Um eine **Person** oder **Figur** zu **charakterisieren**, stellt man deren Lebensumstände, Gedanken, Gefühle, Verhaltensweisen, ihr Verhältnis zu anderen u. Ä. dar. Solche **inneren Merkmale** machen den Charakter der Person oder Figur deutlich.

Einen literarischen Text untersuchen

**2**

a Lies den folgenden Ausschnitt aus der Novelle »Kleider machen Leute« von Gottfried Keller (1819–1890).

An einem unfreundlichen Novembertage wanderte ein armes Schneiderlein auf der Landstraße [...]. Der Schneider trug in seiner Tasche nichts als einen Fingerhut, welchen er, in Ermangelung irgendeiner Münze, unablässig zwischen den Fingern drehte, wenn er der Kälte wegen die Hände in die Hosen steckte, und die Finger schmerzten ihn ordentlich von diesem Drehen und Reiben. Denn er hatte wegen des Falliments[1] irgendeines [...] Schneidermeisters seinen Arbeitslohn mit der Arbeit zugleich verlieren und auswandern müssen. Er hatte noch nichts gefrühstückt als einige Schneeflocken, die ihm in den Mund geflogen, und er sah noch weniger ab, wo das geringste Mittagbrot herwachsen sollte. Das Fechten[2] fiel ihm äußerst schwer, ja schien ihm gänzlich unmöglich, weil er über seinem schwarzen Sonntagskleide, welches sein einziges war, einen weiten, dunkelgrauen Radmantel[3] trug, mit schwarzem Samt ausgeschlagen, der seinem Träger ein edles und romantisches Aussehen verlieh, zumal dessen lange schwarze Haare und

[1] Bankrotts

[2] Betteln

[3] meist ärmelloser Umhang

Schnurrbärtchen sorgfältig gepflegt waren und er sich blasser, aber regelmäßiger Gesichtszüge erfreute.

Solcher Habitus[4] war ihm zum Bedürfnis geworden, ohne dass er etwas Schlimmes oder Betrügerisches dabei im Schilde führte; vielmehr war er zufrieden, wenn man ihn nur gewähren und im Stillen seine Arbeit verrichten ließ; aber lieber wäre er verhungert, als dass er sich von seinem Radmantel und von seiner polnischen Pelzmütze getrennt hätte, die er ebenfalls mit großem Anstand zu tragen wusste.

Er konnte deshalb nur in größeren Städten arbeiten, wo solches nicht zu sehr auffiel; wenn er wanderte und keine Ersparnisse mitführte, geriet er in die größte Not. Näherte er sich einem Hause, so betrachteten ihn die Leute mit Verwunderung und Neugierde und erwarteten eher alles andere, als dass er betteln würde; so erstarben ihm, da er überdies nicht beredt[5] war, die Worte im Munde, also dass er [...] Hunger litt [...].

[4] Erscheinungsbild

[5] redegewandt

**TIPP**
Versuche, den Schneider zu zeichnen.

**b** Notiere die äußeren Merkmale des Schneiders in Stichpunkten.

**c** Überlege, welche Merkmale den Charakter des Schneiders kennzeichnen. Suche Textstellen und notiere deine Gedanken in Stichpunkten.

### Eine Figurencharakterisierung planen

**TIPP**
Nutze die Ergebnisse der Aufgaben 2 b und c.

**3** Verfasse eine eigene Charakterisierung des Schneiders.

**a** Ordne die äußeren und inneren Merkmale. Nutze dazu Textstellen sowie eigene Wörter und Wendungen, die deine Vorstellung von dem Schneider genau bezeichnen. Wenn du Hilfe brauchst, nutze die Aufgaben b und c.

**b** Suche Wörter und Wendungen aus dem Text heraus, die den Schneider beschreiben. Ordne sie nach äußeren und inneren Merkmalen.

**c** Wähle Wörter und Wendungen aus, die zu deinen Vorstellungen von dem Schneider passen. Ordne sie nach äußeren und inneren Merkmalen.

**TIPP**
Ergänze eigene Wörter und Wendungen.

aufgeweckt – ruhig – gelassen – selbstsicher – in sich gekehrt – still – unruhig – nervös – natürlich – schweigsam – gut gelaunt – reich – faul – fleißig – emsig – antriebsarm – träge – schüchtern – ehrlich – stolz

**d** Überlege, wie du deine Charakterisierung gliedern willst, und formuliere die Einleitung.

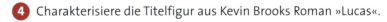

*In Gottfried Kellers Novelle „Kleider machen Leute" …*

### Den Entwurf schreiben und überarbeiten

**e** Schreibe den Entwurf deiner Charakterisierung und überarbeite ihn anschließend. Achte besonders auf anschauliche Bezeichnungen.

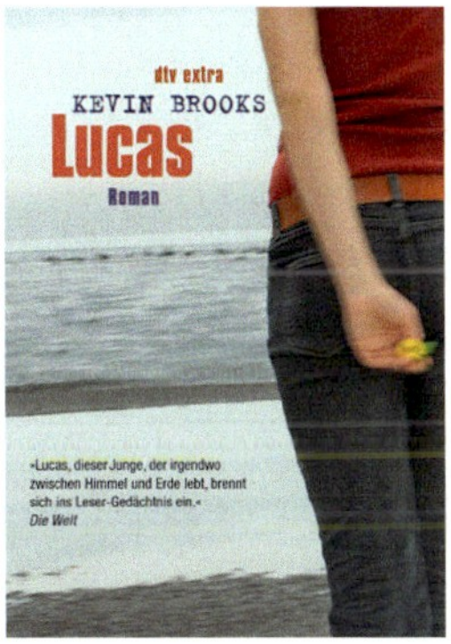


**4** Charakterisiere die Titelfigur aus Kevin Brooks Roman »Lucas«.

**a** Lies dazu den Beginn des Buchs.

Ich sah Lucas zum ersten Mal letzten Sommer an einem sonnigen Nachmittag Ende Juli. […] Das Einzige, was ich vom Rücksitz des Wagens aus erkennen konnte, war eine grün gekleidete Gestalt, die im flimmernden Dunst der Hitze den Damm entlangtrottete; eine schmächtige, zerlumpte Person mit einem Wuschelkopf aus strohblondem Haar und einer Art zu gehen – ich muss immer noch lächeln, wenn ich dran denke –, einer Art zu gehen, als würde er der Luft Geheimnisse zuflüstern. […]

Als wir näher kamen, konnte ich die Gestalt besser wahrnehmen. Es war ein junger Mann oder ein Junge, lässig angezogen mit graugrünem T-Shirt und ausgebeulter grüner Hose. Er hatte sich eine Armyjacke um die Taille gebunden und eine grüne Leinentasche über die Schulter geworfen. Das Einzige an ihm, was nicht grün war, waren die zerschlissenen schwarzen Boots an seinen Füßen. Auch wenn er eher klein wirkte, war er doch nicht so schmächtig, wie ich anfangs gedacht hatte. Er war zwar nicht unbedingt muskulös, aber er sah auch nicht eben schwächlich aus. Es ist schwer zu erklären. Er besaß so etwas wie eine verborgene Kraft, eine anmutige Stärke, die sich in seiner Ausgeglichenheit zeigte, in seiner Haltung, in der Art, wie er ging …

Wie ich schon sagte, wenn ich an Lucas' Gang denke, muss ich jedes Mal lächeln. Ich habe diesen Gang noch unglaublich lebendig in Erinnerung; sobald ich meine Augen schließe, sehe ich ihn genau vor mir. Ein lockeres Traben. Schön und stetig. Nicht zu schnell und nicht zu langsam. Schnell genug, um irgendwo hinzukommen, aber nicht so schnell, dass er unterwegs etwas verpassen würde. Federnd, lebhaft, entschlossen, unbeschwert und ohne Eitelkeit. Ein Gang, der sich in alles, was ihn umgab, einfügte und doch von allem unberührt blieb.

Man kann an der Art, wie Menschen gehen, viel über sie erfahren. [...] Dad fuhr mit mehr oder weniger gleich bleibender Geschwindigkeit, wie er das immer tut, aber jetzt schien es, als würden wir uns kaum bewegen. [...] Es war unheimlich. Fast wie ein Traum. Dann, mit einem Mal, schienen Zeit und Entfernung wieder voranzutaumeln und wir fuhren auf gleiche Höhe mit dem Jungen.

Als es so weit war, wandte er seinen Kopf und sah uns an. Nein, das ist falsch – er wandte seinen Kopf und sah *mich* an. Genau mich. (Als ich vor Kurzem mit Dad darüber sprach, sagte er, er hatte genau das gleiche Gefühl gehabt – dass Lucas *ihn* ansah, als wäre er die einzige Person auf der ganzen Welt.)

Es war ein Gesicht, das ich nie vergessen werde. Nicht einfach wegen seiner Schönheit – obwohl Lucas ohne jeden Zweifel schön war –, sondern mehr wegen seines wunderlichen Ausdrucks, *jenseits* von allem zu sein. Jenseits der blassblauen Augen, der zerzausten Haare und des traurigen Lächelns ... jenseits all dessen gab es noch etwas anderes.

Etwas ...

Ich weiß noch immer nicht, was es war.

**Eine literarische Figur untersuchen**

**b** Untersuche den Text jetzt genauer und notiere Textstellen und Stichpunkte zu deinen Gedanken. Überlege:
- Wer erzählt hier? Wer beschreibt Lucas?
- Welche äußeren Merkmale werden beschrieben?
- Welche Textstellen geben Hinweise auf welche inneren Merkmale?

**Eine Figurencharakterisierung verfassen**

**c** Schreibe eine Charakterisierung der Figur und nutze dabei Textstellen.

**So kannst du eine Person oder Figur charakterisieren**

1. Beschreibe die äußeren Merkmale einer Person oder Figur (Gesamterscheinung, Einzelheiten, besondere Merkmale).
2. Beschreibe danach die inneren Merkmale einer Person oder Figur (Lebensumstände, Gedanken, Gefühle, Verhaltensweisen, ihr Verhältnis zu anderen).
3. Fasse die Merkmale zusammen.

**TIPP**
Du kannst S. 75, Aufg. 4 bearbeiten.

**5** Wähle eine literarische Figur aus deinem Sprach- und Lesebuch aus und charakterisiere sie. Nutze die Schrittfolge.

**6** Charakterisiere eine Figur aus deinem Lieblingsbuch.

## Historische Vorgänge verstehen und beschreiben

→ S. 248 Merkwissen

1 Wiederholt, welche Vorgänge man beschreiben kann und wozu Vorgangsbeschreibungen dienen.

2 In folgendem Text wird die historische Entwicklung des Kinder- und Jugendarbeitsschutzes in Deutschland beschrieben.

**Eine Beschreibung untersuchen**

a Lies den Text über Kinderarbeit.

Kohlebergwerk in Belgien, 1904

Kinderarbeit ist noch heute für ca. 150 Millionen Kinder im Alter von 5 bis 13 Jahren Alltag. In Deutschland wurde die Kinderarbeit schrittweise eingeschränkt bzw. verboten.
Zu Beginn des 19. Jahrhunderts erfährt die Kinderarbeit eine besondere Bedeutung. Für die Fabrikarbeit an den Maschinen ist keine besondere Ausbildung erforderlich und so können Kinder mit weniger Lohn als Erwachsene und mit einem Arbeitstag von 14 Stunden täglich beschäftigt werden.
1832 erlässt Preußen als erster Staat ein Gesetz (Preußisches Regulativ), das Kinderarbeit Grenzen setzt. Es verbietet Bergbau- und Fabrikarbeit für Kinder unter 9 Jahren und für alle unter 16, die nicht wenigstens 3 Jahre eine Schule besucht haben. Die maximale Arbeitszeit darf 10 Stunden nicht überschreiten. Grund für dieses Gesetz ist, dass Preußen gesunde Wehrpflichtige braucht, um das Heer einsatzfähig zu erhalten. Es fehlt jedoch anfangs an der Kontrolle der Durchsetzung des Gesetzes. Erst 1878 wird eine Prüfung der Arbeitsbedingungen verpflichtend, da keine Verbesserung des Gesundheitszustands der Wehrpflichtigen eingetreten ist. 1891 verbietet die Reichsgewerbeordnung grundsätzlich Fabrikarbeit für Kinder unter 13 Jahren und Nachtarbeit für Jugendliche, da das bisherige Gesetz den Zustand nicht wirklich geändert hat.
Das erste Kinderschutzgesetz ist 1903 das erste Reichsgesetz zur Regelung der Kinderarbeit, welches Altersgrenzen genau festlegt und auch die Kinder in Familienbetrieben schützt. Dies ist ein entscheidender Fortschritt für alle Kinder. 1938 tritt an die Stelle des Kinderschutzgesetzes das Jugendschutzgesetz, welches keine wesentlichen Neuerungen beinhaltet.
Nach dem 2. Weltkrieg entsteht in Niedersachsen 1948 ein eigenes Arbeitsschutzgesetz für Jugendliche. Nach dessen Vorbild wird 1960 das Jugendarbeitsschutzgesetz für die gesamte Bundesrepu-

blik eingeführt. Anstrengende körperliche Arbeit sowie Akkord- und Fließbandarbeit sind nun verboten. 1976 wird die wöchentliche Höchstarbeitszeit für Jugendliche auf 40 Stunden beschränkt. 1997 erfolgt eine Anpassung des Jugendarbeitsschutzgesetzes an die Vorgaben der EU. Die Bestimmungen der EU dienen noch mehr dem Verbot des Missbrauchs von Kindern als billige Arbeitskräfte in Europa. Kinderarbeit wird bis zur Vollendung des 15. Lebensjahres verboten. Wer über 15 Jahre alt ist und noch der Vollzeitschulpflicht unterliegt, darf während der Schulferien nur für 4 Wochen im Jahr beschäftigt werden.
Kinder und Jugendliche sind im 21. Jahrhundert in Deutschland und der EU vor Kinderarbeit geschützt und können ungehindert die Schule besuchen und eine Ausbildung absolvieren.

• Die Gliederung erfassen

**b** Gliedere den Text in Einleitung, Hauptteil und Schluss.

• Bestimmte Informationen entnehmen

**c** Notiere die einzelnen Teilschritte der Entwicklung des Kinder- und Jugendarbeitsschutzes in Stichpunkten. Achte auf die richtige zeitliche Reihenfolge.

*– Beginn des 19. Jh.: keine Ausbildung, wenig Lohn, …*

**d** Tauscht euch darüber aus, wodurch es in dem Text gelingt, die historischen Zusammenhänge zu verdeutlichen.

**3** Untersucht die sprachliche Gestaltung des Textes.

• Die sprachliche Gestaltung des Textes untersuchen

**a** Tauscht euch über Besonderheiten in der Wortwahl aus.

**b** Überlegt, warum fast der gesamte Text im Präsens verfasst ist, obwohl überwiegend Vergangenes beschrieben wird.

**c** Erprobt, ob man die Beschreibung auch im Präteritum verfassen könnte.

**d** Stellt fest, auf welche Weise die Satzverknüpfung gelungen ist. Achtet besonders auf Einleitewörter, Adverbien und die Satzgliedstellung.

!

Bei der **Beschreibung historischer Vorgänge** sind die einzelnen Ereignisse, Handlungen und Ergebnisse **sachlich richtig** und **chronologisch** (in ihrer zeitlichen Abfolge) darzustellen. Zusätzliche Hintergrundinformationen, Begründungen und Beispiele helfen dem Leser, historische Zusammenhänge zu erkennen.
In der Regel formuliert man **sachlich** und verwendet **Fachwortschatz**. Man kann im **Präsens** oder im **Präteritum** schreiben.

**4** Beschreibe für den Geschichtsunterricht, wie sich die Arbeits- und Lebensverhältnisse infolge der Industrialisierung veränderten.

Eine Vorgangsbeschreibung planen
- Informationen sammeln und ordnen

**a** Lies zuerst folgende Fakten und ordne sie chronologisch.

Arbeit in Fabriken – Arbeit in Manufakturen – Heimarbeit

alle Tätigkeiten unter einem Dach – Menschen bedienen Maschinen – kein Anstieg der Lebenserwartung (Kinderarbeit, Unfälle) – Massenproduktion – langer Arbeitstag, oft bis zur Erschöpfung – geringe Lebenserwartung (harte Arbeit und berufstypische Erkrankungen, ca. 35 Jahre) – feste Arbeitszeiten (12 Stunden) – wenige Produkte durch aufwändige Herstellung – Arbeit an manuellen Geräten (Spinnrad, Webstuhl, ...) – schlechte Bezahlung, dadurch große Armut – alle Tätigkeiten unter einem Dach – Arbeitsorganisation und Spezialisierung – feste Arbeitszeiten (12 Stunden) – Maschinen übernehmen Arbeit der Menschen – Lebenserwartung stieg (Rückgang berufstypischer Erkrankungen) – Erhöhung der Qualität und Quantität der Produktion durch Spezialisierung – Familienarbeit zu Hause – verbesserte manuelle Geräte

Einen Entwurf schreiben

**b** Formuliere das Thema als Überschrift und entwirf deine Einleitung.

**c** Schreibe den Entwurf des Hauptteils und gestalte den Schluss.

Den Entwurf überarbeiten

**d** Überarbeite deinen Entwurf und schreibe die Endfassung.

Was habe ich gelernt?

**5** Überprüfe, was du über das Beschreiben gelernt hast. Beantworte dazu die folgenden Fragen.

**1** Wie gehst du beim Charakterisieren einer literarischen Figur vor?
**2** Was ist beim Beschreiben historischer Vorgänge zu beachten?

# Erzählen

## Aus unterschiedlichen Perspektiven erzählen

**1** Daisy soll den Sommer in England verbringen. Ihr Cousin Edmond holt sie vom Flughafen ab. Es beginnt eine Zeit, die alles verändert.

**a** Lies den Auszug aus dem Roman »So lebe ich jetzt« von Meg Rosoff, in dem Daisy ihren Verwandten erstmals begegnet.

Im Jeep schlief ich ein, weil es ein weiter Weg bis zu ihrem Haus war, und wenn ich nur die Straße vorbeirauschen sehe, schließe ich am liebsten immer die Augen. Als ich sie dann wieder öffnete, stand da ein Begrüßungskomitee und starrte mich durchs Fenster an, es waren vier Kinder und eine Ziege und zwei Hunde, die Jet und Gin hießen, wie ich später erfuhr, und im Hintergrund sah ich ein paar Katzen hinter einer Entenschar herjagen, die aus irgendeinem Grund auf dem Rasen rumhing.
Einen Augenblick lang war ich richtig froh, dass ich fünfzehn war und aus New York kam, denn ich hab vielleicht noch nicht alles erlebt, aber doch schon ziemlich viel, und in meiner Clique habe ich das beste So-was-kommt-bei-mir-nun-wirklich-andauernd-vor-Gesicht. Genau so ein Gesicht machte ich jetzt, obwohl mich alles ehrlich gesagt reichlich überraschte, aber sie sollten nicht denken, dass Kids aus New York nicht mindestens genauso cool sind wie englische Kids, die nur zufällig mit Ziegen und Hunden und was weiß ich allem in riesigen alten Häusern wohnen.
Von Tante Penn noch immer keine Spur, aber Edmond stellt mich dem Rest meiner Verwandten vor [...]. Isaac ist Edmonds Zwillingsbruder und sie sehen genau gleich aus, nur sind Isaacs Augen grün und die von Edmond haben dieselbe Farbe wie der Himmel, der im Augenblick grau ist. Anfangs mochte ich Piper am liebsten, weil sie mir einfach offen ins Gesicht sah und sagte Wir freuen uns sehr, dass du gekommen bist, Elizabeth.
Daisy, verbesserte ich, und sie nickte irgendwie ernsthaft, sodass ich wusste, sie würde es nicht vergessen.
Isaac wollte meine Tasche zum Haus schleppen, aber dann kam Osbert, der Älteste, und schnappte sie ihm überheblich weg und verschwand damit ins Haus.
Bevor ich erzähle, was dann passiert ist, muss ich noch das Haus beschreiben [...].

Erst mal sollte klar sein, dass das Haus eine alte Bruchbude ist, aber aus einem unerfindlichen Grund berührt das seine Schönheit irgendwie überhaupt nicht. Es ist aus großen gelblichen Steinen, hat ein steiles Dach und ist in L-Form um einen großen, mit dicken Kieseln gepflasterten Hof gebaut. [...]

Als ich mich später ein bisschen im Haus umsehen kann, stelle ich fest, dass es innen viel verwinkelter ist als außen, mit komischen Gängen, die anscheinend nirgendwo hinführen, und winzigen Schlafzimmern mit schrägen Decken, die oben an der Treppe versteckt liegen. Alle Treppenstufen knarren und an keinem der Fenster sind Vorhänge und die Zimmer unten sind riesig, jedenfalls für meine Verhältnisse, und voll mit klobigen alten gemütlichen Möbeln und Bildern und Büchern und riesigen Kaminen [...].

Schließlich gingen Edmond, Piper, Isaac und Osbert zusammen mit den Hunden Jet und Gin und ein paar Katzen vor mir in die Küche und setzten sich an oder unter einen Holztisch und irgendwer machte Tee und sie starrten mich alle an wie ein interessantes Wesen, das sie aus dem Zoo bestellt hatten, und stellten mir jede Menge Fragen auf eine viel freundlichere Art, als es in New York möglich wäre [...].

Nach einer Weile war ich ganz benebelt und dachte, Mann, wär jetzt ein Glas eiskaltes Wasser gut, damit mein Kopf wieder klar wird, und als ich aufblickte, stand da Edmond und hielt mir ein Glas Wasser mit Eiswürfeln hin, und die ganze Zeit schaute er mich mit seinem beinahe lächelnden Ausdruck an, und obwohl ich mir in dem Moment keine großen Gedanken darüber machte, fiel mir auf, dass Isaac ihn komisch ansah. [...]

Piper fragte, ob ich die Tiere sehen oder mich erst eine Weile hinlegen möchte, und ich sagte hinlegen, weil ich schon vor meiner Abreise aus New York nicht unbedingt viel geschlafen hatte. [...]

Sie führte mich nach oben zu einem Zimmer am Ende eines Flurs, es war eine Art Kammer wie für einen Mönch – ziemlich klein und schlicht, mit dicken weißen Wänden, die nicht glatt und gerade waren wie neue Wände, und einem riesigen Fenster, das in viele gelbe und grüne Glasscheiben unterteilt war. Unterm Bett lag eine große gestreifte Katze und in einer alten Flasche standen Narzissen, und plötzlich kam es mir vor, als hätte ich mich noch nie irgendwo so geborgen gefühlt wie in diesem Zimmer, was nur beweist, wie sehr man sich irren kann, aber jetzt bin ich schon wieder voreilig. [...]

**b** Beschreibe die Grundstimmung der Erzählung. Welchen Eindruck hinterlässt der Text bei dir?

**c** Lies den Text noch einmal und überprüfe deinen ersten Eindruck. Führe entsprechende Textstellen an.

→ S. 248 Merkwissen

**d** Bestimme die Erzählperspektive im Text und belege sie mit Beispielen.

**e** Erkläre, welche Bedeutung die Erzählperspektive für die Grundstimmung und Wirkung des Textes hat.

**f** Untersuche mithilfe des Merkkastens, welche sprachlichen Mittel eingesetzt wurden und wie sie zur Stimmung und Wirkung beitragen.

!

Durch den gezielten Einsatz **sprachlicher Mittel** wird das Geschehen einer Erzählung für Hörer oder Leser besonders gut nacherlebbar:
- **treffende Verben**, z. B.: *flüstern, murmeln, brabbeln, stottern,*
- **anschauliche Adjektive**, z. B.: *beeindruckend, riesig, klobig,*
- **anschauliche Nomen/Substantive**, z. B.: *Bruchbude, Holztisch,*
- **Vergleiche**, z. B.: *hüpfen wie ein Frosch, singen wie eine Nachtigall.*

## Aus der Perspektive anderer Figuren erzählen

**2** Erzähle die Geschichte aus der Sicht von Edmond.

**a** Lies den Text noch einmal und untersuche, was man über Edmond erfährt und wie er zu den anderen Figuren steht. Notiere dir Stichpunkte dazu.

**b** Bereite eine mündliche Erzählung des Geschehens aus Edmonds Sicht vor. Fertige einen Stichpunktzettel an und übe deine Erzählung.

**c** Tragt eure Erzählungen vor und bewertet die inhaltliche und sprachliche Gestaltung.

**3** Piper und Isaac reagieren auf verschiedene Weise auf Daisys Ankunft.

**a** Untersuche die Geschichte nach Textbelegen dafür. Notiere, was die beiden denken und fühlen können.

b Wähle eine der beiden Figuren aus und schreibe aus deren Sicht einen Tagebucheintrag zu Daisys Ankunft.

c Vergleicht eure Tagebucheinträge. Besprecht Unterschiede.

!

Ein wichtiges erzählerisches Mittel des interessanten und spannenden Erzählens ist die **Zeitgestaltung**. Dabei unterscheidet man:
- die **Zeitdehnung** durch das Einfügen von Gedanken, Gefühlen, Stimmungen, ausführlichen Orts-, Situations- oder Personenbeschreibungen; die Erzählzeit ist länger als die erzählte Zeit,
- die **Zeitraffung** durch das verkürzte Wiedergeben des Geschehens oder Zeitsprünge; die Erzählzeit ist kürzer als die erzählte Zeit,
- die **Vorausdeutung:** das Andeuten kommender Ereignisse,
- die **Rückblende:** das Aufgreifen von vergangenen Ereignissen.

4 Untersuche den Textauszug aus Aufgabe 1a (S. 32) hinsichtlich der im Merkkasten genannten Mittel zur Zeitgestaltung.

**TIPP**
Lies noch einmal im Merkkasten nach.

5 Stelle dir vor, Piper oder Isaac wollen jemandem von Daisys Ankunft erzählen. Lies deinen Tagebucheintrag aus Aufgabe 3 b noch einmal und überlege, an welchen Stellen man durch Zeitgestaltung spannender und interessanter erzählen könnte. Nenne die Stellen.

6 Formuliere eine Stelle deines Tagebucheintrags um, indem du ein Mittel der Zeitgestaltung einarbeitest.

**TIPP:**
Du kannst auch eine Geschichte erfinden.

7 Gestalte aus dem Tagebucheintrag aus Aufgabe 3 b eine spannende Erzählung. Verwende verschiedene Mittel der Zeitgestaltung.

8 Erzähle selbst von einer besonderen Begegnung. Nutze verschiedene erzählerische Mittel, um deinen Text interessant zu gestalten.

**Was habe ich gelernt?**

9 Überprüfe, was du über das Erzählen gelernt hast. Beantworte dazu folgende Fragen.

**1** Durch welche sprachlichen Mittel wird eine Erzählung für die Leser/Zuhörer besonders gut nacherlebbar?
**2** Welche Möglichkeiten der Zeitgestaltung hat man beim Erzählen?

# Mitteilungen verfassen

## Reklamationen und Beschwerden schreiben

**1** Tragt zusammen, welche besonderen Merkmale eine Mail hat und welche Unterschiede zwischen einem Brief und einer E-Mail bestehen.

**2** Du hast dir bei einem Internetversand Kopfhörer gekauft und wenige Tage nach der Lieferung funktionieren sie nicht mehr. Deine Mutter empfiehlt dir, sie schriftlich zu reklamieren.

**a** Informiert euch, was man unter einer Reklamation versteht und welche Rechte ein Kunde im Fall einer Reklamation hat.

Über den Schreibzweck nachdenken

**b** Tragt zusammen, wann und warum eine schriftliche Reklamation erfolgreich sein kann.

**c** Überlegt, mit welcher Begründung ihr die Kopfhörer reklamieren und was ihr erreichen möchtet. Entscheidet, ob ihr Brief oder E-Mail bevorzugt.

→ S. 248 Merkwissen (szenischer Text)

**d** Präsentiert die Ergebnisse eurer Arbeit in einem Rollenspiel (Mutter und Jugendliche/-r).

!

Eine **schriftliche Reklamation** ist eine Beschwerde des Käufers über eine mangelhafte Ware beim Verkäufer. Man möchte dadurch erreichen, dass der Mangel beseitigt wird.
Eine Reklamation (Brief oder E-Mail) sollte wie ein **offizieller Brief** verfasst werden. Im Betreff sollte »Reklamation« und die Nummer der Bestellung, des Lieferscheins oder der Rechnung stehen. Man gibt die genaue Warenbezeichnung und den Liefertermin an. Dann beschreibt man den Mangel und erklärt, welche Lösung des Problems man erwartet.
Wichtig ist eine **sachliche und höfliche Ausdrucksweise**.

Den Text planen

→ S. 248 Merkwissen (Mitteilungen)

**3**

a Wiederhole den Aufbau und die Gestaltung eines offiziellen Briefs. Lies die folgende Reklamation und entscheide, ob sie den Anforderungen an einen offiziellen Brief entspricht.

Tim Heinrich
Kurze Straße 4
18057 Rostock

Rostock, 29.08.2012

Internetversand Hastig
Lerchenweg 19
51065 Köln

**Reklamation**
**Lieferschein/Rechnung Nr. 127**

Sehr geehrte Damen und Herren,

ich habe bei Ihnen das Buch »Lucas« von Kevin Brooks bestellt, das ich gestern auch per Post bekommen habe.
Leider musste ich feststellen, dass die Seiten 17 bis 32 fehlen.
Ich bitte um die Zusendung eines fehlerfreien Exemplars.

Mit freundlichen Grüßen
*Tim Heinrich*

Anlagen: – Kopie des Lieferscheins / der Rechnung
– mangelhaftes Buch

Den Text entwerfen

b Entwirf einen Brief, in dem du die defekten Kopfhörer (S. 36, Aufgabe 2) beim Internetversand reklamierst.

c Überlege, was man bei einer E-Mail ändern müsste, und verfasse eine Reklamation der Kopfhörer als Mail.

| | |
|---|---|
| Von: | tim.heinrich@mail.de |
| An: | hastig@internetversand.com |
| Betreff: | Reklamation, Lieferschein/Rechnung Nr. 127 |

**Den Text überarbeiten**

**Achtung, Fehler!**

**4** Die folgenden Sätze aus Reklamationen weisen Ausdrucks- und Rechtschreibfehler auf. Schreibe die Sätze richtig in dein Heft.

1. Wir haben uns letzte Woche bei ihnen ein Toaster gekauft. Bei der ersten Benutzung schmorte er durch.
2. Es kann doch verdammt noch mal nicht wahr sein, dass Sie die Fernbedienung ohne Batterien ausliefern.
3. Das Smartphone, das Sie mir zuschickten, war tierisch zerkratzt.
4. Deshalb verlangen wir, unser Fernsehgerät auszutauschen.
5. Da dass Gerät defekt ist, möchte ich, das sie es umtauschen.

**5** Überarbeite jetzt deine Reklamation.

**a** Überlege, auf welche Aspekte du besonders achten möchtest.

- [x] *aussagekräftige Betreffzeile*
- [ ] *Mangel genannt*
- [ ] *Anredepronomen großgeschrieben*
- [ ] …

**Die Endfassung schreiben**

**b** Schreibe die Endfassung deiner Reklamation als E-Mail oder Brief.

**6** Du hast im Internet eine DVD bestellt, sie ist aber zerkratzt. Schreibe eine Reklamation und bitte um Umtausch.

**a** Überlege, ob du einen Brief oder eine E-Mail schicken möchtest, und formuliere die Betreffzeile.

**b** Entwirf den Text. Nenne den Mangel und die gewünschte Lösung.

**c** Überarbeite deinen Entwurf und schreibe die Endfassung.

**7** Du hast im Internet ein Buch bestellt. Bei der Lieferung stellst du fest, dass der Buchdeckel geknickt ist. Verfasse eine Reklamation und bitte um Umtausch. Nutze dazu die Schrittfolge auf S. 39.

**8** Bei den Schuhen aus dem Internetversand löst sich die Sohle ab. Sende die Schuhe zurück und bitte um Rückerstattung des Geldes.

!

Auch ein **Beschwerdebrief** sollte wie ein offizieller Brief abgefasst werden. Die Verfasserin/Der Verfasser beschreibt, worin das Problem besteht, und erklärt, welche Lösung er erwartet. Der Brief kann mit einer Bitte um Rückmeldung beendet werden.
Auf eine **sachliche und höfliche Ausdrucksweise** ist zu achten.

**9** Verfasse einen Brief, in dem du dich beim Anbieter der Schulspeisung beschwerst, weil das Mittagessen häufig schon kalt ist, wenn es ausgegeben wird. Nutze dazu die Schrittfolge.

**So kannst du einen Beschwerdebrief / eine Reklamation schreiben**

1. Schreibe oben links deinen Absender (Name und Adresse) und oben rechts Ort und Datum hin.
2. Schreibe unter den Absender Name und Adresse des Empfängers.
3. Formuliere in der Betreffzeile, worüber du dich beschweren bzw. was du reklamieren möchtest.
4. Schreibe nach der Anrede, worin das Problem / der Mangel besteht und welche Lösung du dir vorstellst.
5. Ergänze die Grußformel und die Unterschrift.
6. Führe darunter die Anlagen auf, die du dem Brief beifügst.
7. Überarbeite deinen Entwurf. Achte dabei auf klare und höfliche Formulierungen. Schreibe anschließend die Endfassung.

**TIPP**
Orientiere dich am Musterbrief aus Aufgabe 3 a (S. 37).

**10** Schreibe einen Beschwerdebrief an die Reinigungsfirma, weil die Turnhalle in den letzten beiden Wochen sehr schmutzig war.

**11** Verfasse eine Beschwerde an die Verkehrsbetriebe über den unhöflichen Schulbusfahrer. Entscheide dich zwischen Brief oder Mail.

**Was habe ich gelernt?**

**12** Überprüfe, was du über das Schreiben von Reklamationen und Beschwerden gelernt hast. Schätze dich selbst ein.

**1** Ich kann offizielle Briefe adressatengerecht verfassen.
**2** Ich weiß, welche Aufgabe eine Reklamation hat, und kann diese als Brief oder E-Mail gestalten.
**3** Ich kann eine schriftliche Beschwerde angemessen formulieren.

# Sachtexte erschließen

## Sachtexten Informationen und Meinungen entnehmen

! Beim **sachlichen Informieren** wird objektiv über einen Sachverhalt oder ein Problem berichtet. Oft werden Argumente dafür (pro) und dagegen (kontra) angeführt, damit sich die Leserin/der Leser eine eigene Meinung bilden kann.

**1**

Den Text überfliegen

a Erfasse das Thema des Textes durch orientierendes Lesen schon so genau wie möglich. Ergänze den folgenden Satz.

*Der Text beschäftigt sich mit …*

### Rosen aus Kenia – Ostafrikas gefährliche Blüten

Wer die Ausdehnung der Gewächshäuser auf den 70 riesigen Farmen rund um den Naivasha-See sieht, kann erahnen, wie groß die wirtschaftliche Bedeutung dieses Industriezweigs für das von Krisen gebeutelte Kenia ist. Blumen gehören neben Tourismus und Tee zu den wichtigsten Wirtschaftsgütern des Entwicklungslandes. Sie ernähren eine halbe Million Menschen. Mit einem Jahresumsatz von umgerechnet rund 400 Millionen Euro machen sie fast fünf Prozent des kenianischen Bruttoinlandsproduktes aus und sind nach dem Tourismus der zweitwichtigste Devisenbringer.
Und doch: Die Blumenzucht ist auch ein Problem. Zum Beispiel für den Naivasha-See, den einzigen Süßwassersee der Gegend. Früher sorgten Papyrus-Biotope und Akazienwälder für eine natürliche Reinigung des Gewässers, an dessen Ufer sich 495 Vogel- und 55 Säugetierarten tummeln, darunter eine große Kolonie Flusspferde. Weil die Blumenindustrie dem See Wasser für ihre Gewächshäuser entnimmt, droht er jedoch langsam auszutrocknen. Gleichzeitig verseuchen giftige Pflanzenschutzmittel und Dünger das Wasser, gegen die natürliche Filter machtlos sind. Hinzu kommen die Abwässer slumähnlicher Siedlungen ohne Kanalisation und Müllentsorgung, in denen vor allem Arbeiter kleinerer Blumenfarmen und neu Hinzugezogene ohne Job leben.

Und: Die Blumenzucht ist auch ein Problem für den Volksstamm der Massai, die rund um den See leben. »Die Abwässer der Farmen, belastet mit Pestiziden und Dünger, werden ungefiltert in den See geleitet«, klagt ein Sprecher der örtlichen Massai-Gemeinde. Sein Beweis sind seine toten Tiere – 78 Schafe und Ziegen hat er im vergangenen Jahr verloren. Und sie seien nicht Opfer von Dieben oder wilden Tieren geworden, sondern einfach gestorben. »Die Tiere haben wahrscheinlich aus Abwasserkanälen der Blumenfarmen getrunken.« Für die Hirten des Nomadenstamms ist der Verlust der Rinder schon eine Katastrophe. Die Tiere sind Heiligtum und Existenzgrundlage zugleich. Die Kühe ernähren als Milch- und Fleischlieferanten die Massai-Familien. Zudem schätzen die Stammesangehörigen Rinderblut als Getränk. Überschüssige Tiere werden auf Viehmärkten verkauft – so kommt das nötige Bargeld für den täglichen Bedarf und die Schulgebühren der Kinder zusammen. Das Gleiche gilt auch für Schafe und Ziegen. Noch dazu gehört das Land, auf dem heute Blumen gezüchtet werden, eigentlich den Massai. Sie fordern: »Die Farmen müssen endlich ihre Abwässer korrekt entsorgen.«

Das werde längst getan, versichern Vertreter des Anbauverbandes. Die Abwässer würden nie ungefiltert in den See gelangen. Viele Farmen arbeiteten sogar mit einem geschlossenen Wasserkreislauf und recycelten das Wasser. Viele Unternehmen seien von Umweltschutzorganisationen ausgezeichnet worden und einige dürften gar das Fair-Trade-Siegel tragen. *Harald Czycholl*

**b** Lies den Text nun gründlich und beantworte spontan die Frage: Sollte man Rosen aus Kenia kaufen?

→ S. 9 Argumente

**c** Übertrage die Tabelle in dein Heft und ergänze die Argumente aus dem Text für bzw. gegen die Produktion von Blumen in Kenia.

**TIPP**
Lies dazu den Text Abschnitt für Abschnitt.

| **Blumenindustrie in Kenia** | |
|---|---|
| **dafür spricht** | **dagegen spricht** |
| … | … |

**Sachinformationen von Meinungen unterscheiden**

**d** Bewerte die Überschrift des Textes in Aufgabe a. Was sagt sie über den Standpunkt des Autors aus?

**e** Formuliert die Aussage der Überschrift als These.

f Entscheidet hinsichtlich der Textfunktion: Ist der Text sachlich-informierend oder will der Autor damit seine Meinung kundtun? Belegt eure Aussagen mit Textbeispielen.

2 An einer Stelle im Text von Aufgabe 1a wird ein Beispiel als Beweis für eine Feststellung angeführt. Sucht dieses Beispiel im Text und besprecht, welche Wirkung der Autor mit diesem Beispiel erzielt.

**TIPP**
Überprüft die Wirkung des Beispiels, indem ihr es z.B. einfach weglasst.

3

a Suche im folgenden Text die Textstellen heraus, die den Begriff »virtuelles Wasser« und dessen Folgen erklären. Lies diese Textstellen mehrmals und mach dir Notizen zu diesem Begriff.

**TIPP**
Du kannst dir den Text zunächst auch einmal vorlesen lassen, um das aufmerksame Zuhören zu trainieren.

## Deutschland ist Wasserimporteur

Wer morgens sein Tässchen Kaffee trinkt, verbraucht nicht nur die 200 Milliliter Wasser in der Tasse. Schon zuvor floss eine vielfache Menge Wasser in den Anbau der Bohnen und ihre Verarbeitung – für eine Tasse Kaffee ganze 140 Liter. Sichtbar ist dieser Wasserverbrauch nicht, Experten sprechen daher von virtuellem Wasser. Ein weiteres Beispiel ist der Kauf von Blumen, zum Beispiel aus Kenia. Blumenliebhaber aus anderen Ländern nehmen damit jenem Teil der lokalen Bevölkerung in Kenia, der nicht an den Erlösen der Blumenproduktion teilhat, die Existenzgrundlage. Hinter einem solchen Import von wasserreichen Produkten verbirgt sich also oft eine versteckte Aneignung von Wasser durch die wohlhabenderen Länder zu Lasten (wasser-)armer Regionen. Über den »Umweg virtuelles Wasser« werden so gigantische Wassermengen auf der Welt umverteilt. Die Wissenschaft unterscheidet daher schon zwischen Wasserexporteuren und Wasserimporteuren. Zur letztgenannten Gruppe zählt auch Deutschland. Dass Deutschland noch keine Wüste ist, liegt auch daran, dass wir enorme Mengen virtuellen Wassers importieren. Andernorts drohen die Wasservorräte aber dadurch zu schrumpfen. Sollen diese Umverteilung und die damit einhergehenden Folgen nicht weiter ausufern, sind verschiedene Strategien denkbar. Effizientere Bewässerungstechniken und der Abbau von Wasserpreis-Subventionen[1] in den Anbaugebieten sind ein Weg. Ein anderer Weg wäre es, den Anbau von Produkten mit hohem Wasserbedarf in wasserreiche Gegenden zu verlagern. Nur: Politisch durchsetzbar ist das kaum. Soll die gewaltige Umverteilung

[1] Unterstützung mit öffentlichen Geldern

virtuellen Wassers wieder in nachhaltigere Bahnen gelenkt werden, müssen wohl letztlich die Verbraucher Verantwortung übernehmen. Ein Anfang wäre schon mit dem Verzicht auf importierte Früchte und der Bevorzugung regionaler, ökologischer Waren gemacht. *Thomas Wischniewski*

**b** Erklärt euch mithilfe eurer Notizen gegenseitig, was man unter dem Begriff »virtuelles Wasser« versteht und welche Folgen das hat.

**c** Untersuche, welche Aussagen der Text zur Blumenindustrie in Kenia macht. Trage die Argumente in deine Tabelle von Aufgabe 1c (S. 41) ein.

**4**

**a** Beschreibe mit deinen Worten, was das folgende Diagramm darstellt.

**Wasserverbrauch für die Produktion von ...**

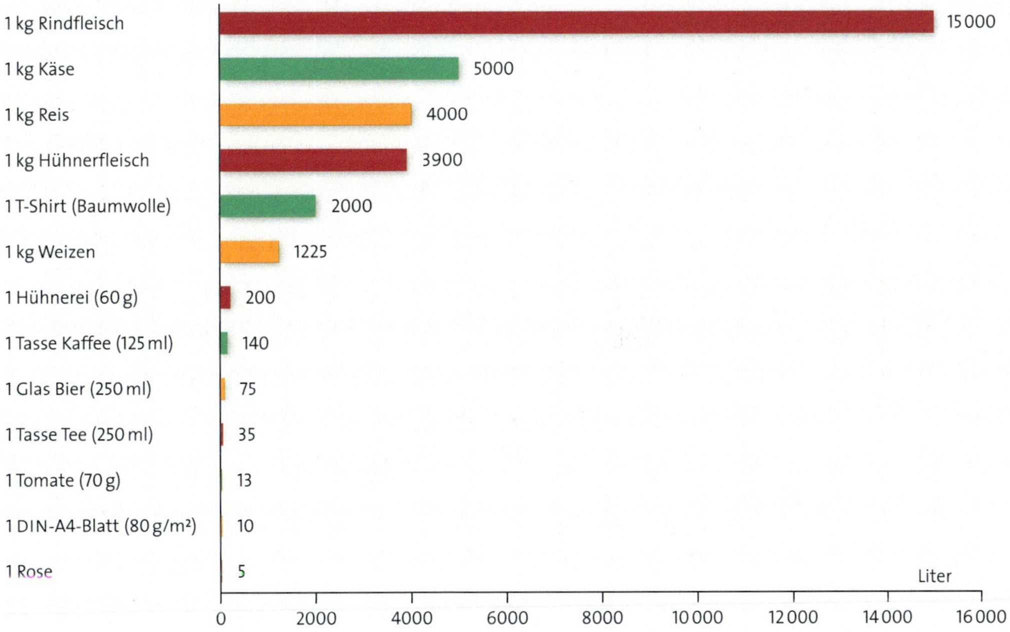


**TIPP**
Überlege, welche Vor- und Nachteile Diagramme haben.

**b** Erläutere, in welcher Beziehung die grafische Darstellung zum Text von Aufgabe 3 a (S. 42) steht.

**c** Vergleiche den virtuellen Wasserverbrauch für die Produktion einer Rose mit dem der anderen dargestellten Posten. Notiere deine Feststellung in einem Satz.

d Tauscht euch darüber aus, ob sich aus der Grafik Argumente für oder gegen den Kauf von Rosen aus Kenia verwenden lassen. Belegt eure Meinungen mithilfe von Beispielen.

**5**

Argumente bewerten

**TIPP**
Überlege dazu: Ist das Argument einleuchtend, überzeugend, dem Sachverhalt angemessen?

a Bewerte alle in der Tabelle von Aufgabe 1c (S. 41) gesammelten Argumente hinsichtlich ihrer Aussage- und Überzeugungskraft.

b Unterstreiche die fünf überzeugendsten Argumente.

c Entscheide dich: Sollte man Blumen aus Kenia kaufen oder nicht?

d Begründe deine Meinung mithilfe der ermittelten Argumente.

e Formuliere ein Argument (Begründung und Beispiel) aus Aufgabe d in deinem Heft.

f Formuliere weitere eigene Argumente (Begründungen und Beispiele).

!

Sachtexte können mit unterschiedlichen Absichten geschrieben werden. Die meisten Sachtexte wollen informieren, sie können aber auch **appellierenden (auffordernden) Charakter** haben. Das Appellieren zielt darauf, die Meinung der Leser zu beeinflussen und möglichst eine vom Autor gewollte Handlung bei ihnen auszulösen. Das kann auf **indirekte Weise** oder auf **direkte Weise** geschehen, z. B.:

| | |
|---|---|
| indirekt: *Man müsste ...* | direkt: *Ich fordere Sie auf ...* |
| *Wir sind gefordert ...* | *Wir appellieren an euch ...* |

**6**

a Erläutert die Aussage der Überschrift des Textes von Aufgabe 3 a (S. 42).

b Sucht den Textabschnitt, in dem ein Vorschlag unterbreitet wird, wie die Umverteilung des virtuellen Wassers beeinflusst werden kann. Formuliert diesen Vorschlag mit eigenen Worten.

c Besprecht, an welchen Formulierungen im Text ihr den Vorschlag des Autors zum Umverteilen des virtuellen Wassers erkannt habt.

d Was will der Autor mit seinem Vorschlag beim Leser erreichen? Notiert seine Absicht in ein bis zwei Sätzen.

**e** Formuliert den Vorschlag des Autors in einen direkten Appell um.

→ S. 60 Printmedien

!

Neben **informierenden** und **appellierenden Sachtexten** gibt es Texte, in denen die Autorin / der Autor den eigenen **Standpunkt** zum dargestellten Sachverhalt **mitteilen** will **(Sachtexte mit wertendem Charakter: Kommentare)**.
Das kann **direkt** geschehen:
- durch Formulierungen, wie z. B.: *Ich finde/meine/denke ..., Meiner Meinung nach ..., Unsere Auffassung dazu ...,*
- durch konkrete Aussagen, wie z. B.: *Einfach durchsetzbar ist das nicht. Das ist richtig/falsch. Gut/Schlecht wäre, wenn ...*

oder **indirekt** durch:
- wertende Adjektive, z. B.: *bedauerlich, erstrebenswert, wertvoll,*
- wertende Verben, z. B.: *kritisieren, verabscheuen, freuen, loben,*
- wertende Nomen, z. B.: *Glücksumstand, Ärgernis, Elend, Ehre,*
- unpersönliche wertende Fügungen, z. B.: *Da kann man sich nur wundern! Wenn das mal gut geht! Ist das gerecht?*

**7**

**a** Lies den Merkkasten und notiere in übersichtlicher Form, woran du den Standpunkt der Autorin / des Autors in Texten erkennen kannst.

*Standpunkt der Autorin / des Autors*

↙ *direkt* ...

↘ *indirekt* ...

**b** Findet Beispiele für die direkte und indirekte Darstellung des Autorenstandpunkts im Text von Aufgabe 3 a.

| **direkt** | **indirekt** |
|---|---|
| »Politisch durchsetzbar ist das kaum.« (Zeilen 25–26)<br>= → konkrete Aussage<br>... | »ganze 140 Liter« (Zeile 4)<br>= → wertendes Adjektiv<br>... |

**8** Suche in Zeitschriften oder im Internet nach einem Text zum Problem »Wasserverbrauch in Deutschland«. Untersuche, mit welcher Absicht der Text geschrieben wurde und ob die Autorin/der Autor einen Standpunkt mitteilen will. Belege deine Meinung mithilfe von Textstellen.

**1**

**a** Lies den folgenden Text. Notiere in einem Satz, welches Problem angesprochen wird.

## Wo ist der Müllstrudel?

Nirgends sieht man die Erdverschmutzung so dramatisch wie am Nordpazifischen Müllstrudel. Darin sammelt sich Zivilisationsmüll, der absichtlich oder versehentlich ins Meer gekippt wurde und sich nicht zersetzt. Der Müllstrudel ist groß, sogar sehr groß – er hat etwa die Dimension Mitteleuropas. Rund 100 Millionen Tonnen Kunststoffmüll rotieren im Plastik-Strudel südlich der Beringstraße, der weltweit leider nicht der einzige ist. Auch im Nordatlantik und an anderen Punkten ballt sich bereits Plastik zusammen. Plastikmüll ist der schlimmste Meeresverschmutzer überhaupt. Nach Berechnungen US-amerikanischer Institute schwimmen heute schon auf jedem Quadratkilometer Meeresoberfläche durchschnittlich 18 000 Plastikteile.
Besonders problematisch bei Plastikmüll ist seine chemische Zusammensetzung: Er kann giftige Substanzen, zum Beispiel Weichmacher, enthalten. Weitere Probleme sind seine relativ lange Haltbarkeit und die langsame Abbaurate. Richtig beängstigend wird diese Umweltverschmutzung, wenn man bedenkt, dass Kunststoff bis zu 500 Jahre braucht, um sich im Salzwasser zu zersetzen. Und: Kunststoff wird in großem Maße erst seit 60 Jahren hergestellt. Kaum auszudenken, welche Ausmaße dieser Strudel erst in zwei, drei Generationen haben wird.

Meeresverschmutzung durch Plastikabfälle ist ein ernstzunehmendes Umweltproblem. Im Gegensatz zur Erderwärmung, die man mit sehr viel Wohlwollen vielleicht auf natürliche Klimaschwankungen schieben kann, ist an diesem ökologischen Desaster nur einer schuld: der Mensch.

**b** Welche Absicht verfolgt der Autor mit dem Text? Entscheide, ob er informieren, appellieren oder seinen Standpunkt mitteilen will.

**c** Beschreibe, welche Wirkung die Überschrift erzeugt.

**2**

a Formuliere kurz, welchen Standpunkt der Autor zum Problem hat.

b Untersuche, wie der Autor seinen Standpunkt zum Ausdruck bringt. Übertrage die folgende Tabelle in dein Heft und ergänze sie.

| Adjektive | Verben | Nomen |
|---|---|---|
| ... | ... | ... |

c Welche Befürchtung äußert der Autor im Text? Schreibe einen Satz.

d Formuliere die Befürchtung in einen kurzen Aufruf an die Leser um.

**3**

a Welche Argumente verwendet der Autor, um seinen Standpunkt zu untermauern? Schreibe sie heraus.

b Bewerte die Argumente hinsichtlich ihrer Aussage- und Überzeugungskraft.

c Erkläre, wie der Autor es schafft, dem Leser die Größe des Müllstrudels zu veranschaulichen.

**4**

a Erkläre, welche Aussage im Text durch die folgende Grafik besonders veranschaulicht wird.

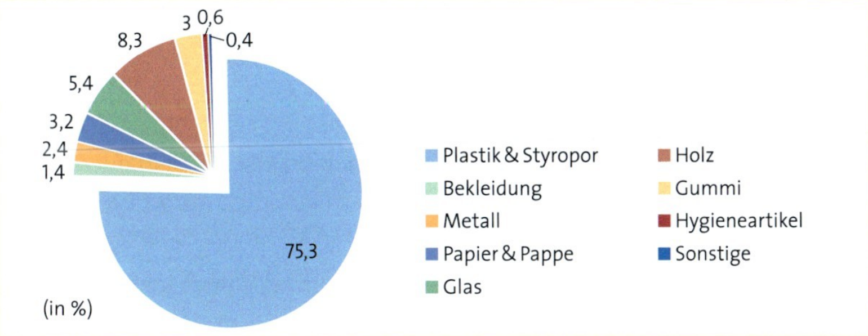


OSPAR Mülluntersuchungen an der Wattenmeerküste 2002–2008

b Schreibe unter Nutzung der Angaben aus der Grafik eine kurze Ergänzung zum Text.

Die Zukunft hat viele Namen.
Für die Schwachen ist sie das Unerreichbare.
Für die Furchtsamen ist sie das Unbekannte.
Für die Tapferen ist sie die Chance.
*Victor Hugo*

1 Was gehört für euch zum Erwachsenwerden dazu? Führt ein Brainstorming durch und haltet eure Ergebnisse an der Tafel fest.

2 Diskutiert die verschiedenen Sichtweisen auf die Zukunft, wie sie der französische Schriftsteller Victor Hugo beschreibt.

3 Schreibe einen Text mit deinen Gedanken zum Erwachsenwerden. Das kann auch ein Gedicht sein.

Schülerin

## die liebe

nie meldet sie sich an,
sie kommt, wann und wo
sie will
plötzlich ist sie da,
ist er da –
der prinz
ein supertyp ohne pickel
und schlechte angewohnheiten,
mit herz
und einer brieftasche aus gold
eine umarmung und
die gedanken fliegen ins
nirgendwo
langsam schlägt dir das herz
bis zum hals,
dein blutdruck steigt,
du bekommst hektische flecken
im gesicht,
feuchte hände
und weiche knie,
in deinem magen ist der Teufel
los
ein kuss
und die erde wackelt,
die welt taucht unter
zwischen rosaroten
wolken

1. Nenne die Empfindungen, die in dem Gedicht einem verliebten Menschen zugeschrieben werden.

2. Erkläre die Bedeutung der Personalpronomen *sie* und *er* in den Zeilen 4 und 5 und die Verwendung von *dir, dein* und *du* (Z. 14–22).

3. Überlegt, wo im Gedicht Alltagserfahrungen, persönliche Gefühle und Träume eine Rolle spielen.

4. Suche heraus, auf welche Textstelle sich die Illustration bezieht. Wähle dann aus dem Gedicht eine andere Textstelle und illustriere sie.

→ S. 156, 172
Die Nackten

In ihrem Roman erzählt die tschechische Autorin von fünf Jugendlichen und ihrer Suche nach dem Weg ins Leben. Der Titel des Romans bedeutet, dass der Mensch sich in der Pubertät noch keine (Schutz-) Schichten zugelegt hat, dass ihn alles, was er erlebt, direkt berührt. Im folgenden Textauszug wird von Filip erzählt, der in den Ferien mit Olin in einem Einkaufscenter jobbt.

1 Lies den folgenden Textauszug. Achte darauf, in welcher Stimmung Filip ist und wie sich diese verändert.

Iva Procházková

## Die Nackten

»Soll ich dich mitnehmen?«, ruft Olin.

Filip kommt aus der Pforte heraus und blinzelt in die Sonnenstrahlen, die ihn sofort attackieren. Es ist fast fünf, aber es fühlt sich an, als erreichte die Hitze des Tages erst jetzt ihren Höhepunkt. Die Haltestelle ist menschenleer, das Hinterteil des Busses verschwindet hinter dem Hügel, der nächste kommt frühestens in zwanzig Minuten. [...]

»Wenn du willst, dann komm, aber beeil dich!«

Olin steuert mit schnellen Schritten auf den am Rande des Parkplatzes geparkten Skoda zu, wo ein Mädchen in einem roten Kleid wartet. Sie hält sich eine zusammengefaltete Zeitung über die Augen.

»Es wurde nicht bewilligt«, ruft sie Olin entgegen. »Nicht mal nach der Berufung.«

»Das war zu erwarten.« Olin schmeißt seinen Rucksack in das Auto. »Das ist Filip. Er fährt ein Stückchen mit.«

»Hallo, ich bin Berenika.« Das Mädchen lächelt. Ihre Zähne sind wie eine Serienfertigung Schneemänner, die Augenbrauen wachsen zu einem Dächlein zusammen, was ihrem Gesicht einen erstaunten Ausdruck verleiht. Die Haare, im Gegensatz zu Olin kurz geschnitten, nehmen im Sonnenlicht einen kupferfarbenen Schimmer an.

»Hast du keine Angst?«, fragt sie Filip. »Auf meinem Lappen[1] ist die Tinte noch nass.«

»Wir quatschen nicht, wir haben's eilig!« Schon hat Olin seine Beine unter dem Handschuhfach verstaut. Er trinkt gierig aus einer Plastikflasche [...]: »Los, lasst uns fahren! Quatschen könnt ihr unterwegs!«

[1] *umgangssprachlich* Führerschein

Filip drückt sich hinter ihn. Der Rucksack ist voller Kram: Drähte, Malerpinsel, eine zusammengerollte Wäscheleine, Büchsen mit Farbe und eine Rolle Stoff. Irgendein Transparent. Oben neben dem entschiedenen NEIN duckt sich ein giftig-gelbes Skelett.
»Die Polizei ist schon da, hält sich aber zurück«, sagt Berenika, während sie langsam von dem Parkplatz fährt. »Wir lassen sicherheitshalber das Auto ein Stück weiter stehen, falls sie die Straßen gesperrt haben.«
»Sagen sie was im Radio?«
»Es ist eine Reporterin aus Agara da. Sie hat ein Interview mit dem Bürgermeister und ein paar Leuten gemacht.« Berenika streckt den Arm nach dem Rückspiegel aus und rückt ihn zurecht. »Bis jetzt sind so um die hundertundfünfzig Leute da.«
»Das ist zu wenig«, brummt Olin enttäuscht. »Ich hab mindestens mit zweimal so viel gerechnet!«
»Die kommen noch, du wirst sehen.«
Sie lassen das Einkaufszentrum allmählich hinter sich. Der Nachmittagsverkehr wird dichter, auf der schmalen Landstraße bildet sich ein Stau. Freitag, Wochenendanfang. Nervöses Fahrbahnwechseln. Filip beobachtet die Gesichter der Fahrer, eingesperrt in ihre Blechkisten, und spürt, wie das Gewicht der eigenen Existenz, für einen Augenblick vergessen, wieder schwer auf seinen Schultern lastet. [...]
»Wo sollen wir dich absetzen?«, fragt Olin.
»Das ist egal!«
»Uns ist das auch egal, sag nur. Am Bahnhof?«
Filip spürt ein beunruhigendes Stechen unter den Rippen. Nur nicht am Bahnhof. Der absolut schlechteste Platz für einen Menschen, der nicht weiß, wohin. [...]
»Und was ist, wenn du mit uns fährst?« Berenikas Augenbrauen im Rückspiegel heben sich fragend, das Dächlein zwischen ihnen wird markanter. Herausfordernder. »Komm, fahr mit! Ich meine, falls du nichts Besseres vorhast.«
»Und wohin?«
»Auf die Demo.«
»In dieser Hitze demonstrieren? Dazu muss man schon einen triftigen Grund haben.«
»Vielleicht haben wir ja einen.«
Olin reicht ihm die Zeitung und zeigt auf den Artikel mit dem Titel »Gefährliche Nachbarschaft«. Er ist nicht lang. Filip lässt den Blick über die Zeilen schweifen. Nichts Neues unter der Sonne: Gefährlicher Abfall in einer stillgelegten Fabrik deponiert, unzu-

reichend informierte Öffentlichkeit, Proteste der ökologischen Aktivisten, ein unentschlossener, höchstwahrscheinlich korrupter Bürgermeister, eine ungenehmigte Demonstration, Drohungen ... Filip liest zu Ende und beugt sich zu Olin.

»Was genau wollt ihr machen?«

»Das Objekt besetzen«, antwortet Berenika prompt.

»Wir besetzen es nicht, wir blockieren die Einfahrt«, korrigiert Olin. »Es ist so eine halb demolierte Bruchbude, der Hof voll mit Containern. Es gibt dort zwei Tore mit zwei Zufahrten. Wir sperren beide. Wir lassen niemanden rein, und wenn wir uns an den Zaun ketten müssen. Keinen weiteren Laster, keinen weiteren Dreck ... .«

»Für wie lange?«

»So lange, bis sie endlich mit uns reden.«

»Bis jetzt wurden wir gar nicht ernst genommen!«

»Ihr gehört zu diesen Ökoaktivisten?«

»Was heißt schon Aktivisten? Wir sind dort zu Hause, verstehst du? Wir wohnen dort! Da haben wir doch wohl das Recht zu entscheiden, ob gegenüber von unserem Haus irgendeine toxische Kacke gelagert wird, die uns bald alle wie Irrlichter strahlen lässt! Dieser Mistkerl von Bürgermeister hat keinen gefragt und hat uns allen den Totenschein ausgestellt oder wenigstens für unsere Invalidität gesorgt!«

»Wahrscheinlich hat er sich dafür einen fetten Batzen Geld eingesteckt.«

»Also was? Gehst du mit?«, fragt Berenika. »Je mehr Leute, desto härter wird der Job für die.«

»Wie weit ist es?«

»Eine knappe halbe Stunde.« Ihr Blick im Rückspiegel. Lebendig, elektrisierend, ohne ein einziges Milligramm Müdigkeit. Filip empfindet ein leichtes Kitzeln auf dem Scheitel und in den Händen, als ob er aufgeladen wurde. Warum sollte er nicht einen Ausflug machen? Zu Hause erwartet ihn keiner, die Eltern sind nach Mähren zur Taufe von irgendeinem Patenkind gefahren und kommen erst in zwei Tagen zurück. Ein Wochenende im leeren Haus verspricht nichts Überwältigendes.

»Das schaffst du nie, liebe Schwester, Fuß vom Gaspedal!«, warnt Olin Berenika vor der kommenden Kreuzung. Die Ampel springt gerade auf Rot. Berenika tritt so heftig auf die Bremse, dass das eingerollte Transparent vom Sitz rutscht. Filip hebt es auf. *Danke, kein Interesse!* steht da neben einem giftig-gelben Skelett. Er erinnert sich daran, dass er vor einem Jahr ein ähnliches Transparent aus dem Fenster der Turnhalle gehängt hat. [...]

»Das erinnert mich an etwas«, sagt er. »Im letzten Jahr hatten wir in der Schule ein Problem mit dem Sportlehrer. Er schikanierte jeden, der eine Rolle am Reck nicht schaffte oder hundert Meter Sprint nicht unter zwölf Sekunden lief. Ein total kranker Typ. Wir haben eine Sitzung des Schülerrats einberufen und einen Antrag verfasst, dass wir ihn nicht mehr in der Schule haben wollen. Ich musste deswegen einige Paragrafen nachlesen, um zu wissen, wie wir argumentieren könnten. Der Schulleiter stellte sich zuerst taub, aber als wir uns in der Turnhalle verbarrikadierten und aus dem Fenster ein Transparent mit *Danke, kein Interesse!* hängten, gab er nach. Jetzt ist der zum Glück weg.«

Olin drehte sich zu ihm: »Kennst du dich mit Paragrafen aus?«
»Eigentlich nicht, ich hab nur das Bürgerliche Gesetzbuch durchgeblättert. Ich bin der Sprecher in unserem Schülerrat.«
»Dann lassen wir dich aber nicht wieder weg! Jetzt musst du erst recht mitfahren, du kannst nützlich für uns sein!« Berenikas Augen im Rückspiegel sind zwei funkensprühende Elektroden. Filip spürt eine deutliche Bewegung in seinem Brustkorb. [...]
»Also was ist jetzt? Fährst du mit? Oder hast du ein besseres Programm?«
Filip grinst Berenikas Spiegelbild an.
»Klar, fahre ich mit«, antwortet er. »Angekettet am Fabriktor! Ein besseres Freitagsprogramm kann ich mir kaum vorstellen.«

**2** Tragt zusammen, was ihr über die Demonstration erfahrt.

**3** Erläutere, warum Filip sich entscheidet, mit zur Demonstration zu fahren.

**4** Wofür engagierst du dich oder möchtest du dich engagieren? In welcher Form kann oder sollte man sich engagieren? Diskutiert eure Standpunkte dazu.

Jakob Hein

## Nu werdense nich noch frech

Die Überreichung unserer Personalausweise wurde als festliches Ritual gestaltet, das uns als Teile des großen Ganzen DDR fühlen lassen sollte. Allerdings war das Problem, dass alte Leute darüber entschieden, wie dieses Ritual auszusehen hatte. Meines wurde als Diskothek im Kreiskulturhaus gestaltet. Es begann um drei Uhr. Alle Kinder aus meinem Stadtbezirk waren da, die in den letzten Wochen das 14. Lebensjahr vollendet hatten. Wir trafen uns hier zum ersten und zum letzten Mal. Erst hielt eine viereckige Polizistin eine Rede darüber, wie wir den Personalausweis zu behandeln hätten (gut), wann wir den Personalausweis mithaben sollten (nie) und wann wir bereit sein mussten, den Personalausweis vorzuzeigen (immer). Dann machte ein Komiker, der so schlecht war, dass er sich lieber als Kabarettist vorstellen ließ, ein paar faule Witze über den Personalausweis, alle harmlos, die wirklich bei niemandem außer der Polizistin irgendeine Regung hervorriefen. Die schaute wenigstens sauer, wenn der Komiker solche Dinge sagte wie: »Und denn könnta natürlich auch 'ne dufte Papiertaube aus'm Perso falten.« Ich nehme an, er dachte, dass wir so sprechen. Dann ging die Disko los. Dazu wurde das Neonlicht abgeschaltet, und ein professioneller Diskotheker spielte DDR-Rocksongs, die wir vorher noch nie gehört hatten, da wir ja ausschließlich Westradio hörten. Es gab Kekse und Cola, und natürlich tanzte niemand. Jedes zweite Lied wurde die Musik unterbrochen, und die Polizistin rief einige Leute nach vorn, um ihnen den Ausweis auszuhändigen. Dann schüttelten sie und der Kabarettist die Hand des Neubesitzers, und die Musik spielte wieder. Die nun einen Ausweis hatten, nahmen ihre Jacken und verließen auf schnellstem Weg das Kreiskulturhaus: Die Reihenfolge war alphabetisch, sodass ich relativ lange warten musste. Als ich meinen Personalausweis erhielt, war mir von der Kombination aus Cola und Keksen schon kotzübel.

1 Wie beschreibt der Erzähler das Programm für die feierliche Überreichung der Personalausweise in der DDR?

2 Achte beim Weiterlesen darauf, in welche Konflikte der Erzähler gerät und warum.

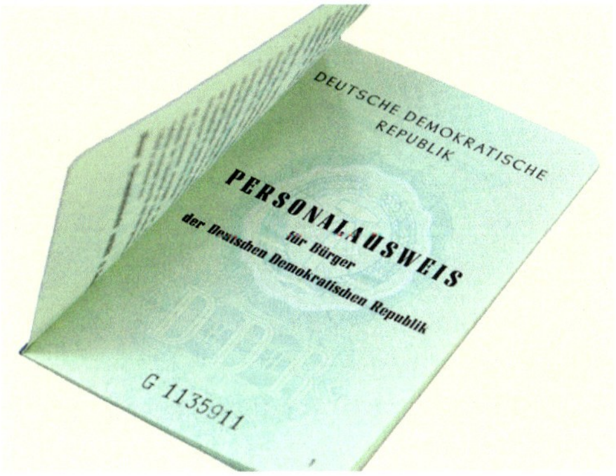


Nur anfangs war der Personalausweis dafür da, in Kinofilme mit nackten Frauenbrüsten zu kommen. Später diente er mir hauptsächlich als Kommunikationsmittel mit der Volkspolizei. Man bekam den Ausweis in einer schönen Plastikhülle überreicht, in die man die Bilder seiner Lieblingsband steckte. Bei jeder einzelnen Überprüfung musste ich diese Bilder aus der Schutzhülle entfernen, steckte sie sorgsam in die Arschtasche meiner Hose und hinterher wieder in die Plastikhülle. Die ständigen Überprüfungen ohne jede konkrete Konsequenz ließen uns nach und nach den Respekt verlieren. Wer fürchtet sich schon vor einem riesengroßen Hund, der seine Zähne auf dem Nachttisch vergessen hat. Andauernd wurden wir auf der Straße kontrolliert, bekamen ein Alexanderplatz-Verbot ausgesprochen oder wurden von der Transportpolizei auf einem Bahnhof so lange festgehalten, bis unser Zug zum Punkkonzert abgefahren war. Einmal wurde ich für zwölf Stunden in Polizeigewahrsam genommen, weil ich die Straße diagonal überquert hatte. Mehrere Male wurde ich von Polizisten in Diskussionen über mein »unsozialistisches Aussehen« verwickelt, das aus schwarz gefärbten Haaren und Schnürstiefeln bestand. Wenn ich dann aus der DDR-Verfassung zitierte, dass jeder aussehen darf, wie er will, es nicht auf das Aussehen ankommt, oder darauf hinwies, dass Margot Honecker, unsere Volksbildungsministerin und die Frau des Staatsratsvorsitzenden, sogar blau gefärbte Haare hat, oder wenn ich die Genossen in sonstige Widersprüche verstrickte, kam der überzeugende Satz, den sie wohl in ihrer Ausbildung wieder und wieder geübt hatten: »Nun werdense nich noch frech!«

**3** Erkläre, warum der Erzähler immer wieder den Spruch »Nu werdense nich noch frech!« gehört hat.

**4** Wozu werdet ihr einmal einen Personalausweis brauchen? Sprecht über seine Bedeutung.

## Biografische Fakten in die Analyse einbeziehen

Wenn der Erzähler einer Geschichte aus der Ich-Perspektive schreibt, handelt es sich nicht um das Ich des Autors, sondern um ein ausgedachtes Erzähler-Ich. Allerdings ist es durchaus möglich, dass der Autor persönliche Erlebnisse in seinen Geschichten verarbeitet. Für den Leser kann es eine reizvolle Aufgabe sein, biografische Fakten aufzuspüren. Um den Zusammenhang von Jakob Heins Biografie und seiner Erzählung »Nu werdense nich noch frech« zu untersuchen, helfen dir folgende Arbeitsschritte:

**1. Sich über die Biografie des Autors informieren**

*Jakob Hein, am 25. Oktober 1971 in Leipzig (damals DDR) geboren, wuchs in Berlin (Ost) auf. Er besuchte eine Schule in Friedrichshain, die er 1990 mit dem Abitur abschloss …*

**2. Themen der Erzählung untersuchen**

*Erzählt wird von der Überreichung der Personalausweise zu DDR-Zeiten und über Konflikte von Punks mit der Volkspolizei …*

**3. Sich über die historischen Sachverhalte informieren**

*Mit 14 erhielt jeder DDR-Jugendliche seinen Personalausweis. Dieser musste immer bei sich getragen und auf Verlangen der Polizei vorgezeigt werden …*

*In den 1980er-Jahren gab es in der DDR eine Punkbewegung, die zum Teil staatlicher Verfolgung ausgesetzt war. So gab es für diese Jugendlichen ein Verbot, sich auf dem Berliner Alexanderplatz aufzuhalten.*

**4. Überlegen, welche persönlichen Erfahrungen des Autors vermutlich in die Erzählung eingeflossen sind**

*Jakob Hein hat als Jugendlicher in der DDR vielleicht selbst das Erlebnis gehabt, auf der Straße ohne Grund seinen Ausweis vorzeigen zu müssen.*

**1** Informiert euch über die Biografie von Jakob Hein und stellt den Autor in einem Kurzvortrag vor.

## Medien unterscheiden

→ S.40 Sachtexte erschließen

**1**

**a** Beantworte mithilfe des Textes die folgenden Fragen.

1. Was bezeichnet der Begriff »Medien« heutzutage?
2. Wozu dienen die Medien?
3. Welche Verbreitungswege haben Medien?
4. Welche Medienarten werden unterschieden?

Kein Tag vergeht, ohne dass wir Medien benutzen. Aber was sind Medien eigentlich? Schlägt man den Begriff nach, liest man: Medien sind Mittel der Verständigung der Menschen untereinander. Demzufolge umfasst der Begriff »Medien« alle audiovisuellen Mittel und Verfahren zur Verbreitung von Informationen. Im Alltag wird der Medienbegriff aber oft mit dem Begriff der »Massenmedien« gleichgesetzt. Massenmedien sind Kommunikationsmittel, die durch technische Vervielfältigung und Verbreitung mittels Schrift, Bild oder Ton Inhalte öffentlich an ein anonymes und räumlich verstreutes Publikum weitergeben. Dabei ist die Zahl der Menschen, die die Informationen erhalten können oder sollen, weder eindeutig festgelegt noch zahlenmäßig begrenzt.
Medien können unterschiedlich eingeteilt werden. Nach der Form, in der ein Medium vorliegt, unterscheidet man Printmedien (das sind gedruckte Veröffentlichungen), audiovisuelle Medien (diese vermitteln sowohl Ton- als auch Bildinformationen) und elektronische oder digitale Medien (diese liegen in elektronischer Form auf einem Datenträger oder online im Internet vor).
Im Laufe der Zeit hat sich im Medienbereich viel verändert. Während Printmedien (dazu zählen beispielsweise Zeitungen, Zeitschriften, Kataloge, Flyer, Plakate und Bücher) als klassische Formen gelten, wächst seit den 1990er-Jahren die Bedeutung des World Wide Webs. Deshalb werden heutzutage alle technischen Massenkommunikationsmittel allgemein als Medien bezeichnet.

**b** Fertige mithilfe der Antworten aus Aufgabe a ein Schaubild (z.B. Cluster) zum Begriff »Medien« an.

→ S.70 Umfragen vorbereiten und durchführen

**2** Ermittelt mithilfe eines Fragebogens, welche Medien in eurer Klasse am häufigsten genutzt werden.

**a** Besprecht, wie ihr den Fragebogen aufbauen wollt, um möglichst viel über die Medienerfahrungen und die Mediennutzung in der Klasse zu erfahren.

**b** Wertet den Fragebogen aus. Zählt dazu die Häufigkeit aller angekreuzten oder notierten Antworten aus.

**c** Veranschaulicht die Ergebnisse als Diagramm.

**d** Sprecht darüber, wie ihr in eurer Klasse Massenmedien nutzt.

→ http://www.mpfs.de

**e** Vergleicht eure Ergebnisse mit anderen Umfrageergebnissen, z.B. mit der aktuellen JIM-Studie.

**3**

**a** Vergleicht die folgenden Massenmedien des gleichen Tages miteinander. Übertragt die Tabelle in euer Heft und ergänzt die Ergebnisse des Vergleichs.

| | **seriöse Tageszeitung** | **www.tagesschau.de** |
|---|---|---|
| Anliegen, Aufgabe<br>Aufmachung, Gestaltung<br>Aktualität der Informationen<br>Umfang der Informationen<br>Aussagekraft<br>Anzahl der Fotos<br>Gestaltung der Fotos<br>Art der Vermittlung<br>Zusatzinformationen<br>Vielseitigkeit<br>Extras | … | … |

→ S.136 Präsentieren

**b** Benennt Vor- und Nachteile der beiden Massenmedien und präsentiert sie in geeigneter Form.

**4** Untersucht ein Nachrichtenportal im Internet. Beantwortet dazu die folgenden Fragen.

**TIPP**
Nachrichtenportale sind z.B.: Spiegel online, Focus online, Welt online, bild.de, n-tv.de, taz.de.

1 Wie ist die Eingangsseite gestaltet (z.B. Übersichtlichkeit, Farbgestaltung, Text-Bild-Verhältnis, Zugriffsmöglichkeiten)?
2 Welche Sachgebiete und Themen sind vertreten?
3 Wie benutzerfreundlich ist das Portal?
4 Wie werden die Nachrichten präsentiert?
5 Wie aktuell sind die Nachrichten?
6 Welche interaktiven Möglichkeiten gibt es?
7 Was gibt es an diesem Tag z.B. zu lesen, zu sehen, zu hören?
8 Wie ist die Erreichbarkeit von Zusatzinformationen?
9 Was ist das Besondere des von euch ausgewählten Portals?

**5** Teilt euch in zwei bis vier Gruppen auf. Jede Gruppe sieht sich am selben Tag eine andere Nachrichtensendung im Fernsehen an und analysiert diese anhand vorher festgelegter Kriterien.

**TIPP**
Trefft Absprachen.

1. Inhalte: Anzahl und Themen der weltpolitischen Beiträge, ...
2. Art der Darbietung: Art der Moderation, ...
3. Verhältnis von Ton- und Bildbeiträgen
4. Zeitumfang der Sendung ...

**6** Hört eine Nachrichtensendung im Radio an. Wo seht ihr Unterschiede zu Fernsehnachrichten?

**7** Welche Anforderungen müssen Radio- und Fernsehnachrichten jeweils erfüllen? Gestaltet aus einer Nachricht eines Tages jeweils eine Radio- und eine Fernsehnachricht.

→ S.210 Standardsprache

**Was habe ich gelernt?**

**8** Überprüfe, was du über Medien gelernt hast. Stelle ein Medium vor, das dir besonders gefällt. Begründe deine Wahl anhand von Beispielen.

# Printmedien untersuchen

> Klassische Informationsquellen, wie Zeitschriften, Zeitungen und Bücher, werden als **Printmedien** (Druckmedien) bezeichnet, weil sie in gedruckter Form vorliegen. Zu dieser Gruppe gehören auch Kataloge, geografische Karten und Pläne sowie Flugblätter, Flugschriften, Postkarten, Kalender, Poster und Plakate.

**1** Ergänze mithilfe des Merkkastens das Schaubild aus Aufgabe 1b (S. 57) um weitere Beispiele für Printmedien.

**Zeitungen und Zeitschriften untersuchen**

**2**

**a** Wiederholt, worin sich Zeitung und Zeitschrift voneinander unterscheiden.

**b** Informiert euch über die Vielfalt des derzeitigen Zeitungs- und Zeitschriftenangebots, z. B. im Zeitungsladen.

**c** Erklärt, inwiefern Name und Aufmachung einer Zeitung oder Zeitschrift Aufschluss über den zu erwartenden Inhalt geben.

Titelseiten von Printmedien untersuchen

**3**

**a** Lies den folgenden Text und nenne die Funktion, die die Titelseite einer Zeitung oder Zeitschrift erfüllt.

Ob eine Zeitung oder Zeitschrift gekauft wird, hängt zu einem großen Teil von der Gestaltung (Layout) und dem Inhalt (Text/Bild) der Titelseite ab. Um die Kaufentscheidung positiv zu beeinflussen, muss sie deshalb so gestaltet sein, dass der Leser sich angesprochen fühlt. Auch die Wiedererkennung ist äußerst wichtig. Deswegen sollten das Logo und der Titelkopf möglichst nicht verändert werden. Das Logo ist zumeist der Schriftzug des Zeitungs- oder Zeitschriftennamens und zugleich der wichtigste Faktor der Wiedererkennung. Das Logo wird oben links platziert, damit es auch bei einer einsortierten Zeitschrift im Regal noch sichtbar ist. Im Titelkopf sind meistens der Titel des Druckwerks, die Ausgabenummer oder das Erscheinungsdatum, der Preis in den jeweiligen Vertriebsgebieten sowie die Art des Druckwerks angeführt. Die Titelseiten sollten sich bei Zeitschriften der verschiedenen Ausgaben nicht zu stark ähneln, damit die einzelnen Ausgaben unterscheidbar bleiben.
Eine Titelseite muss grundsätzlich übersichtlich gegliedert sein. Die Schlagzeile muss auffallen, deshalb wird sie mit der größten Schrift der Seite dargestellt; zugleich muss sie aber auch verständlich sein.
Für jede Art von Zeitung und Zeitschrift gibt es verschiedene Maßstäbe für die Gestaltung der Titelseite. Die Gestaltung muss dem Geschmack der Zielgruppe der Publikation entsprechen.
Bei der Wahl der Farbe, des Fotos oder des Bilds, des Textes und der Gestaltung müssen sich demnach die Redakteure nach ihrer Zielgruppe richten.
Die Titelseite ist das Schaufenster einer Zeitung bzw. Zeitschrift und verrät schon viel über ihren Charakter. Bei Zeitschriften besteht die Titelseite meistens aus einem Titelbild und der Ankündigung der Artikel. Die Titeltexte sollten möglichst aussagekräftig sein und neugierig machen. Das Schwerpunktthema der Ausgabe wird in der Regel durch ein Titelfoto veranschaulicht. Um das Interesse der Leser auf einen Artikel zu richten, wird oft ein Foto von einem Prominenten gewählt.
Bei einer Zeitung befindet sich auf der Titelseite zumeist der Leitartikel. Bei Tageszeitungen werden außerdem lokale Themen, die Sonderthemen der Ausgabe und das Wetter erwähnt.

**b** Schreibe aus dem Text in Stichpunkten heraus, worauf bei der Gestaltung einer Titelseite grundsätzlich zu achten ist.

**c** Erkläre, worin sich die Gestaltung der Titelseite einer Zeitung von der einer Zeitschrift unterscheidet.

**d** Fertige mithilfe der Antworten aus den Aufgaben a und b ein Schaubild an.

**4** Vergleicht die Titelseiten der »Bild-Zeitung« und einer regionalen Tageszeitung vom gleichen Tag miteinander.

**a** Beantwortet die Fragen 1–4.

**b** Beantwortet alle Fragen.

1. Welches ist der wichtigste Artikel auf der Titelseite der Zeitung (Aufmacher)?
2. Über welche Themen wird berichtet?
3. Wie hoch ist der Anteil von Text bzw. Bild?
4. Welche Funktion haben Text und Bild?
5. Wie werden die Schlagzeilen formuliert?
6. Welche Schriftgröße wird verwendet?
7. Wie wirkt die grafische Gestaltung?
8. Auf welche Lesebedürfnisse ist die Seite ausgerichtet?

**c** Fasse die wichtigsten Unterschiede in einem Kurzvortrag zusammen.

**!** **Ressorts** sind die Themenbereiche einer Zeitung oder Zeitschrift, die oft von verschiedenen Redaktionen betreut werden, z. B.: *Politik, Lokales, Wirtschaft, Kultur.* Meist haben die Ressorts feste Plätze in der Zeitung oder Zeitschrift.

**TIPP**
Auch Mehrfachzuordnungen sind möglich.

**5** Ordne die folgenden Ressorts Zeitungen oder Zeitschriften zu.

Politik – Lokales – Wirtschaft – Sport – Feuilleton – Kreuzworträtsel – Veranstaltungstipps – Wissen – Immobilien – Horoskop – Kultur – Wetterbericht – Leserbriefe – Fernsehprogramm – Ratgeber – Backrezepte – Klatsch und Tratsch – Börsenbericht – Werbeanzeigen

!

Zeitungen und Zeitschriften enthalten unterschiedliche **journalistische Textsorten**, wie z.B. die Nachricht, den Bericht, den Kommentar, die Glosse oder die Reportage.
Eine **Nachricht** ist eine kurze, sachliche Mitteilung über eine allgemein interessierende und nachprüfbare Tatsache. In der Regel steht das Wichtigste am Anfang. Kurz und knapp werden Informationen zu drei oder fünf *W*-Fragen mitgeteilt:

| | |
|---|---|
| 1. Was? (Ereignis) | und gegebenenfalls noch |
| 2. Wer? (Beteiligte) | 4. Wo? (Schauplatz) |
| 3. Wann? (Zeitpunkt) | 5. Wie? (Art des Geschehens) |

Eine ausführlichere Sachdarstellung ist ein **Bericht.** Er kann zusätzliche Hintergrundinformationen enthalten und Zusammenhänge herstellen.

verschiedene Textsorten kennen lernen

6 Schreibe aus der Nachricht die Antworten auf die *W*-Fragen heraus.

**Berlin** (epd) Die Rundfunkgebühr, auch GEZ-Gebühr genannt, wird ab 2013 pro Haushalt erhoben – unabhängig davon, ob ein Fernseh- oder Radiogerät vorhanden ist. Darauf einigten sich gestern die Ministerpräsidenten. Der neue Rundfunkbeitrag soll die jetzige Gebühr von 17,98 € pro Monat zunächst nicht übersteigen. Die Unterzeichnung des 15. Rundfunkänderungsstaatsvertrags normiert außerdem für ARD und ZDF ein weitgehendes Verbot des Programmsponsorings nach 20 Uhr und an Sonntagen.

7 Sucht aus aktuellen Zeitungen Nachrichten heraus. Orientiert euch an der Begriffsbestimmung im Merkkasten oben .

!

Eine **Meldung** ist eine Kurznachricht. Sie teilt auf sparsamste Weise sachlich das Nötigste über ein Ereignis, oft nur das Ereignis selbst, mit. Nur die **Schlagzeile** ist noch kürzer.

8

a Lies die Begriffserklärung im Merkkasten und die folgenden Beispiele. Erkläre den Unterschied zwischen einer Meldung und einer Nachricht.

Meldung

Die Bahn AG hat gestern die gesamte vierköpfige Geschäftsführung der Berliner S-Bahn ihrer Ämter enthoben.

Schlagzeile

**Bahn entlässt kompletten Vorstand der Berliner S-Bahn**

**b** Erläutere, welche Funktion eine Schlagzeile erfüllt.

**9**

**a** Sucht in unterschiedlichen Zeitungen und Zeitschriften jeweils mindestens eine Schlagzeile zu den folgenden Merkmalen.

**1** sachlich-informativ
**2** fragend
**3** provozierend
**4** Neugier hervorrufend
**5** problematisierend
**6** werbend

**b** Lest euch die Schlagzeilen gegenseitig vor. Erklärt die Wirkung, die die jeweilige Schlagzeile auf euch hat.

**10**

**a** Lies die Nachricht in Aufgabe 6 (S. 63) noch einmal und fasse sie zu einer Meldung zusammen.

**b** Formuliere eine passende Schlagzeile.

!

Die **Reportage** berichtet anschaulich, spannend, emotional und auch wertend. Merkmale sind z.B. die Verwendung wörtlicher Rede und der Tempusform Präsens.
Der **Kommentar** ist eine persönliche, namentlich gekennzeichnete Meinung eines Autors zu einem aktuellen Ereignis /Vorgang. Er bezieht sich meist auf eine in derselben Zeitung gemeldete Nachricht.

**11**

**a** Lies den folgenden Text und beschreibe, in welchem Verhältnis er zu dem Text von Aufgabe 6 (S. 63) steht.

**Bezahlen ohne Ende**

Jetzt ist sie also beschlossen, die neue Rundfunkgebühr, der ab 2013 niemand mehr entkommen kann, auch nicht Blinde oder Taube. Die Länder-Regierungschefs haben dem öffentlich-rechtlichen Rundfunksystem ein Finanzierungssystem an die Hand gegeben, das dieses praktisch vor allen Unbilden der Konjunktur[1]

[1] wirtschaftliche Gesamtlage

[2] *hier:* Bevölkerungsentwicklung

oder Demografie[2] schützt. Dies ist ein außerordentliches Privileg für ein ohnehin schon weltweit einmaliges und sehr teures System. Ob unser staatliches Fernsehen und Radio dies verdient, ist fraglich, auch wenn deren Qualität und Leistungen nicht bestritten werden sollen.

Gewiss ist es bald mit dem Drohnenleben der Schwarzseher vorbei. Die berüchtigten »GEZ-Schnüffler« werden aber weiterleben, denn sie sollen künftig etwa auskundschaften, welche unangemeldeten Nebenmieter noch in einer Wohnung leben.

Bei allem Reden über Gerechtigkeit sollten unsere Politiker ehrlich sein und sagen, dass es ihnen ums Geld geht. Die neue Abgabe ist wie eine Steuer, wo Bürger für etwas bezahlen müssen, auch wenn sie es wie ein Theater oder einen Parkplatz nicht nutzen.

*Hans Krump*

**b** Weise nach, dass es sich bei dem Text um einen Kommentar und nicht um eine Reportage handelt.

→ **S. 40** Sachtexten Informationen und Meinungen entnehmen

**c** Welche Meinung vertritt der Autor? Notiere sie in einem Satz.

*Der Autor ist der Meinung, dass …; Der Autor denkt, dass …*

**d** An welchen Wörtern oder Wendungen ist die Meinung des Autors erkennbar? Erkläre es an mindestens drei Beispielen.

## Leserbriefe untersuchen

**12** Leser können ihre Meinung in einem Leserbrief äußern. Darin nehmen sie zu einem Thema Stellung, oft unter Bezugnahme auf einen Artikel in der Zeitung.

**a** Sammelt Leserbriefe aus regionalen Zeitungen und Zeitschriften.

**b** Lest die Beispiele und untersucht jeweils, wie der Schreiber seine Meinung zum Ausdruck bringt.

**c** Nennt Unterschiede zwischen Leserbrief und Kommentar.

→ **S. 248** Merkwissen

**d** Schreibt zu einem selbstgewählten Thema einen Leserbrief.

**13** Gestaltet eine eigene Schülerzeitung, in der ihr Fragen und Probleme behandelt, die euch interessieren.

## Eine Schülerzeitung gestalten

**TIPP**
Sucht euch am besten Partner, z. B. Verlage.

a Schaut euch verschiedene Schülerzeitungen an. Einige gibt es auch online, wie z. B. www.spiesser.de oder www.schekker.de.

→ S.248 Merkwissen

b Wiederholt, welche Tätigkeiten bei der Entstehung einer Zeitung anfallen. Teilt euch in entsprechende Gruppen auf.

c Sucht euch mithilfe eines Brainstormings ein zentrales Thema für eure Zeitung. Achtet darauf, dass es für eure Leser von Interesse ist und ihr dazu etwas mitzuteilen habt.

d Recherchiert zu diesem Thema und formuliert eine Nachricht und eine Schlagzeile.

e Verfasst arbeitsteilig einen Bericht, einen Kommentar und Leserbriefe zum Thema.

f Überlegt euch, welche Ressorts ihr aufnehmen wollt, und teilt euch in entsprechende Gruppen auf.

g Verfasst Beiträge zu den Ressorts. Nutzt dazu verschiedene Textsorten.

h Entwerft ein Layout und gestaltet euer eigenes Titelblatt.
Stellt die Zeitung dann her und verteilt sie in eurer Klasse oder Schule.

## Was habe ich gelernt?

**14** Fasse zusammen, was du über Printmedien gelernt hast.
Fertige ein Merkblatt an.

# Interviews vorbereiten und führen

!

Beim **Interview** steht entweder die/der Befragte als Person im Mittelpunkt oder ihre/seine Meinung soll dargestellt werden, um eine Sachfrage zu klären und andere zu informieren.
Die Fragen für das Interview müssen sorgfältig vorbereitet werden. Am besten eignen sich Ergänzungsfragen, die der Interviewpartner ausführlich beantworten muss. Entscheidungsfragen, die nur mit Ja oder Nein beantwortet werden müssen, sind für Interviews weniger geeignet.

**1** Interviews finden wir täglich in Zeitungen, Rundfunk und Fernsehen.

**a** Vergleiche die folgenden drei Textauszüge. Untersuche, welcher Text ein Interview ist.

A Riesiger Jubel in Chile: Alle 33 verschütteten Bergleute sind wieder in Sicherheit. Als letzten Kumpel brachte die Kapsel den 54-jährigen Schichtleiter Luis Urzúa Iribarren nach 69 Tagen zurück an die Oberfläche. Jetzt feiert das ganze Land. Begleitet von lauten Jubelgesängen verließ der »Kapitän« um 21:55 Uhr Ortszeit (Donnerstag, 02:55 Uhr MESZ) die Rettungskapsel. Staatspräsident Sebastián Piñera umarmte Urzúa bei seiner Ankunft. »Ich bin stolz, Chilene zu sein«, sagte der Kumpel.
Vor ihm waren seine 32 Kollegen aus 622 Metern Tiefe geborgen worden, wo sie seit Anfang August eingeschlossen waren. Die Gold- und Kupfergrube in der nordchilenischen Atacama-Wüste war am 5. August eingestürzt.

B **Friedbert Meurer** *Friedemann Bauschert ist Pfarrer der lutherischen Versöhnungsgemeinde in Santiago de Chile, und ich habe ihn vor der Sendung gefragt, ob es eine Szene im Fernsehen gab während der Bergungsaktion, die ihn besonders beeindruckt oder berührt hat.*

**Friedemann Bauschert** Ich muss zugeben, ich habe nicht die ganze Zeit den Fernseher laufen, weil hier ist auch Alltag

und ich arbeite, aber ich habe vorher mal reingeschaut und habe einen dieser Mineros gesehen, wie er da geführt wurde und seiner Frau in die Arme fiel. Das fand ich doch schon sehr bewegend.

**Meurer** *Wieso haben Sie nicht die ganze Zeit gebannt vor dem Fernseher gesessen?*

**Bauschert** Es ist natürlich ein Thema in den letzten 70 Tagen gewesen und es begleitet einen ja die ganze Zeit, und ich muss zugeben, mir war es teilweise auch zu viel. Ich freue mich darüber, dass es jetzt so weit ist und dass es funktioniert, es ist sehr schön für das ganze Land und für die Leute da, aber ich muss es nicht alles gesehen haben.

C Die Bergleute kommen vorerst zur Beobachtung ins Krankenhaus. Nach der langen feuchtheißen Dunkelheit trugen sie Sonnenbrillen gegen das grelle Licht und Pullover gegen die Kälte. Einige könnten die Klinik vermutlich schon am Donnerstag verlassen, sagte Gesundheitsminister Jaime Manalich. Einer musste wegen Lungenentzündung behandelt werden, zwei weitere brauchten einen Zahnarzt. Die meisten Männer traten sogar glattrasiert ans Licht der Weltöffentlichkeit: Neben Lebensmitteln und Medikamenten waren ihnen in den letzten Tagen auch Rasierutensilien nach unten geschickt worden.

**b** Nenne die Teilnehmer des Interviews. Warum wurde es geführt?

Interviews untersuchen

**2**

**a** Sucht in Zeitungen, Zeitschriften oder im Internet nach Interviews und untersucht sie mithilfe folgender Fragen.

1. Wer sind die Teilnehmer des Interviews?
2. Was steht im Mittelpunkt: die befragte Person oder ein Sachverhalt/Thema?
3. Was sind die Ziele des Interviews? Warum wurde es geführt?
4. Wurden die Ziele eurer Meinung nach erreicht? Wie ist das zu begründen?

**b** Stellt eure Ergebnisse in der Klasse vor.

c Tauscht euch darüber aus, wodurch ein gutes Interview gekennzeichnet ist.

3 Überlegt, was man bei der Vorbereitung eines Interviews beachten muss. Vergleicht eure Ergebnisse mit der Schrittfolge.

**So kannst du ein Interview vorbereiten, durchführen und auswerten**

1. Vorbereitung
   - Wähle zuerst ein Thema und einen geeigneten Gesprächspartner aus. Vereinbare einen Interviewtermin.
   - Überlege, welche Ziele das Gespräch hat, welche Ergebnisse du erwartest und wie das Interview ausgewertet werden soll.
   - Erstelle einen Fragenkatalog.
   - Bereite die technischen Geräte zum Aufnehmen des Interviews vor.
2. Durchführung
   - Bitte den Gesprächspartner um Erlaubnis für die Aufnahme.
   - Führe das Interview mithilfe der vorbereiteten Fragen durch.
3. Auswertung
   - Höre dir nach dem Interview die Aufnahme mehrfach an und fertige eine schriftliche Fassung an.
   - Gib die Fassung dem Gesprächspartner noch einmal zum Lesen.

Ein Interview durchführen und auswerten

4 Die nächste Schülerzeitung befasst sich mit der Frage »Was soll an unserer Schule besser werden?«. Interviewt dazu z. B. eure Klassensprecher. Nutzt die Schrittfolge.

5 Wählt ein Problem aus, das euch bewegt, und führt für die Schülerzeitung oder die Homepage eurer Schule Interviews durch.

Was habe ich gelernt?

6 Überprüfe, was du über Interviews gelernt hast. Beantworte dazu folgende Fragen.

**1** Wozu führt man ein Interview?
**2** Wieso ist die Vorbereitung eines Interviews sehr wichtig?

## Umfragen vorbereiten und durchführen

**1** Seit 1998 werden für die JIM-Studie jedes Jahr 12- bis 19-Jährige zum Umgang mit Medien und Informationen befragt.

→ S. 248 Merkwissen Sachtexte erschließen

a Sieh dir das folgende Diagramm an und werte es aus.

**Wichtigkeit der Medien 2013** (sehr wichtig / wichtig) Basis: 1200 Befragte

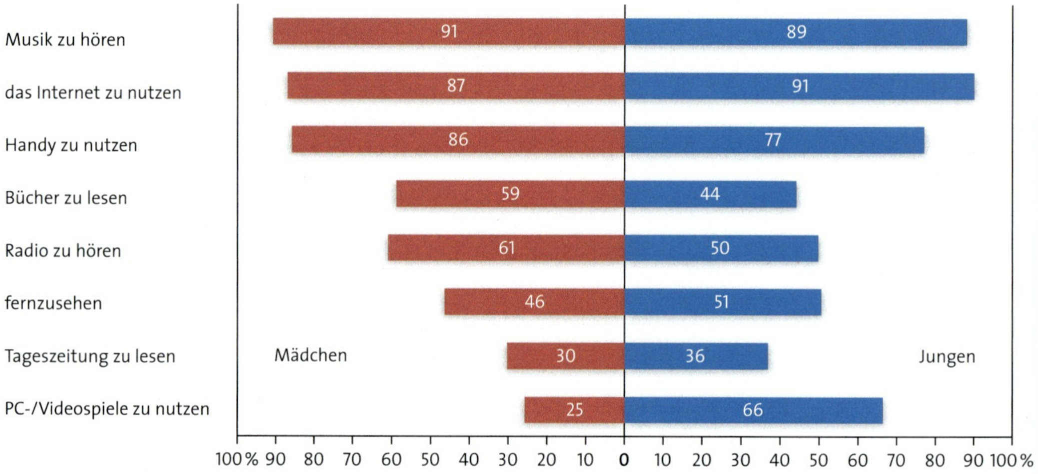


b Tauscht euch anschließend darüber aus, ob ihr ähnliche Erfahrungen gesammelt habt.

→ S. 67 Interview

!

Umfragen und Interviews sind Methoden, um Informationen über Meinungen, Einstellungen, Wissen und Verhalten von Menschen zu erhalten.

**Umfragen** können mündlich, z. B. als Interview, oder schriftlich mithilfe eines Fragebogens durchgeführt werden. Man muss vorher genau überlegen, wer die Fragen beantworten soll und was man erfahren möchte. Die Fragen sollten möglichst einfach, konkret, eindeutig und kurz formuliert sein. Sie sollten so gestellt werden, dass die Antworten gut ausgewertet werden können. Zur Veranschaulichung der Umfrageergebnisse können Diagramme, Tabellen oder Schaubilder dienen.

**2** Führt nun selbst eine anonyme Umfrage zur Medienbeschäftigung in der Freizeit durch.

→ S. 57 Medien unterscheiden

**a** Erstellt dazu einen Fragebogen, überlegt euch Auswertungskriterien, führt die Umfrage durch und wertet sie aus. Wenn ihr Hilfe braucht, nutzt die Aufgaben b und c.

**b** Kopiert den folgenden Fragebogen und verteilt ihn in der Klasse oder Schule.

**TIPP**
Für eine Umfrage an der Schule braucht ihr die Erlaubnis der Schulleitung.

**Fragebogen zur Mediennutzung**

Beantworte jede Frage durch Ankreuzen des entsprechenden Kästchens. Wenn etwas unklar ist, frage bitte nach. Deine Angaben werden streng vertraulich behandelt. Vielen Dank für deine Mitarbeit!

1. Geschlecht: ☐ männlich ☐ weiblich

2. Alter: ☐ Jahre

3. Welche Medien nutzt du mehrmals pro Woche in der Freizeit?

| | | |
|---|---|---|
| ☐ Radio | ☐ Tageszeitungen | ☐ Handy |
| ☐ Fernseher | ☐ Zeitschriften | ☐ MP3-Player |
| ☐ Internet | ☐ Bücher | ☐ Computerspiele |

4. Welche Medien sind dir sehr wichtig?

| | | |
|---|---|---|
| ☐ Radio | ☐ Tageszeitungen | ☐ Handy |
| ☐ Fernseher | ☐ Zeitschriften | ☐ MP3-Player |
| ☐ Internet | ☐ Bücher | ☐ Computerspiele |

**c** Sammelt die ausgefüllten Fragebogen wieder ein. Wertet sie nach folgenden Kriterien aus:
- Welche Medien werden am häufigsten genutzt?
- Ist die Mediennutzung altersspezifisch?
- Nutzen Mädchen und Jungen unterschiedliche Medien?

**TIPP**
Jede Gruppe kann sich zur Auswertung eine Frage aussuchen.

→ S. 136 Präsentieren

**3** Veranschaulicht die Ergebnisse eurer Umfrage.

**a** Überlegt euch zuerst, was ihr veranschaulichen möchtet. Wählt die passende Aussage aus.

**1** verschiedene Fakten und Zahlen auf einen Blick
**2** die prozentuale Verteilung eines Sachverhalts
**3** eine zeitliche Entwicklung
**4** die Beziehungen zwischen einzelnen Faktoren

**b** Seht euch die folgenden Veranschaulichungsmöglichkeiten an und ordnet sie den Aussagen aus Aufgabe a zu.

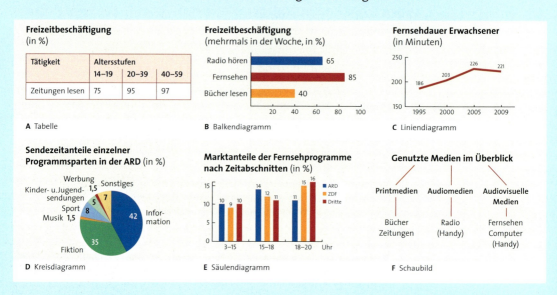

**Freizeitbeschäftigung**
(in %)

| Tätigkeit | Altersstufen 14–19 | 20–39 | 40–59 |
|---|---|---|---|
| Zeitungen lesen | 75 | 95 | 97 |

**A** Tabelle

**Freizeitbeschäftigung**
(mehrmals in der Woche, in %)

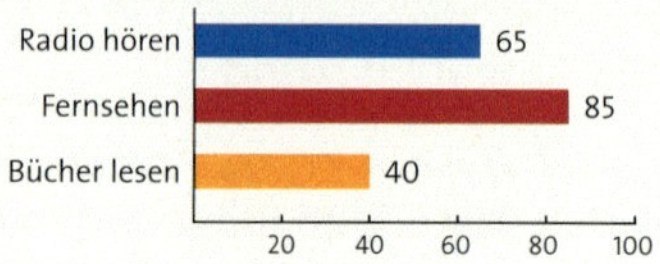


**B** Balkendiagramm

**Fernsehdauer Erwachsener**
(in Minuten)

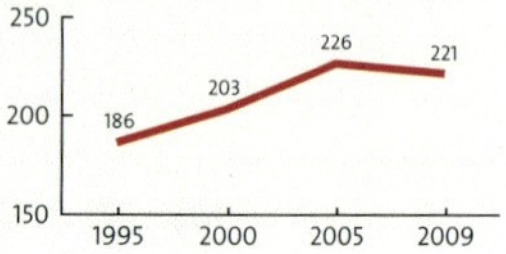


**C** Liniendiagramm

**Sendezeitanteile einzelner Programmsparten in der ARD** (in %)

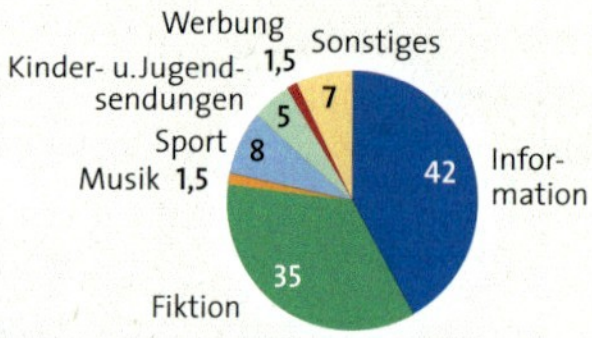


**D** Kreisdiagramm

**Marktanteile der Fernsehprogramme nach Zeitabschnitten** (in %)

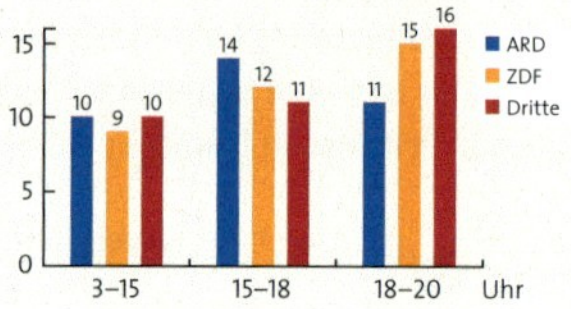


**E** Säulendiagramm

**Genutzte Medien im Überblick**

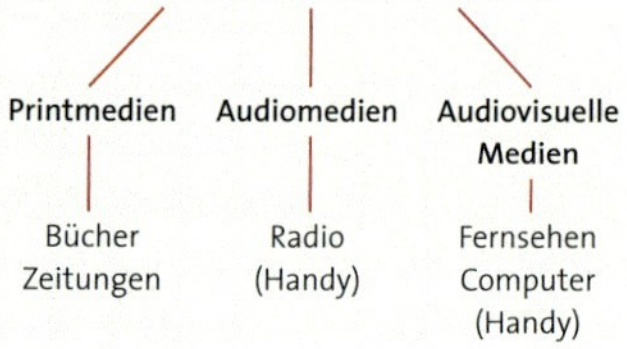


**F** Schaubild

**c** Wählt eine geeignete Möglichkeit zur Veranschaulichung eurer Umfrageergebnisse aus und präsentiert sie der Klasse.

**4** Führt eine weitere Umfrage durch.

**a** Wählt eines der folgenden Themen aus.

**1** Das Ziel der nächsten Klassenfahrt
**2** Die sportlichen Aktivitäten der Schüler unserer Klasse
**3** Meinungen zum Mittagessen an unserer Schule

**b** Formuliert einen Fragebogen.

**c** Führt die Umfrage durch und wertet sie aus.

**d** Stellt die Ergebnisse anschaulich dar, z. B. auf einem Poster oder anhand einer Präsentation.

**TIPP:**
Nutzt für die Darstellung der Ergebnisse den Computer.

●●● **5** Überlegt, worüber ihr für die Schülerzeitung oder die Homepage eurer Schule eine Umfrage durchführen könntet. Wählt aus den Vorschlägen ein Thema aus und führt die Umfrage durch.

# »Herr der Diebe« – Vom Buch zum Film

»Du bist also wirklich der Herr der Diebe«, sagte der Fremde leise. »Nun gut, behalte die Maske auf, wenn du dein Gesicht nicht zeigen möchtest. Ich sehe auch so, dass du sehr jung bist.«

Der Herr der Diebe – das ist der geheimnisvolle, 15-jährige Anführer einer Kinderbande in Venedig. Er bestiehlt die Reichen, um für seine Schützlinge zu sorgen. Keiner kennt seinen Namen, seine Herkunft. Auch nicht Bo und Prosper – zwei Waisenkinder, die auf der Flucht vor ihren herzlosen Pflegeeltern Unterschlupf bei der Bande gefunden haben …

1. Betrachte die Cover von Buch und DVD, lies das Zitat und den Klappentext. Beschreibe, welche Erwartungen du an die Geschichte vom »Herrn der Diebe« hast.

2. Welche Verfilmungen von Büchern kennt ihr? Benennt an einem Beispiel Gemeinsamkeiten und Unterschiede zwischen Buch und Film.

3. Lies den Beginn des Romans. Gib anschließend die Ausgangssituation der Handlung mit eigenen Worten wieder.

Cornelia Funke

# Herr der Diebe

### Kundschaft für Victor

Es war Herbst in der Stadt des Mondes, als Victor zum ersten Mal von Prosper und Bo hörte. Die Sonne spiegelte sich in den Kanälen und überzog die alten Mauern mit Gold, aber der Wind blies eisig vom Meer herüber, als wollte er die Menschen daran erinnern, dass der Winter kam. In den Gassen schmeckte der Wind plötzlich nach Schnee, und die Herbstsonne wärmte nur den Engeln und Drachen hoch oben auf den Dächern die steinernen Flügel. [...]
Pfeifend kehrte Victor dem Fenster den Rücken zu und trat vor den Spiegel. Genau das richtige Wetter, um den neuen Bart auszuprobieren, dachte er, während die Sonne ihm den stämmigen Nacken wärmte. Erst gestern hatte er sich das Schmuckstück gekauft: einen gewaltigen Schnurrbart, so dunkel und buschig, dass ein Walross ihn darum beneidet hätte. Vorsichtig klebte er ihn unter seine Nase, stellte sich auf die Zehenspitzen, um etwas größer zu erscheinen, wandte sich nach links, dann nach rechts ... und war so versunken in sein Spiegelbild, dass er die Schritte auf der Treppe erst hörte, als sie vor seiner Tür Halt machten. Kundschaft. Verdammt. Musste ihn ausgerechnet jetzt jemand stören?
Mit einem Seufzer setzte er sich hinter seinen Schreibtisch. Vor der Tür flüsterte jemand. Wahrscheinlich bewundern sie mein Schild, dachte Victor. Es war schwarz und glänzend, sein Name stand in goldenen Buchstaben darauf: *Victor Getz, Detektiv. Ermittlungen aller Art.* In drei Sprachen hatte er das prägen lassen, schließlich kamen oft Kunden aus anderen Ländern zu ihm. [...]
Worauf warten die da draußen?, dachte er und trommelte mit den Fingern auf die Stuhllehne. »*Avanti!*«, rief er ungeduldig.
Die Tür ging auf und ein Mann und eine Frau betraten Victors Büro, das gleichzeitig sein Wohnzimmer war. Argwöhnisch sahen sie sich um, musterten seine Kakteen, die Bärtesammlung, den Garderobenständer mit den Mützen, Hüten und Perücken, den riesigen Stadtplan an der Wand und den geflügelten Löwen, der als Briefbeschwerer auf dem Schreibtisch stand. »Sprechen Sie Englisch?«, fragte die Frau, obwohl ihr Italienisch nicht schlecht klang.
»Selbstverständlich!«, antwortete Victor und wies auf die Stühle vor seinem Schreibtisch. »Englisch ist meine Muttersprache. Was kann ich für Sie tun?«

Zögernd nahmen die beiden Platz. Der Mann verschränkte mit mürrischem Gesicht die Arme und die Frau starrte auf Victors Walrossbart.

»Oh. Das. Das ist nur eine neue Tarnung«, erklärte er und zog sich den Bart von der Oberlippe. »In meinem Beruf ist so etwas unerlässlich. Was kann ich für Sie tun? Irgendetwas verloren, gestohlen, entlaufen?«

Wortlos griff die Frau in ihre Handtasche. Sie hatte aschblondes Haar und eine spitze Nase, und ihr Mund sah nicht so aus, als ob sie ihn allzu oft zum Lächeln benutzte. Der Mann war ein Riese, mindestens zwei Köpfe größer als Victor. Auf seiner Nase schälte sich ein Sonnenbrand und seine Augen waren klein und farblos. Versteht wahrscheinlich keinen Spaß, dachte Victor und legte die Gesichter der beiden in seinem Gedächtnis ab. Telefonnummern konnte er sich schwer merken, aber ein Gesicht vergaß er nie.

»Uns ist etwas verloren gegangen«, sagte die Frau und schob ihm ein Foto über den Schreibtisch. Ihr Englisch war besser als ihr Italienisch.

Zwei Jungen blickten Victor an, der eine blond und klein, mit einem breiten Lächeln auf dem Gesicht, der andere älter, ernst, mit dunklem Haar. Der Größere hatte den Arm um die Schultern des Kleinen gelegt, als wollte er ihn beschützen – vor allem Bösen in der Welt.

»Kinder?« Erstaunt hob Victor den Kopf. »Ich habe ja schon einiges aufspüren müssen: Koffer, Ehemänner, Hunde, entlaufene Eidechsen, aber Sie sind die Ersten, die zu mir kommen, weil Sie Ihre Kinder verloren haben, Herr und Frau ...« Fragend sah er die beiden an.

»Hartlieb«, antwortete die Frau. »Esther und Max Hartlieb.«

»Und es sind nicht unsere Kinder«, stellte ihr Mann fest.

Seine spitznasige Frau warf ihm einen ärgerlichen Blick zu.

»Prosper und Bonifazius sind die Söhne meiner verstorbenen Schwester«, erklärte sie. »Sie hat die Jungen allein großgezogen. Prosper ist gerade zwölf, Bo ist fünf.« [...] »Vor etwas mehr als acht Wochen sind sie weggelaufen«, fuhr Max Hartlieb fort. »Aus dem Haus ihres Großvaters in Hamburg, wo sie vorübergehend untergebracht waren. Prosper kann seinen kleinen Bruder zu jeder Dummheit überreden, und alles weist darauf hin, dass er Bo hierher geschleppt hat, nach Venedig.«

**4** Wählt eine der handelnden Figuren aus und tragt zusammen, was ihr über sie erfahrt. Verfasst eine Charakterisierung.

**5** Lies den folgenden Dialog aus dem Film. Was erfährst du über Prosper und Bo?

## »Herr der Diebe« – Der Film

*Herr und Frau Hartlieb stehen vor einem alten Haus, Victor, mit einem Karton unterm Arm, tritt auf sie zu.*

**Victor** Offenbar wollen Sie zu mir. Victor Getz. Erforschungen aller Art. *(geht mit den Hartliebs durch einen Torgang)* Diese Schildkröten habe ich auf dem Fischmarkt gefunden. Die armen faltigen Dinger haben sich zwischen all dem Eis ihre Hintern abgefroren.

*(im Büro)*

**Victor** *(zieht sich den falschen Schnurrbart ab)* Verkleidung, wenn Sie verstehen. Eine Notwendigkeit in meiner Branche. Also, was kann ich für Sie tun? Etwas gestohlen oder verloren gegangen?

**Frau Hartlieb** Das. *(reicht Victor ein Foto)* Das haben wir verloren.

**Victor** Oh, Kinder! Ich habe ja schon einiges aufgespürt. Koffer und Hunde. Gelegentlich einen Ehemann. Aber Sie sind die ersten Mandanten, die jemals ihre Kinder verlegt haben, Herr und Frau …

**Frau Hartlieb** Hartlieb. Wir sind Herr und Frau Maximilian Hartlieb.

**Herr Hartlieb** *(reicht Victor eine Visitenkarte)* Und es sind nicht unsere Kinder.

**Frau Hartlieb** Prosper und Bonifazius sind die Söhne meiner Schwester, die verschieden ist. Sie hat die Jungen übrigens allein großgezogen.

**Victor** Oh, Prosper und Bonifazius. Auf eigentümliche Weise hat das Charme.

**Frau Hartlieb** Meine verstorbene Schwester hatte eine Vorliebe für alles Eigentümliche. Wie dem auch sei, als sie von uns ging – vor drei Monaten – haben mein Mann und ich Antrag auf Adoption von Bonifazius gestellt. Seinen älteren Bruder auch noch zu nehmen, wäre wirklich zu viel verlangt gewesen. Ich meine, jeder mit etwas Verstand würde das einsehen.

**Herr Hartlieb** Prosper hat Bonifazius einfach entführt. Das war vor einer Woche. Und hat ihn mit nach Venedig gebracht.

**Victor** Und warum sind Sie so sicher, dass die zwei hier sind?

**Frau Hartlieb** Ihre Mutter war hingerissen von Venedig. Sie hatte vor, mit den Jungen hierher zu ziehen. *(ab hier Stimme aus dem Off, während man Prosper und Bonifazius in einer dunklen Gasse sieht)* Sie hat ihnen den Kopf verdreht mit all diesem Hokuspokus über die magischen Dinge, die hier passieren.

**6** Untersucht, wie der Text von S. 74–75 in eine Szene umgewandelt wurde.

**7** Betrachte das Filmbild auf S. 76. Hast du dir die Hartliebs während des Lesens so vorgestellt? Vergleiche mit der Beschreibung im Buch.

**8** Überlegt, wie die drei Personen sprechen könnten, und lest den Dialog vor.

**9** Während des Films tritt Victor immer wieder in unterschiedlichen Tarnungen auf (z.B. als Priester).

**a** Betrachtet das folgende Filmbild und erläutert, auf welche Weise Victor eine Tarnung nützlich sein kann.

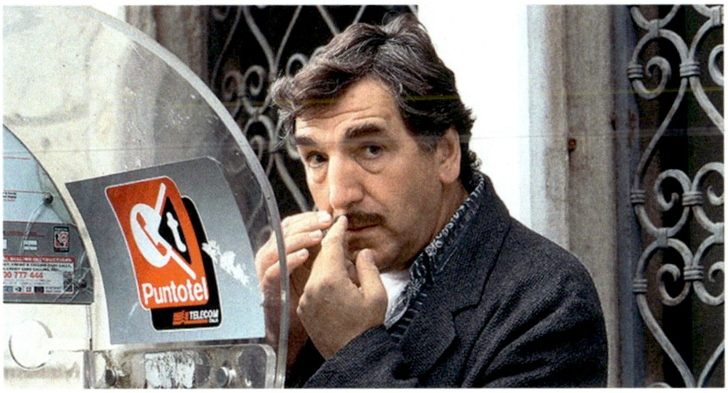


**b** Überlegt euch weitere Tarnmöglichkeiten für Victor und skizziert sie.

**10** Lies, wie Prosper und Bo nach Venedig gelangt sind. Achte darauf, mit welchen Schwierigkeiten sie zu kämpfen haben.

Cornelia Funke

# Herr der Diebe

### Drei Kinder

Die Hartliebs hatten Recht. Prosper und Bo hatten es wirklich geschafft, bis nach Venedig zu kommen. Weit, weit waren sie gefahren, Tage, Nächte, hatten in ratternden Zügen gehockt und sich versteckt vor Schaffnern und neugierigen alten Damen. Hatten sich in stinkenden Klos eingeschlossen und in dunklen Ecken geschlafen, eng aneinandergepresst, hungrig, müde und durchgefroren. Aber sie hatten es geschafft und sie waren immer noch zusammen.

Als ihre Tante Esther auf dem Stuhl vor Victors Schreibtisch Platz nahm, lehnten die beiden an einem Hauseingang, nur wenige Schritte entfernt von der Rialtobrücke. Der kalte Wind blies auch ihnen um die Ohren und flüsterte ihnen zu, dass es vorbei war mit den warmen Tagen. Doch in einem irrte Esther sich. Prosper und Bo waren nicht allein. Ein Mädchen stand bei ihnen, schmal, mit braunem Haar, das sie zu einem Zopf geflochten trug, der ihr dünn wie ein Stachel bis zur Taille hing. Dem Zopf verdankte sie ihren Namen: Wespe. Einen anderen wollte sie nicht. [...]

Prosper stöhnte auf.

Seit sie auf sich gestellt waren, hatte er lernen müssen zu stehlen, erst etwas zu essen, dann auch Geld. Er hasste es. Er hatte so viel Angst dabei, dass ihm die Finger zitterten. Bo dagegen hatte Spaß daran, wie an einem aufregenden Spiel. Aber Prosper hatte ihm das Stehlen verboten und schimpfte ihn jedes Mal fürchterlich aus, wenn er ihn dabei erwischte. Schließlich wollte er nicht, dass Esther behaupten konnte, er, Prosper, habe seinen kleinen Bruder zum Dieb gemacht. [...]

Es war so schwer, auf Bo aufzupassen. Seitdem sie sich aus dem Haus ihres Großvaters geschlichen hatten, fragte Prosper sich mindestens dreimal am Tag, ob es richtig gewesen war, seinen kleinen Bruder mitzunehmen. Wie müde Bo in jener Nacht neben ihm hergetrottet war! Nicht ein einziges Mal hatte er Prospers Hand losgelassen. Den ganzen langen Weg zum Bahnhof. Nach Venedig zu kommen, war leichter gewesen, als Prosper erwartet hatte. Aber als sie in der Stadt ankamen, wurde es schon Herbst und die Luft war nicht warm und weich, wie er sie sich vorgestellt hatte. Ein feuchter Wind strich ihnen entgegen, als sie die Stufen am Bahnhof hinabstiegen, Seite an Seite, in viel zu dünnen Sachen, mit nichts als einem Rucksack und einer kleinen Tasche. Prospers Taschengeld war schnell aufgebraucht, und schon nach der zweiten Nacht auf den feuchten Gassen begann Bo zu husten – so furchtbar, dass Prosper ihn bei der Hand nahm und sich auf die Suche nach dem nächsten Polizisten machte. »Scusi«, wollte er sagen, mit den paar Brocken Italienisch, die er damals konnte, »wir sind weggelaufen, aber mein Bruder ist krank. Würden Sie meine Tante anrufen, damit sie ihn abholt?«

So verzweifelt war er gewesen, aber dann tauchte Wespe auf. Sie nahm Bo und Prosper mit ins Versteck zu Riccio[1] und Mosca, wo sie trockene Sachen und etwas Warmes zu essen bekamen. Und sie erklärte Prosper, dass es mit dem Hunger und dem Stehlen erst mal ein Ende hatte, weil Scipio, der Herr der Diebe, für sie sorgen würde. So wie er es für Wespe und ihre Freunde tat, für Riccio und Mosca.

[1] *sprich:* [ˈrittʃo]

**11** Betrachte die Filmbilder. Welche Haltung nehmen die Figuren ein? Beschreibe, welche Gefühle ihre Haltung und ihr Gesichtsausdruck verraten.

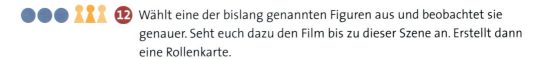

**12** Wählt eine der bislang genannten Figuren aus und beobachtet sie genauer. Seht euch dazu den Film bis zu dieser Szene an. Erstellt dann eine Rollenkarte.

## Kleines Filmlexikon

Welche Wirkung ein Film auf den Zuschauer hat, hängt nicht nur vom Inhalt und von den Schauspielern ab. Einige weitere Aspekte lernst du hier kennen:

**Der Schnitt**
Der Schnitt verknüpft zwei Bildeinstellungen. Beim harten Schnitt folgen zwei Einstellungen ohne Übergang aufeinander. Beim weichen Schnitt wird durch Überblendung ein fließender Übergang erreicht.

**Die Montage**
Wenn die einzelnen Einstellungen zu Szenen zusammengefügt werden, so nennt man das Montage. Dabei können die Bilder in der Reihenfolge der Handlung ablaufen (Straight cut), Erzählstränge der Vergangenheit können in einer Rückblende (Flashback) gezeigt oder zwei parallel verlaufende Handlungen nebeneinander abgebildet werden (Split screen). Eine Form der Montage, bei der zwei Figuren abwechselnd gezeigt werden, ist der Schuss-Gegenschuss. Diese Technik wird häufig bei Gesprächen genutzt.

**Das Licht**
Bei Filmaufnahmen kann durch den Einsatz von Licht eine bestimmte Stimmung erzeugt oder verstärkt werden. So erscheint zum Beispiel eine Figur bei Gegenlicht nur wie eine Art Schattenriss (Silhouette) und wirkt dadurch geheimnisvoll. Je nach Ausleuchtung kann eine Szene gleichmäßig hell sein und damit freundlich und harmonisch wirken oder flackernd und dunkel sein, was einen bedrohlichen Eindruck vermittelt.

**Der Ton**
Meist unterhalten sich die Figuren der Handlung direkt miteinander. Manchmal gibt es aber auch einen Erzähler, dessen Stimme aus dem Off, also von außen kommt. Oft wird Hintergrundmusik (Soundtrack) eingesetzt, um die Handlung atmosphärisch zu verstärken.

1 Lies die Sachinformationen auf dieser Seite. Wähle einen Abschnitt aus und recherchiere weitere Fakten zu diesem Aspekt des Films.

## Die Kameraeinstellung

Mit der Kameraeinstellung wird der Ausschnitt einer Szene gewählt:

Detail

Nah

Amerikanisch

Halbnah

Halbtotale

Totale

## Die Perspektive

Die Perspektive bezeichnet die Blickrichtung der Kamera auf die Szene:

Vogelperspektive

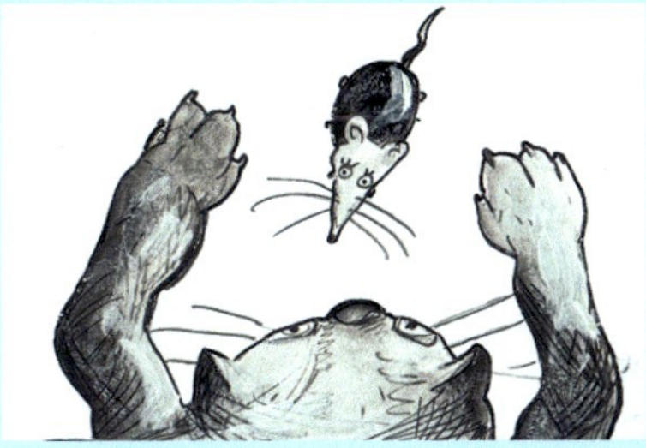

Froschperspektive

**2** Welchen Ausschnitt wählt die Kamera in den einzelnen Einstellungen? Beschreibe, was du siehst, und schreibe jeweils eine knappe Definition.

**3** Bestimme bei den beiden Perspektiven die Blickrichtung und ihre Wirkung.

**4** Betrachtet die Filmbilder in diesem Kapitel. Ordnet ihnen die Kameraeinstellungen zu und sucht je ein Beispiel für Vogel- und Froschperspektive.

**1** Eine große Rolle in Roman und Film spielt die italienische Stadt Venedig. Lies den folgenden Abschnitt und arbeite heraus, wie Tante Esther und die Mutter von Prosper und Bo sie sehen.

Cornelia Funke

## Herr der Diebe

[1] redaktionelle Überschrift

### Venedig[1]

»Ihre Mutter ist schuld.« Esther Hartlieb kniff die Lippen zusammen und warf einen Blick aus Victors staubigem Fenster. Eine Taube hockte aufgeplustert draußen auf dem Balkongitter, die Federn zerzaust vom Wind. »Meine Schwester hat den Jungen ständig von dieser Stadt erzählt. Dass es hier Löwen mit Flügeln gibt und eine Kirche aus Gold, dass auf den Dächern Engel und Drachen stehen und die Treppen an den Kanälen aussehen, als würden nachts Wassermänner hinaufsteigen, um einen Landspaziergang zu machen.« Ärgerlich schüttelte sie den Kopf. »Meine Schwester konnte so etwas auf eine Art erzählen, dass selbst ich ihr fast geglaubt hätte. Venedig, Venedig, Venedig! Bo hat pausenlos Löwen mit Flügeln gemalt und Prosper hat seiner Mutter sowieso jedes Wort von den Lippen gesogen. Wahrscheinlich hat er gedacht, dass er und Bo geradewegs im Märchenland landen, wenn sie hierher kommen! Mein Gott.« Sie rümpfte die Nase und blickte verächtlich hinaus zu den alten Häusern, von denen der Putz bröckelte.

**2** Achte beim Weiterlesen darauf, wie Bo die Stadt erlebt.

»Bo, komm weiter!«, drängte Prosper. »Es ist gleich drei. Nun komm endlich.«
Aber Bo stand vor dem großen Portal der Basilika und sah zu den Pferden hinauf. Immer, wenn er auf den Markusplatz kam, blieb er dort stehen, legte den Kopf in den Nacken und guckte zu ihnen hoch. Vier Pferde, riesige goldene Pferde, stampfend und wiehernd standen sie da oben. Bo wunderte sich jedes Mal, dass sie noch nicht heruntergesprungen waren, so lebendig sahen sie aus.
»Bo!« Ungeduldig zog Prosper ihn weiter durch die Trauben von Menschen, die sich vor dem Eingang der riesigen Kirche drängten, begierig darauf, die vergoldeten Decken und Wände zu sehen.

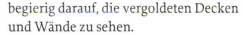

»Sie sind wütend«, sagte Bo, während er sich immer wieder umsah.
»Wer?«
»Die goldenen Pferde.«
»Wütend?« Prosper runzelte die Stirn und zerrte ihn weiter.
»Worüber?«
»Weil sie sie geraubt und hierher geschleppt haben«, flüsterte Bo. »Wespe hat es mir erzählt.« Ganz fest klammerte er sich an Prospers Hand, als sie um die Basilika herumgingen, damit er seinen großen Bruder nicht in dem Gedränge verlor. In den Gassen machte ihm das keine Angst, aber hier auf dem riesigen Platz schon. Den Löwenplatz nannte Bo ihn, er wusste, dass der Platz eigentlich anders hieß, aber er hatte ihn so getauft. Tagsüber gehörte jeder Pflasterstein hier den Tauben und Touristen. Aber nachts, da war Bo ganz sicher, wenn die Tauben auf den Dächern ringsum schliefen und die Menschen längst in ihren Betten lagen, gehörte der Platz den goldenen Pferden und dem geflügelten Löwen, der zwischen den Sternen stand.

**3** Fasse zusammen, wie der Zauber von Venedig im Text beschrieben wird.

●●● **4** Im Film findet der Regisseur eine Möglichkeit, um Bos Eindrücke der Stadt zu verdeutlichen. Beschreibe sie, nachdem du den Film gesehen hast.

## Eine Literaturszene verfilmen

1. **Eine passende Szene auswählen**
Es sollten möglichst mehrere Personen beteiligt sein, die miteinander sprechen und zusammen handeln. Zu beachten ist, dass der technische Aufwand nicht zu hoch sein darf, eine Verfolgungsjagd lässt sich kaum realisieren.

2. **Ein Drehbuch verfassen**
Erstellt eine Tabelle. Schreibt zunächst vorhandene Dialoge aus dem Text heraus. Überlegt, wie wichtige Informationen aus dem Erzähltext in das Gespräch einfließen können. Notiert dann auch Handlungsschritte, Kameraeinstellungen und Hinweise auf Geräusche und Musik.

| Einstellung | Handlung | Dialoge | Kameraeinstellung | Geräusche/ Musik |
|---|---|---|---|---|
| 1 | Ladentür öffnet sich, Prosper und Riccio treten ein | **Prosper:** Hm, schön warm hier. **Riccio:** Aber es stinkt. | halbnah | Glasglöckchen läuten |
| 2 … | Barbarossa | **Barbarossa:** Ihr Zwerge schon wieder! | amerikanisch | tuschelnde Touristen |

3. **Aufnahme**
Nachdem ihr die Szene geprobt habt, nehmt ihr sie von verschiedenen Seiten und aus unterschiedlichen Perspektiven auf, sodass ihr beim Schnitt und in der Montage variantenreich seid.

4. **Schnitt – Montage – Fertigstellung**
Schneidet zunächst eine »saubere« Fassung ohne Versprecher. Überlegt dann, wie ihr die einzelnen Aufnahmen miteinander verbinden wollt. Bietet sich z. B. eine Schuss-Gegenschuss-Montage an? Stellt euren Film fertig und ergänzt Musik und Geräusche.

**TIPP:**
Ihr könnt z. B. das Kapitel „Barbarossa“ verwenden.

**1** Schreibt einen selbst gewählten Abschnitt des Romans zu einer Spielszene um und verfilmt diese. Orientiert euch an der Schrittfolge.

## Kurzgeschichten lesen und verstehen

!

Als **Kurzgeschichten** bezeichnet man (in Anlehnung an die amerikanischen *Short Stories*) kurze und prägnante Erzählungen mit folgenden typischen **Merkmalen**:

- es werden einzelne alltägliche Ereignisse oder Erlebnisse beleuchtet,
- es treten wenige Figuren auf,
- die Geschichte beginnt oft unvermittelt,
- das Ende ist meist offen, mitunter überraschend,
- die Handlungszeit ist begrenzt (meist nur wenige Stunden oder Tage),
- die Handlungsorte sind begrenzt (oft nur einer),
- es wird eine knappe, alltägliche Sprache verwendet, häufig mit Andeutungen und Metaphern.

**1**

**a** Lies die folgende Geschichte von Ursula Wölfel (geb. 1922).

Ursula Wölfel

### Lügen

Ein Kind kommt von der Schule nach Hause. Die Eltern fragen nach der Rechenarbeit. Hat der Lehrer sie heute zurückgegeben? Sie haben mit dem Kind gelernt, nun möchten sie wissen, ob es eine gute Arbeit geschrieben hat. Der Lehrer hat die Arbeit noch nicht zurückgegeben. Das sagt das Kind. Hat es nicht gestern erzählt, heute sollten sie die Arbeit zurückbekommen? Sie haben die Verbesserungen gleich in der Schule gemacht. Der Lehrer hat die Hefte wieder in den Schrank gelegt. Er hat die Arbeit also doch zurückgegeben! Warum lügt das Kind? Hat es eine schlechte Note? Es hat eine Drei, sagt das Kind. Eine Drei, das ist ordentlich. Deshalb brauchte das Kind doch nicht zu lügen? Das Kind gibt keine Antwort. Die Mutter sieht in der Schultasche nach. Sie findet das Heft mit der Rechenarbeit. Aber das Kind hat behauptet, der Lehrer hätte die Hefte in den Schrank gelegt. Wieder hat es gelogen. Das Kind will schnell sagen, dies sei nicht das richtige Heft. Es will der Mutter das Heft wegnehmen. Aber sie hat es schon aufgeschlagen.

»Mangelhaft«, steht unter der Arbeit. Eine Fünf hat das Kind. Heute finden die Eltern das nicht schlimm. Jeder kann einmal eine schlechte Arbeit schreiben. Dass aber ihr Kind zu feige ist, die Wahrheit zu sagen, dass es zweimal gelogen hat, das finden sie schlimm, traurig, schrecklich.

Das Kind hatte Angst. Es wusste nicht, dass heute eine Fünf nicht so schlimm ist wie sonst. Das letzte Mal hat es Ohrfeigen bekommen, wegen der Fünf im Diktat. Will es sich herausreden? Damit macht es alles noch schlimmer. Die Eltern nennen das Kind böse und schlecht. Zur Strafe darf es heute nicht draußen spielen. Es muss die Aufgaben aus der Rechenarbeit abschreiben und so oft rechnen, bis alles richtig ist.

Das Kind sagt nichts mehr. Es rechnet. Die Eltern unterhalten sich. Heute soll ihr altes Auto verkauft werden. Eine Frau will kommen und es ansehen. Vielleicht nimmt sie es gleich mit. Vor einem halben Jahr hatte der Vater einen Unfall mit diesem Auto. Es wurde repariert und frisch gespritzt. Man sieht nichts mehr von dem Schaden. Die Frau braucht nicht zu wissen, dass sie einen Unfallwagen bekommt. Sonst nimmt sie ihn womöglich nicht. Wahrscheinlich fragt sie gar nicht danach. Und wenn sie es doch tut, werden sie sagen, sie solle den Wagen betrachten. Sieht er wie ein Unfallwagen aus? Dass mit dem Rahmen etwas nicht stimmt, kann sie nicht sehen. Er ist nur ganz leicht verzogen. Sollte das später herauskommen, können sie sagen, sie hätten das nicht gewusst. Wenn der Mann aus der Werkstatt den Rahmen nicht nachgemessen hätte, wüssten sie tatsächlich nichts davon.

Die Frau kommt früher, als sie gedacht haben. Sie hat den Wagen schon gesehen, das Garagentor stand offen. Er gefällt ihr gut. Sie freut sich. Dies wird ihr erstes Auto sein.

Die Eltern bieten ihr etwas zu trinken an, und der Vater erzählt der Frau, was für einen großartigen Wagen sie von ihm bekommt. Er verkauft ihn nur, weil er einen größeren braucht.

Den Kaufvertrag hat er schon vorbereitet. Wollen sie den jetzt beide unterschreiben? Vom Unfall ist nicht die Rede. Ehe die Frau den Vertrag unterschreibt, sähe sie sich den Wagen gern noch einmal genauer an.

Der Vater will ihn auf die Straße fahren. Die Frau kann hier warten. Er geht hinaus und auch die Mutter geht für einen Augenblick aus dem Zimmer. Sie will Zigaretten holen. Das Kind bleibt mit der

Frau allein. Der Frau fällt jetzt ein, dass sie noch was fragen wollte. Ist der Wagen unfallfrei? Weiß das Kind etwas darüber? Das Kind erschrickt. Es sagt: »Ich weiß nicht.«

Die Frau ist beruhigt. Wenn das Kind nichts davon weiß, hatte der Wagen bestimmt keinen Unfall. So etwas vergisst doch keiner.

Die Mutter kommt zurück.

Die Frau geht ans Fenster und sieht zu, wie der Vater das Auto hinausfährt. Sie möchte nun lieber gleich hinuntergehen und keine Zigarette mehr rauchen. Den Vertrag nimmt sie mit, den kann sie auch auf der Straße unterschreiben. Sie verabschiedet sich von der Mutter und dem Kind und geht. Die Mutter will wissen, worüber die Frau vorhin mit dem Kind gesprochen hat. Die Frau hat gefragt, ob das Auto keinen Unfall hatte. Und das Kind hat ihr alles erzählt? Ist die Frau deshalb so schnell weggegangen? Das Kind hat gesagt, es wüsste nichts. Nun lobt die Mutter das Kind. Das war die beste Antwort. Der Vater kommt wieder.

Er ist vergnügt. Sie sind die alte Kiste los, hier ist der Vertrag, unterschrieben. Und hier ist das Geld.

Die Mutter erzählt ihm, wie gescheit das Kind war. Eigentlich hätte es eine Belohnung verdient. Wenn die Rechenaufgaben fertig sind, darf es draußen spielen. Das meint auch der Vater. Er hat nichts dagegen, wenn das Kind sofort nach draußen geht. Es kann heute Abend weiterrechnen.

Das Kind hat doch wieder gelogen? Es hat der Frau nicht die Wahrheit gesagt. Es weiß, dass der Wagen einen Unfall hatte. Und die Eltern haben auch nicht die Wahrheit gesagt.

Das ist etwas anderes, das versteht das Kind noch nicht.

**b** Wie gefällt dir die Geschichte? Begründe kurz deine Meinung.

*Mir gefällt der Text (nicht), weil ...*

## Eine Kurzgeschichte untersuchen

→ **S. 248** Merkwissen, Erzählen

**2** Weise nach, dass es sich bei dem Text aus Aufgabe 1 a um eine Kurzgeschichte handelt.

**a** Bestimme, aus wessen Perspektive die Geschichte erzählt wird.

**b** Unterteile den Text in Abschnitte. Untersuche, welche Figuren auftreten, und stelle fest, was du jeweils über sie erfährst.

**c** Bewerte die Handlungsweisen der Figuren. Begründe deine Meinung.

**d** Untersuche die Sprache der Geschichte. Übertrage dazu die Tabelle in dein Heft und ergänze sie.

| sprachliche Besonderheiten | »Lügen« |
|---|---|
| Wortwahl<br>Satzlänge, Satzbau<br>Wie werden Dialoge wiedergegeben?<br>… | … |

**3**

**a** Lies die folgende Geschichte von Anna Drawe.

## Im Warenhaus

Betty Warner war eine gute Seele, aber sie hatte Hunger, und die Brieftasche, die aus der Hosentasche des Mannes hervorlugte, der im großen Warenhaus vor ihr herging, reizte ihre Begierde. Ihr war auch sehr kalt, ihre Kleider waren nur dünn, einen Mantel besaß sie nicht mehr. Zudem war sie eben an vielen Stellen gewesen, wo sie sich vergeblich um Arbeit bemüht hatte.

Sie war nicht ins Warenhaus gekommen, um Einkäufe zu machen, sondern nur, um sich zu wärmen, sie fror bis ins Innerste. Sie bemühte sich, nicht auf die Brieftasche zu schauen, aber die blickte so verführerisch zwischen den Rockschößen des Mannes hervor, und sie sah es dem Herrn an, dass er schon einmal eine Brieftasche verlieren konnte. Denn das, was allein sein Anzug kostete, hätte ihr monatelang zum Lebensunterhalt genügt.

Sie ging dichter hinter der Brieftasche und schaute die Leute ringsum an: eine freundlich aussehende, kleine alte Frau in Schwarz, zwei junge Mädels, die lebhaft miteinander plauderten. Wenn nicht ein Augenblick gekommen wäre, in dem die kleine alte Frau nach einem Taschentuch herumsuchte und die Mädels verschwunden wären, so hätte Betty die Brieftasche nicht genommen. In diesem Augenblick fiel jede Scheu und Hemmung von ihr ab. Sie nahm die Brieftasche mit einer hastigen Bewegung und ließ sie in ihrer Handtasche verschwinden.

Dieser fürchterliche Augenblick war nun vorüber, und sie war wieder das nette, rosige junge Mädchen, das in ihrem ganzen Leben kaum etwas wirklich Schlechtes begangen hatte. Sie blieb stehen und tat so, als ob sie sich seidene Strümpfe anschaute.

Am selben Ladentisch stand die kleine alte Frau. War sie Betty absichtlich gefolgt?

»Sie sehen müde aus«, sprach die kleine alte Frau, »warum gehen Sie nicht in den Damenwarteraum und ruhen sich aus?«

»Ich – ich kann nicht, ich ... muss gehen«, stammelte das Mädchen. In der warmen Luft wurde ihr, die schon lange nichts mehr gegessen hatte, schwindelig, sie taumelte und ließ ihr Handtäschchen fallen. Die kleine alte Frau hob es auf und reichte es ihr.

»Trotzdem sollten Sie erst ein wenig ausruhen.«

Aber Betty hörte es nicht. Sie hielt sich am Ladentisch, sie zitterte vor Angst. Über den Köpfen der Menge hin, die durch die Gänge des Warenhauses wogte, hatte sie das besorgte Gesicht des Besitzers der Brieftasche wahrgenommen und neben ihm schimmerte eine Schutzmannsuniform. Die Leute im Warenhaus erschienen Betty alle wie sehr entfernte, kleine schwarze Punkte, so aufgeregt war sie.

»Gehn Sie nicht weg von mir«, bat Betty, »– gehen Sie nicht fort!«

Die kleine alte Frau gab keine Antwort. Sie sah den Schutzmann an. Denn er berührte eben Betty an der Schulter.

»Dieser Herr«, sagte er grob, »– hat seine Brieftasche verloren.«

Das Mädchen stammelte ein paar Worte, die ihr selbst fremd klangen. Dem Besitzer der Brieftasche schien sie leidzutun. Er begann: »Ich sage ja nicht, dass Sie die Brieftasche genommen haben, aber Sie waren ganz dicht hinter mir, als es geschah. Sie ging zuerst vor mir«, sagte er zum Schutzmann, »dann blieb sie zurück und eine Sekunde später war die Tasche fort.«

Betty glaubte in den Erdboden zu versinken. Sie starrte besinnungslos vor sich hin, während der Schutzmann die Handtasche öffnete. Sie starrte noch immer, als er die Tasche auf den Ladentisch warf und zu dem Herrn sagte: »Das junge Mädchen hat sie nicht!«

Sie sah die beiden Männer fortgehen, aber ihre vor Angst stumpfen Sinne fassten es nicht.

»Ich habe natürlich die Brieftasche herausgenommen«, sagte die kleine alte Frau, indem sie das Mädchen zum Ausgang führte. »Der Schutzmann wird die Adresse des Herrn haben, und ich will dafür sorgen, dass er die Tasche zurückerhält. Sind Sie hungrig?«

»Ja, sehr.«

»Sie mussten Ihren Mantel verkaufen aus Not, nicht wahr? Sie scheinen stellenlos zu sein und ohne Geld?«

»Ja.«

»Hm – das hab ich mir doch gedacht.«

»Warum – warum haben Sie das für mich getan?«

»Weil ich solche Fälle kenne. Es war das erste Mal, dass Sie so etwas machten?«

»Ja.«

»Versprechen Sie mir, es niemals wieder zu tun?«

»Ach ja, nie ... nie wieder!«

»Sehen Sie«, sagte die alte Frau, »darum hab ich's getan. Und jetzt, Kind, wollen wir etwas essen gehen.«

»Wer ... wer sind Sie?«, fragte das Mädchen.

Die kleine alte Frau lächelte: »Ich bin nur die Warenhausdetektivin«, sagte sie.

**b** Fasse kurz zusammen, wovon der Text handelt.

**c** Bestimme, aus wessen Perspektive das Geschehen erzählt wird.

**d** Nenne Gründe, die Betty Warner zum Stehlen bewogen haben.

**e** Bewerte das Verhalten der Kaufhausdetektivin. Schreibe deine Meinung zu dem Vorfall auf.

**f** Lies noch einmal den Merkkasten auf Seite 85. Welche Merkmale treffen auf den Text »Im Warenhaus« zu?

●●● **g** Fasse deine Ergebnisse aus den vorangegangenen Aufgaben zusammen und halte einen kurzen Vortrag zum Thema: Warum es sich beim Text »Im Warenhaus« um eine Kurzgeschichte handelt.

●●● **4** Recherchiere selbst eine Kurzgeschichte und stelle sie vor. Begründe deine Auswahl.

**Was habe ich gelernt?**

**5** Fasse zusammen, was du über Kurzgeschichten gelernt hast. Fertige eine Mindmap zu den Merkmalen von Kurzgeschichten an.

# Eine Inhaltsangabe verfassen

> **!** Mit einer **Inhaltsangabe** gibt man in sachlicher und knapper Form den wesentlichen Inhalt eines literarischen Textes, eines Films, einer Fernsehsendung oder eines Theaterstücks wieder.
> Eine Inhaltsangabe enthält folgende **Bestandteile**:
> - Einleitung: Angaben zu Autorin/Autor, Textsorte (z. B. Kurzgeschichte), Titel, Thema
> - Hauptteil: Darstellung der Figuren und des Handlungsverlaufs unter Beachtung der richtigen Reihenfolge (*W*-Fragen)
> - Schluss: Besonderheiten des Textes nennen (z. B. offene Fragen, Lehre, Bezug zur Überschrift)

**1** So könnte sich ein Gespräch auf dem Pausenhof zugetragen haben.

*Hast du gestern im Fernsehen den Film »Die Geistervilla« gesehen? Der war echt gruselig! In dem Haus spukte es und der Eigentümer hatte einen teuflischen Plan.*

*Nein, habe ich nicht gesehen. Klingt aber spannend!*

*Wie sah der Plan denn aus? Los, sag schnell, bevor es klingelt!*

**a** Überlege, wann und warum man im Alltag Inhaltsangaben benötigt und welchem Zweck sie dienen.

**b** Informiert euch gegenseitig kurz und knapp über den Inhalt interessanter Bücher oder Filme.

**2** Schreibe eine Inhaltsangabe zur Kurzgeschichte »Im Warenhaus« (S. 88, Aufgabe 3 a) oder zu einer Kurzgeschichte deiner Wahl.

**Eine Inhaltsangabe planen**

**a** Beantworte zuerst folgende Fragen in Stichpunkten in deinem Heft.

1. Worum geht es in der Geschichte?
2. Wer erzählt?
3. Wann spielt die Geschichte?
4. Wo findet die Handlung statt?
5. Welche Figuren treten auf und in welchem Verhältnis stehen sie zueinander?
6. Wie ist der Handlungsverlauf?

→ S.25 Personen und Figuren charakterisieren

**b** Notiere Stichpunkte zu wichtigen Charaktereigenschaften der Figuren.

**c** Entwirf die Einleitung deiner Inhaltsangabe.

*Die Kurzgeschichte »Im Warenhaus« von Anna Drawe …*

**!** Beim Schreiben einer **Inhaltsangabe** muss man folgende **sprachliche Besonderheiten** beachten:
- Inhalt mit eigenen Worten wiedergeben (keine Zitate),
- knappe, sachliche Sprache verwenden, meist ohne eigene Gefühle,
- Wiederholungen vermeiden,
- direkte (wörtliche) Rede in indirekte Rede umwandeln,
- in Präsens oder Perfekt schreiben.

→ S.163 Die Modusformen des Verbs

**d** Tauscht euch aus, wie ihr den Schluss der Inhaltsangabe gestalten wollt. Schreibt ihn danach auf.

**Eine Inhaltsangabe entwerfen**

**e** Schreibe nun den Entwurf einer Inhaltsangabe zur Kurzgeschichte »Im Warenhaus«. Lass einen breiten Rand für die Überarbeitung.

**Den Entwurf überarbeiten**

**f** Überarbeite den Entwurf. Achte dabei besonders auf sachliche Formulierungen, Zeitformen und indirekte Rede.

**Die Endfassung schreiben**

**g** Schreibe die Endfassung.

**3** Lies die Geschichte »Lügen« auf Seite 85.
Ist es leicht oder schwierig, für diesen Text eine Inhaltsangabe zu schreiben? Begründe deine Meinung.

**4** Überprüfe, was du jetzt über Inhaltsangaben weißt.
Ordne den Zahlen die richtigen Buchstaben zu.

| | |
|---|---|
| **1** Einleitung | **A** Besonderheiten des Textes |
| **2** Wo und Wann? | **B** die Aussageabsicht oder Botschaft |
| **3** Wer? | **C** die handelnden Figuren |
| **4** Was geschieht? | **D** Ort und Zeit der Handlung |
| **5** Warum? | **E** Autor/in, Titel, Textsorte, Thema |
| **6** Schluss | **F** die Grundzüge der Handlung |

# Kriminalgeschichten lesen und verstehen

**1** Nenne die Namen der abgebildeten Detektive und ordne sie ihren Autoren zu.

Astrid Lindgren

Arthur Conan Doyle

Kalle Blomquist

Agatha Christie

Miss Marple

Sherlock Holmes

**2** Welche Detektive aus Büchern und Filmen kennt ihr noch? Stellt sie kurz vor.

**!** In einer **Kriminalgeschichte** wird ein Verbrechen, meist ein Mord, zum handlungstragenden Element. Erzählt werden die Vorgeschichte eines Verbrechens, die Tat, die Aufdeckung und die Überführung des Täters und schließlich dessen Bestrafung.
Beispiele aus der deutschen Literaturgeschichte sind die Novellen »Der Verbrecher aus verlorener Ehre« (1785) von Friedrich Schiller, »Das Fräulein von Scudéri« von E.T.A. Hoffmann (1818) oder Theodor Fontanes Erzählung »Unterm Birnbaum« (1885).
Sonderform der Kriminalliteratur ist der **Detektivroman**, wo weniger die Tat als vielmehr deren Aufdeckung (engl. to detect = aufdecken) durch einen hartnäckig ermittelnden Fahnder im Zentrum steht. Dieser kann natürlich auch weiblich sein. Der Leser begleitet den analytisch denkenden und kombinierenden Detektiv – z.B. Sherlock Holmes von Conan Doyle – bei dessen Nachforschungen bis zur Lösung des Falls. Am Ende steht der Sieg der Gerechtigkeit.

Einen Auszug aus einem Detektivroman lesen

**1**

**a** Lies den folgenden Auszug aus einer Kriminalgeschichte, in dem Sherlock Holmes seine geniale Beobachtungsgabe demonstriert.

Arthur Conan Doyle

## Ein Skandal in Böhmen

In letzter Zeit hatte ich Holmes kaum zu Gesicht bekommen. Meine Heirat hatte uns auseinandertreiben lassen. Mein vollkommenes Glück und die auf die unmittelbare Umgebung bezogenen Interessen, die dem Mann erwachsen, der sich erstmals Herr eines eigenen Hausstands findet, reichten aus, um meine ganze Aufmerksamkeit in Anspruch zu nehmen; Holmes dagegen, der jede Form von Gesellschaft mit seiner ganzen Boheme[1]-Seele verabscheute, blieb in unserer Behausung in der Baker Street, vergrub sich zwischen seinen alten Büchern [...].

Wie zuvor zog ihn das Studium des Verbrechens zutiefst an, und er verwandte seine gewaltigen Geistesgaben und seine außerordentlichen Beobachtungskünste darauf, jenen Hinweisen nachzugehen und jene Rätsel zu lösen, die von der Polizei als hoffnungslos aufgegeben worden waren. Von Zeit zu Zeit hörte ich vage Berichte über seine Taten: Über seine Einladung nach Odessa im Mordfall Trepoff, seine Aufklärung der einzigartigen Tragödie der Brüder Atkinson in Trincomalee, schließlich über den Auftrag, den er für das holländische Herrscherhaus mit so viel Feingefühl und Erfolg erfüllte. Über diese Anzeichen seiner Aktivität hinaus, an denen ich den gleichen Anteil hatte wie alle Leser der Tagespresse, wusste ich jedoch kaum etwas über meinen früheren Freund und Gefährten.

Eines Abends – es war der 20. März 1888 – kehrte ich eben von der Fahrt zu einem Patienten zurück (denn ich hatte wieder im zivilen Bereich zu praktizieren begonnen), als mein Weg mich durch die Baker Street führte. Beim Passieren der wohlbekannten Tür [...] befiel mich der lebhafte Wunsch, Holmes wiederzusehen und zu erfahren, worauf er zurzeit seine außergewöhnlichen Fähigkeiten verwandte. Seine Räume waren strahlend hell erleuchtet, und noch als ich emporschaute, sah ich seine große hagere Gestalt zweimal als dunkle Silhouette an der Gardine vorbeigehen. Er schritt schnell und versunken im Raum auf und ab, das Kinn auf der Brust, die Hände hinter dem Rücken verschränkt. Mir, der ich

[1] Mensch, der frei von gesellschaftlichen Zwängen lebt, oft Künstler

alle seine Stimmungen und Angewohnheiten kannte, erzählten seine Haltung und sein Verhalten ihre Geschichte. Er war wieder bei der Arbeit [...] und war einem neuen Problem eng auf der Fährte. Ich zog an der Türglocke und wurde zu dem Zimmer emporgeführt, das früher teilweise mein eigenes gewesen war. Er war nicht gerade überschwänglich. Das war er selten; ich glaube aber, dass er sich freute, mich zu sehen. Fast ohne ein Wort zu sagen, aber mit freundlichen Blicken bot er mir einen Lehnstuhl an [...]. Dann stand er vor dem Kamin und musterte mich in seiner merkwürdig eindringlichen Weise.

»Der Ehestand bekommt Ihnen gut«, bemerkte er. »Ich glaube, Sie haben siebeneinhalb Pfund zugenommen, seit ich Sie zuletzt gesehen habe, Watson.«

»Sieben«, gab ich zurück.

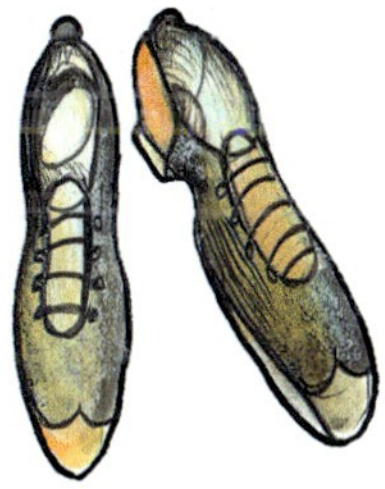

»So? Ich hätte gedacht, es wäre ein wenig mehr. Natürlich nur ein kleines bisschen mehr, schätze ich, Watson. Und Sie praktizieren wieder, wie ich sehe. Sie haben mir doch gar nichts davon erzählt, dass Sie wieder in die Sielen[2] steigen wollten.«

»Woher wissen Sie es dann?«

»Ich sehe es, ich deduziere[3] es. Woher weiß ich denn wohl, dass Sie vor Kurzem sehr nass geworden sind und dass Sie ein sehr ungeschicktes und unaufmerksames Dienstmädchen haben?«

»Mein lieber Holmes«, sagte ich, »das ist mir zu hoch. Wenn Sie vor ein paar Jahrhunderten gelebt hätten, wären Sie bestimmt verbrannt worden. Ich habe zwar am Donnerstag einen Spaziergang über Land gemacht und schlimm ausgesehen, als ich nach Hause kam; da ich aber meine Kleidung gewechselt habe, weiß ich wirklich nicht, wie Sie das deduziert haben. Was Mary Jane angeht, die ist unverbesserlich, und meine Frau hat ihr gekündigt; aber auch hier begreife ich nicht, wie Sie dahintergekommen sind.«

Er lachte in sich hinein und rieb seine langen, nervigen Hände. »Nichts einfacher als das«, sagte er; »meine Augen sagen mir, dass auf der Innenseite Ihres linken Schuhs, gerade dort, wo das Licht des Feuers hinfällt, das Leder von sechs fast parallelen Streifen markiert ist. Offensichtlich stammen sie daher, dass jemand um die Kanten der Sohle herum gekratzt hat, um verkrusteten Lehm zu entfernen. Daher also meine doppelte Deduktion, dass Sie bei üblem Wetter unterwegs gewesen sind und dass Sie es mit einem besonders schlimmen schuhschänderischen Exemplar der Gat-

[2] Zugriemen am Geschirr für Zugtiere, um sie vor einen Pflug zu spannen, *hier* übertragene Bedeutung

[3] *hier* schlussfolgern

tung Londoner Kratzbürste zu tun haben. Was Ihr Praktizieren angeht – wenn ein Gentleman meine Räumlichkeiten betritt, nach Jodoform riecht, am rechten Zeigefinger einen schwarzen Silbernitratfleck hat und eine Ausbuchtung an der Seite seines Zylinders mir zeigt, wo er sein Stethoskop versteckt, dann müsste ich wirklich stumpfsinnig sein, wenn ich ihn nicht zu einem aktiven Mitglied der ärztlichen Zunft erklärte.«

Die Mühelosigkeit, mit der er seinen Deduktionsprozess erläuterte, brachte mich zum Lachen. »Wenn ich höre, wie Sie Ihre Gründe anführen«, bemerkte ich, »scheint mir die Sache immer so lächerlich einfach, dass ich es leicht selbst machen könnte, und trotzdem bin ich bei jedem neuen Beweis Ihrer Denkprozesse wieder verblüfft, bis Sie mir die Einzelschritte erklären. Und bei alledem glaube ich immer noch, dass meine Augen genauso gut sind wie Ihre.«

»Sicher sind sie es«, antwortete er; zündete sich eine Zigarette an und warf sich in einen Lehnsessel. »Sie sehen, aber Sie beobachten nicht. Der Unterschied ist klar. Zum Beispiel haben Sie doch die Stufen, die von der Diele zu diesem Raum heraufführen, häufig gesehen.«

»Oft.«

»Wie oft?«

»Also, einige hundert Mal.«

»Und wie viele sind es?«

»Wie viele! Das weiß ich nicht.«

»Sehen Sie! Sie haben nicht beobachtet. Und trotzdem haben Sie gesehen. Darauf wollte ich hinaus. Nun, ich dagegen weiß, dass es siebzehn Stufen sind, weil ich sie sowohl gesehen als auch beobachtet habe. [...]«

**b** Begründe, weshalb Beobachtungsgabe die wichtigste Eigenschaft eines erfolgreichen Detektivs ist.

**2** Wie gut seid ihr selbst im Beobachten? Versucht, mit verbundenen Augen eine willkürlich ausgewählte Mitschülerin / einen Mitschüler genau zu beschreiben (Größe, Haar- und Augenfarbe, Kleidung, Schmuck usw.).

Einen Auszug aus einem Detektivroman lesen

**3** Untersucht den folgenden Auszug aus einem Detektivroman.

**a** Lest den Titel und äußert Vermutungen über seinen Inhalt. Bringt eure bisherige Krimierfahrung mit ein. Welche Rolle kann ein »Prügelknabe« in einem Krimi spielen? Die des Opfers? Die des Täters?

**b** Lest den Text so weit, bis ihr glaubt zu wissen, wer der »Prügelknabe« ist. Begründet eure Meinung.

Agatha Christie

## Der Prügelknabe

Lily Margrave spielte nervös mit ihren Handschuhen und warf dem Mann, der ihr gegenüber in einem tiefen Sessel saß, schnell einen Blick zu.

Sie hatte zwar von Monsieur Hercule Poirot[1], dem berühmten Detektiv, schon gehört, ihn aber noch nie von Angesicht zu Angesicht gesehen.

Sie fand ihn reichlich komisch, nahezu lächerlich. Er entsprach so ganz und gar nicht der Vorstellung, die sie sich von ihm gemacht hatte. Konnte dieser ulkige kleine Mann mit dem eiförmigen Kopf und dem enormen Schnurrbart wirklich alle die Glanzleistungen vollbringen, die man ihm zuschrieb? Seine gegenwärtige Beschäftigung erschien ihr besonders kindisch. Er war eifrig dabei, kleine bunte Holzblöcke aufeinanderzutürmen, und dieses Spiel schien ihn mehr zu fesseln als die Geschichte, die sie ihm erzählte.

Doch als sie plötzlich schwieg, blickte er scharf zu ihr hinüber.

»Mademoiselle, fahren Sie bitte fort. Sie denken wohl, ich passe nicht auf, wie? Sie können unbesorgt sein, mir entgeht kein Wort.«

Und von Neuem begann er das Spiel mit den Holzklötzen, während das junge Mädchen den Faden der Erzählung wieder aufnahm.

Es war eine grausige, eine tragische Geschichte! Aber ihrer knappen Darstellung, die sie mit kühler, ruhiger Stimme vortrug, schien eine gewisse menschliche Note zu fehlen. Endlich kam sie zum Schluss.

»Ich hoffe«, sagte sie ängstlich, »dass ich mich klar genug ausgedrückt habe.«

Poirot nickte mehrere Male heftig mit dem Kopf. Dann fegte er mit einer schwungvollen Handbewegung die Holzpyramide beiseite, sodass die Blöcke über den ganzen Tisch flogen, und lehnte sich in den Sessel zurück. Er presste die Fingerspitzen zusammen, ließ

[1] Er ist Belgier.

seinen Blick zur Decke schweifen und begann zu rekapitulieren: »Sir Reuben Astwell wurde vor zehn Tagen ermordet. Vorgestern wurde sein Neffe, Mr. Charles Leverson, von der Polizei verhaftet. Soweit Ihnen bekannt ist – bitte, verbessern Sie mich, falls ich Sie nicht richtig verstanden habe –, sprechen folgende Tatsachen gegen ihn:

In der Mordnacht saß Sir Reuben bis tief in die Nacht hinein im Turmzimmer, seinem ganz besonderen Heiligtum, und schrieb. Mr. Leverson kam spät nach Hause, und der Butler, dessen Raum direkt unter dem Turmzimmer liegt, hörte einen heftigen Wortwechsel zwischen ihm und seinem Onkel. Der Streit endete mit einem dumpfen Geräusch, als sei ein Sessel umgefallen, und einem halb erstickten Schrei.

Der Butler war voller Unruhe und stand auf, um nachzusehen, was da eigentlich los sei. Da er jedoch nach ein paar Sekunden hörte, wie Mr. Leverson sorglos pfeifend das Turmzimmer verließ, machte er sich weiter keine Gedanken mehr darüber. Aber am folgenden Morgen entdeckte ein Hausmädchen, dass Sir Reuben tot neben seinem Schreibtisch lag. Er war mit einem schweren Gegenstand niedergeschlagen worden. Wenn ich nicht irre, hat der Butler der Polizei nicht sofort mitgeteilt, was er in der Nacht gehört hatte. Ganz natürlich, nicht wahr, Mademoiselle?«

Die plötzliche Frage ließ Lily Margrave zusammenschrecken.

»Wie bitte?«, fragte sie.

»Man sucht in solchen Angelegenheiten doch nach menschlichen Zügen«, sagte der kleine Mann. »Sie haben mir die Geschichte ja wunderbar sachlich beschrieben, aber aus den Personen des Dramas haben Sie leblose Marionetten gemacht. Ich aber gehe der menschlichen Natur nach. Ich sage mir, dieser Butler, dieser – wie war doch sein Name?«

»Parsons.«

»Also dieser Parsons hat sicher, wie alle Leute seines Standes, eine tiefe Abneigung gegen die Polizei und wird ihr daher so wenig wie möglich sagen. Vor allen Dingen wird er nichts erwähnen, was ein Familienmitglied belasten könnte. Ein Einbrecher, ein Dieb – ja, an *die* Idee wird er sich mit seiner ganzen Hartnäckigkeit klammern. Ja ja, die Treue und Anhänglichkeit der Dienstboten ist ein interessantes Kapitel.«

Er lehnte sich lächelnd zurück.

»Inzwischen«, fuhr er fort, »hat jeder im Hause seine Version von der Angelegenheit erzählt, auch Mr. Leverson. Nach seiner

Schilderung ist er spät heimgekommen und sofort zu Bett gegangen, ohne seinen Onkel gesehen zu haben.«

»Ja, das hat er behauptet.«

»Und niemand sah sich veranlasst, daran zu zweifeln«, sagte Poirot nachdenklich, »mit Ausnahme von Parsons natürlich. Dann kommt ein Inspektor von Scotland Yard. Mr. Miller, sagten Sie doch, nicht wahr? Ich kenne ihn, habe früher ein paarmal mit ihm zu tun gehabt. Er ist flink wie ein Wiesel, schlau wie ein Frettchen und hat eine ausgezeichnete Spürnase. Ja, ich kenne ihn! Und der wachsame Inspektor Miller sieht, was dem Ortsinspektor nicht aufgefallen ist, nämlich, dass es Parsons nicht ganz behaglich zu Mute ist, dass er etwas weiß und dieses bislang verschwiegen hat. *Eh bien!* Er knöpft sich Parsons vor, und eins, zwei, drei, ist die Katze aus dem Sack! Denn mittlerweile hat sich einwandfrei herausgestellt, dass in jener Nacht kein Einbrecher für die Tat verantwortlich gewesen sein kann und dass der Mörder im Hause zu suchen ist. Parsons ist unglücklich und ängstlich, aber gleichzeitig erleichtert, dass man das Geheimnis aus ihm herausgelockt hat.

Er hat sein Möglichstes getan, um einen Skandal zu vermeiden. Aber alles hat schließlich seine Grenzen. Inspektor Miller hört sich also Parsons' Schilderung an, richtet ein paar Fragen an ihn und stellt dann selbst Nachforschungen an. Das Beweismaterial gegen Mr. Leverson, das er schließlich sammelt, ist sehr belastend – ungeheuer belastend.

Es stellt sich heraus, dass blutige Fingerabdrücke, die man am Rande einer Truhe im Turmzimmer entdeckt, von Charles Leverson stammen. Von einem Hausmädchen erfährt der Inspektor, dass sie am Morgen nach dem Verbrechen ein mit blutigem Wasser angefülltes Waschbecken in Mr. Leversons Zimmer angetroffen hat. Mr. Leverson erklärt, er habe sich in den Finger geschnitten, und er hat auch tatsächlich eine kleine Schnittwunde, o ja, aber sie ist so winzig! Seine Manschette ist ausgewaschen, aber man findet Blutflecke an seinem Rockärmel. Er steckt in Geldschwierigkeiten und durch Sir Reubens Tod erbt er eine ansehnliche Summe. O ja, es sieht sehr schlecht für ihn aus, Mademoiselle.«

Nach einer kleinen Pause fuhr er fort:

»Und doch kommen Sie heute zu mir.«

Lily Margrave zuckte ihre zarten Schultern.

»Aber ich sagte Ihnen doch schon, Monsieur Poirot, Lady Astwell hat mich geschickt.«

»Von selbst wären Sie also nicht gekommen, wie?«

Der kleine Mann blickte sie prüfend an. Das junge Mädchen schwieg.

»Sie haben meine Frage nicht beantwortet.«

Lily Margrave begann wieder mit ihren Handschuhen zu spielen.

»Es ist ziemlich schwierig für mich, Monsieur Poirot. Ich habe Lady Astwell gegenüber Verpflichtungen. Streng genommen bin ich nur ihre bezahlte Gesellschafterin und Sekretärin, aber sie hat mich mehr wie eine Tochter oder Nichte behandelt. Sie war außerordentlich freundlich zu mir. Und was für Fehler sie auch haben mag, ich möchte nicht den Anschein erwecken, als wolle ich ihre Handlungen kritisieren oder Sie etwa gegen die Übernahme des Falles beeinflussen.«

»Hercule Poirot lässt sich nicht beeinflussen, *cela ne se fait pas*[2]«, erklärte der kleine Mann mit heiterer Miene. »Wie ich sehe, glauben Sie, dass Lady Astwell Raupen im Kopf hat. Geben Sie es nur zu.«

[2] *frz.* Das tut man nicht.

»Wenn ich mich unbedingt dazu äußern soll –«

»Heraus mit der Sprache, Mademoiselle.«

»Ich finde es einfach töricht von ihr.«

»So, den Eindruck haben Sie also?«

»Ich möchte nichts gegen Lady Astwell sagen –«

»Ich verstehe, Mademoiselle, verstehe das vollkommen«, murmelte Poirot sanft, aber seine Augen forderten sie auf weiterzusprechen.

»Sie ist wirklich sehr anständig und äußerst gutmütig, aber sie ist nicht – wie soll ich mich nur ausdrücken? Sie ist eben keine gebildete Frau. Sie war ja Schauspielerin, ehe Sir Reuben sie heiratete, und hat alle möglichen Vorurteile und abergläubischen Ideen. Wenn sie sagt, etwas ist so und so, dann muss es so sein und sie nimmt einfach keine Vernunft an. Der Inspektor war ihr gegenüber nicht sehr taktvoll und das hat sie auf die Palme gebracht. Sie behauptet, es sei ein Blödsinn, Mr. Leverson zu verdächtigen. Solch einen dämlichen, halsstarrigen Fehler könne nur die Polizei machen. Natürlich sei der gute Charles unschuldig.«

»Aber sie hat keine Gründe für ihre Behauptung, wie?«

»Überhaupt keine.«

»Na, so etwas!«

»Ich habe ihr gleich gesagt«, erklärte Lily, »dass es keinen Zweck habe, Ihnen mit leeren Behauptungen zu kommen.«

»Wirklich? Das ist ja interessant.«
Er betrachtete sich Lily Margrave etwas genauer und seinen scharfen Augen entging nichts. Er sah ihre Eleganz: das geschmackvolle schwarze Schneiderkostüm, die kostbare Crêpe-de-Chine-Bluse mit den feinen Fältchen, den schicken schwarzen Filzhut. Er sah das hübsche Gesicht mit dem etwas spitzen Kinn und die dunkelblauen Augen mit den langen Wimpern. Unmerklich änderte sich seine Einstellung. Er war jetzt interessiert, nicht so sehr an dem Fall wie an dem Mädchen, das ihm gegenübersaß.
»Lady Astwell ist wohl etwas unausgeglichen und neigt vielleicht ein wenig zu Hysterie, nicht wahr, Mademoiselle?«
Lily Margrave nickte eifrig.
»Ja, das ist wahr. Sie ist ja, wie gesagt, eine herzensgute Frau, aber es ist unmöglich, sie von etwas zu überzeugen oder ihr Logik beizubringen.«
»Vielleicht hat sie selbst jemanden in Verdacht«, meinte Poirot, »irgendjemanden, der wahrscheinlich nicht in Frage kommt.«
»Das ist es ja gerade«, rief Lily. »Sie hat plötzlich eine tiefe Abneigung gegen Sir Reubens Sekretär. Der arme Mann! Sie behauptet einfach, sie *wisse*, dass er es getan hat. Dabei hat es sich ziemlich einwandfrei erwiesen, dass er es überhaupt nicht gewesen sein *konnte*.«
»Und sie hat wirklich keine Unterlagen für diese Behauptung?«
»Selbstverständlich nicht. Bei ihr ist alles ›Intuition[3]‹.«
Lily Margraves Stimme klang sehr höhnisch.
»Sie, Mademoiselle«, sagte Poirot lächelnd, »glauben anscheinend nicht an Intuition?«
»Purer Unsinn!«, erklärte Lily kategorisch.
Poirot lehnte sich in seinen Sessel zurück.
»Die Frauen«, murmelte er, »bilden sich ein, dass es eine besondere Waffe ist, die ihnen der liebe Gott gegeben hat. Mal mögen sie mit ihrer Eingebung Recht haben, aber in neun von zehn Fällen irren sie sich.«
»Ich weiß«, sagte Lily, »aber ich habe Ihnen Lady Astwell doch beschrieben. Sie lässt sich einfach nicht davon abbringen.«

[3] Eingebung, vorwiegend gefühlsmäßiges Erfassen und Urteilen

**Einen Verdacht bewerten**

**4** Was ist nach eurer Krimierfahrung von Lady Astwells intuitiver Beschuldigung des Sekretärs zu halten? Tauscht eure Meinungen dazu aus und begründet sie.

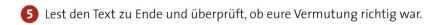

**5** Lest den Text zu Ende und überprüft, ob eure Vermutung richtig war.

»Und so kamen Sie, Mademoiselle, weise und diskret zu mir, wie man es Ihnen aufgetragen hatte, und brachten es fertig, mich in die Situation einzuweihen.«

Etwas im Ton seiner Stimme veranlasste das Mädchen, wachsam aufzublicken.

»Ich weiß natürlich«, sagte Lily in verständnisvollem Ton, »wie wertvoll Ihre Zeit ist.«

»Sie schmeicheln mir zu sehr, Mademoiselle«, sagte Poirot, »aber es stimmt allerdings. Im Augenblick habe ich viele wichtige Fälle vorliegen.«

»Das hatte ich mir bereits gedacht«, sagte Lily und erhob sich. »Ich werde Lady Astwell sagen – «

Aber Poirot stand nicht auf. Er lehnte sich in den Sessel zurück und sah das Mädchen fest an.

»Sie scheinen es sehr eilig zu haben, Mademoiselle. Nehmen Sie, bitte, doch noch einen Moment Platz.«

Er sah sie erröten und dann erblassen. Langsam und unwillig setzte sie sich wieder hin.

»Sie sind rasch und entschieden, Mademoiselle«, sagte Poirot. »Sie müssen Rücksicht nehmen auf einen alten Mann, der langsam zu einem Entschluss kommt. Sie haben mich falsch verstanden, Mademoiselle, ich habe nicht gesagt, dass ich mich weigere, Lady Astwell aufzusuchen.«

»Dann wollen Sie also kommen?«

Ihre Stimme klang nicht gerade begeistert. Sie vermied es, Poirot anzusehen, und blickte zu Boden. Auf diese Weise merkte sie nicht, wie scharf und forschend er sie betrachtete.

»Bestellen Sie Lady Astwell, Mademoiselle, dass ich ihr ganz zur Verfügung stehe. Ich werde heute Nachmittag in ihrem Hause ›Mon Repos‹ sein.«

Er erhob sich und das Mädchen stand ebenfalls auf.

»Ich – ich werde es ihr sagen. Es ist ja sehr freundlich von Ihnen, dass Sie kommen wollen, Monsieur Poirot, aber ich fürchte nur, Sie werden finden, dass Sie sich vergeblich bemüht haben.«

»Sehr wahrscheinlich – aber wer weiß?«

Mit ausgesuchter Höflichkeit begleitete er sie zur Tür und kehrte dann mit gefurchter Stirn und tief in Gedanken versunken in sein Wohnzimmer zurück. Er nickte ein paarmal vor sich hin. Dann öffnete er die Tür und rief seinen Diener.

»Mein guter George, packen Sie mir doch, bitte, den kleinen Koffer. Ich fahre heute Nachmittag aufs Land.«

»Sehr wohl, Sir«, sagte George, ein ausgesprochen englischer Typ: groß, bleich und besonnen.

»Ein junges Mädchen ist ein sehr interessantes Phänomen, George«, sagte Poirot, während er sich noch einmal in den Sessel fallen ließ und eine winzige Zigarette anzündete. »Besonders, wenn sie Verstand hat. Jemanden um etwas zu bitten und ihn gleichzeitig von der Erfüllung der Bitte abzuhalten ist eine delikate Operation, die feines Fingerspitzengefühl voraussetzt. Sie war geschickt, die Kleine, o ja, sehr geschickt, aber Hercule Poirot, mein guter George, ist eben von ganz ungewöhnlicher Klugheit.«

»Das haben Sie, glaube ich, schon einmal erwähnt«, sagte George ziemlich trocken.

»Es ist nicht der Sekretär, den sie im Auge hat«, murmelte Poirot nachdenklich. »Lady Astwells Anschuldigung gegen ihn erweckt nur ihre Verachtung. Trotz alledem ist sie sehr darauf bedacht, schlafende Hunde ruhen zu lassen. Ich aber, mein guter George, werde sie im Schlafe stören. Ich werde sie aufeinanderhetzen. Ein Drama spielt sich ab in ›Mon Repos‹. Ein menschliches Drama, das mich erregt. Oh, sie war geschickt, die Kleine, aber nicht geschickt genug. Was werde ich dort vorfinden? Das möchte ich wirklich wissen.«

Diesen Worten folgte eine dramatische Pause, die George mit der diskreten Frage unterbrach:

»Soll ich Ihren Abendanzug einpacken, Sir?«

Poirot sah ihn traurig an.

»Immer diese Konzentration! Von Ihrer Arbeit lassen Sie sich wohl durch nichts ablenken. Aber ich glaube, Sie sind wie für mich geschaffen, George.« [...]

*Nachdem Hercule Poirot entscheidende Erkenntnisse gewonnen hat, bestellt er alle Verdächtigen zu einer Zusammenkunft. Dort führt er folgenden Beweis:*

Meine Damen und Herren, ich befasse mich mit Psychologie. In dem ganzen Fall habe ich keine Ausschau gehalten nach einer Person mit hitzigem Temperament; denn ein hitziges Temperament ist sein eigenes Sicherheitsventil. Wer bellen kann, beißt nicht. Nein, ich habe den Mann mit dem milden Temperament gesucht, den geduldigen und beherrschten Mann, den Mann, der neun Jahre lang die Rolle des Prügelknaben gespielt hat. Es ist keine Spannung so groß wie die, die jahrelang anhält, kein Groll so tief wie der, der sich langsam ansammelt. Neun Jahre lang hat Sir Reuben seinen Sekretär gepiesackt und gequält und neun Jahre lang hat es der Mann schweigend ertragen. Aber es kommt ein Tag, an dem die Spannung zuletzt ihren Höhepunkt erreicht. Dann *knallt's*! Das geschah in jener Nacht. Sir Reuben setzte sich wieder an seinen Schreibtisch. Der Sekretär aber, anstatt wie sonst demütig und bescheiden zur Tür zu gehen, greift nach der schweren Holzkeule und lässt sie auf den Kopf des Mannes niedersausen, der ihn einmal zu oft herausgefordet hatte.«

Er wandte sich an Trefusis[4], der ihn wie versteinert anstarrte.

[4] Astwells Sekretär

»Es war so einfach, Ihr Alibi. Mr. Astwell wähnte Sie in Ihrem Zimmer, *aber niemand sah Sie dort hingehen.* Sie wollten sich gerade hinausschleichen, nachdem Sie Sir Reuben niedergeschlagen hatten. Da hörten Sie ein Geräusch und Sie versteckten sich eilig wieder hinter dem Vorhang. Dort standen Sie, als Charles Leverson ins Zimmer trat. Dort standen Sie, als Lily Margrave kam. Viel später erst krochen Sie durch ein schweigendes Haus in Ihr Zimmer. Wollen Sie das ableugnen?«

Trefusis begann zu stottern.

»Ich – ich bin niemals – «

»Ach! Lassen Sie uns endlich zum Schluss kommen. Zwei Wochen habe ich nun schon Komödie gespielt. Ich habe Ihnen gezeigt, wie sich das Netz langsam um Sie zusammenzog. Die Fingerabdrücke, die Fußabdrücke, die Durchsuchung Ihres Zimmers mit den schlecht weggeräumten Sachen – mit all diesen Dingen habe ich Ihnen Schrecken eingejagt. Sie haben nachts vor Angst und Grübeln wach gelegen. Sie haben sich gefragt, ob Sie wohl einen Fingerabdruck im Zimmer oder einen Fußabdruck sonst wo hinterlassen haben.

Immer wieder haben Sie die Ereignisse jener Nacht vor Ihren Augen abrollen lassen und sich hundertmal gefragt, was Sie getan und was Sie unterlassen haben. So habe ich Sie allmählich dazu gebracht, einen Fehler zu begehen. Ich habe gesehen, wie die Furcht Ihnen heute in die Augen sprang, als ich etwas von der Treppe aufhob, wo Sie in jener Nacht verborgen gestanden hatten. Dann machte ich ein großes Getue mit der kleinen Schachtel, der Aushändigung an George, und ging aus.«

Poirot wandte sich zur Tür. »George.«

»Hier bin ich, Sir.«

Der Diener trat vor.

»Wollen Sie bitte diesen Damen und Herren sagen, welche Instruktionen Sie von mir hatten?«

»Ich sollte mich im Kleiderschrank Ihres Zimmers versteckt halten, Sir, nachdem ich die Pappschachtel an die bewusste Stelle gelegt hatte. Heute Nachmittag um halb vier betrat Mr. Trefusis das Zimmer, ging an die Schublade und nahm die betreffende Schachtel heraus.«

»Und in der Schachtel«, fuhr Poirot fort, »war eine gewöhnliche englische Stecknadel. Ich spreche immer die Wahrheit. Ich habe heute Morgen tatsächlich etwas von der Treppe aufgehoben. Es gibt doch ein Sprichwort, nicht wahr? ›Nach einer Nadel schnell dich bück, dann hast den ganzen Tag du Glück!‹ Und ich? Ich habe wirklich Glück gehabt; ich habe den Mörder gefunden!«

Er wandte sich an den Sekretär.

»Sehen Sie«, sagte er sanft. »*Sie haben sich selbst verraten.*«

Trefusis brach plötzlich zusammen. Er sank schluchzend in einen Sessel und vergrub das Gesicht in den Händen.

»Ich war von Sinnen«, stöhnte er. »Ich war verrückt. Aber mein Gott, er hat mich bis zur Weißglut getrieben! Neun Jahre lang habe ich ihn gehasst und verabscheut.«

»Ich hab's ja gewusst!«, rief Lady Astwell.

Sie sprang auf und ihre Augen funkelten in wildem Triumph. »Ich wusste, dass der Mann es getan hatte!«

»Und Sie hatten Recht«, sagte Poirot. »Man mag es nennen, wie man will. Die Tatsache bleibt: Ihre ›Intuition‹ hat Sie nicht betrogen. Ich gratuliere.«

## Eine Charakterisierung verfassen

→ S. 25 Personen und Figuren charakterisieren

**6** Verfasse eine Charakterisierung des Detektivs Hercule Poirot.

**a** Tragt zunächst Informationen über ihn in einer Mindmap zusammen. Gebt die entsprechenden Textstellen an.

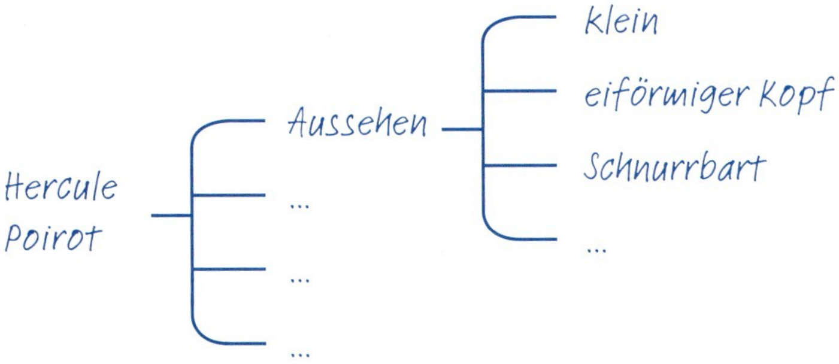

**b** Bereite eine Charakterisierung von Hercule Poirot vor. Überlege, welche Informationen du im Text bekommen/nicht bekommen hast. Vergleiche mit folgender Liste:

- sein Aussehen, typische Verhaltensweisen
- seine Lebensumstände (Herkunft, Stand, Vorgeschichte)
- sein Verhältnis zu Mitmenschen
- seine Vorlieben, Gedanken, Gefühle, Eigenschaften
- seine Einstellungen, Absichten, Motive

**c** Schreibe eine Charakterisierung. Verwende deine Stichpunkte aus den Aufgaben a und b.

**7** Lies noch einmal den Merkkasten auf S. 93 über den Unterschied zwischen einer klassischen Kriminalgeschichte und einer Detektivgeschichte. Begründe, warum der Text »Der Prügelknabe« eine Detektivgeschichte ist.

**8** Schreibe eine Buchempfehlung zu »Der Prügelknabe«.

**Eine Buchempfehlung schreiben**

**a** Versetze dich in die Rolle einer Journalistin / eines Journalisten. Sammle Stichpunkte in einer Tabelle: Was hat dir gefallen? Was hat dir nicht gefallen?

**b** Ergänze dein Wissen über Agatha Christies Text durch Nachschlagen in einem Literaturlexikon oder eine Internetrecherche.

**c** Formuliere eine Buchempfehlung.

→ S. 248 Merkwissen (Texte verfassen)

**d** Überarbeite deinen Text.

**9** Schreibe eine Leseempfehlung/Buchempfehlung zu einer Kriminalgeschichte deiner Wahl.

**Was habe ich gelernt?**

**10** Überprüfe, was du über Kriminalgeschichten gelernt hast. Schreibe selbst eine Kriminalgeschichte. Kläre zunächst folgende Fragen:

- Willst du eine Detektivfigur einsetzen?
- Wie willst du deine Geschichte aufbauen?

## Lesen als Spurensuche – Ein Lesetagebuch führen

**1** Überlege, warum das Führen eines Lesetagebuchs beim Lesen von Kriminalgeschichten/Kriminalromanen besonders sinnvoll sein kann.

→ S. 248 Merkwissen

> **!** Der besondere Reiz von **Kriminalgeschichten/Kriminalromanen** liegt zum einen darin, dass die Leser über die Hintergründe eines Verbrechens aufgeklärt werden und die Motive sowie die psychologische Entwicklung des Verbrechers verfolgen können. Zum anderen geschieht dies meist mithilfe einer raffinierten Erzählweise, welche die Spannung und die Neugier bei den Lesern aufrechterhalten soll.
> In einem **Lesetagebuch** dokumentiert man seine Leseeindrücke. Man kann damit auch »Spuren«, die durch die Autorin/den Autor gelegt werden, besser verfolgen und behalten. Jedes Detail kann wichtig sein und oft ist es nicht möglich, sich alle Einzelheiten zu merken.

**2** Lies die Geschichte »Lammkeule« auf Seite 108 und führe ein Lesetagebuch. Folgender Fragenkatalog kann dir dabei helfen:

<u>Was ist geschehen?</u> Diebstahl, Mord …

<u>Wann und wo fand das Verbrechen statt?</u>
Tatzeit und Tatort bestimmen

<u>Warum wurde das Verbrechen begangen?</u>
Tatmotiv (Beweggrund) herausfinden

<u>Welche Spuren hat der Täter als Indiz (Hinweis) hinterlassen?</u>
Fingerabdrücke, Fußspuren, Haare, Blutflecken, Tatwaffe

<u>Wer sind die Verdächtigen?</u>
Alibi überprüfen, d.h. herausfinden, ob es stimmt, dass jemand zur Tatzeit des Verbrechens woanders war als am Tatort

<u>Welche Zeugen gibt es?</u>
Aussagen auf Gemeinsamkeiten und Widersprüche überprüfen (Täterbeschreibung, ungewöhnliche Umstände usw.)

**1** Lies den Titel der folgenden Geschichte und sieh dir die Abbildungen an. Äußere Vermutungen über den möglichen Inhalt der Geschichte.

Roald Dahl

## Lammkeule

Das Zimmer war aufgeräumt und warm, die Vorhänge waren zugezogen, die beiden Tischlampen brannten – ihre und die vor dem leeren Sessel gegenüber. Zwei hohe Gläser, Whisky und Sodawasser auf dem Büfett hinter ihr. Frische Eiswürfel im Thermoskübel.

Mary Maloney wartete auf ihren Mann, der bald von der Arbeit nach Hause kommen musste.

Hin und wieder warf sie einen Blick auf die Uhr, aber ohne Ungeduld, nur um sich an dem Gedanken zu erfreuen, dass mit jeder Minute der Zeitpunkt seiner Heimkehr näherrückte. Eine heitere Gelassenheit ging von ihr aus und teilte sich allem mit, was sie tat. Die Art, wie sie den Kopf über ihre Näharbeit beugte, hatte etwas Beruhigendes. Sie war im sechsten Monat ihrer Schwangerschaft, und ihre Haut wies eine wunderbare Transparenz auf, der Mund war weich, die Augen mit ihrem neuen, zufriedenen Blick wirkten größer und dunkler als zuvor.

Um zehn Minuten vor fünf begann sie zu lauschen, und wenig später, pünktlich wie immer, knirschten draußen die Reifen auf dem Kies. Die Wagentür wurde zugeschlagen, vor dem Fenster erklangen Schritte, und dann drehte sich der Schlüssel im Schloss.

Sie legte die Handarbeit beiseite, stand auf und ging zur Tür, um ihn mit einem Kuss zu begrüßen.

»Hallo, Liebling«, sagte sie.

»Hallo«, antwortete er.

Sie nahm seinen Mantel und hängte ihn in den Schrank. Dann machte sie am Büfett die Drinks zurecht – einen ziemlich starken für ihn und einen schwachen für sich –, und bald saßen sie in ihren Sesseln einander gegenüber, sie mit der Näharbeit, während er die Hände um das hohe Glas gelegt hatte und es behutsam hin und her bewegte, sodass die Eiswürfel leise klirrten. [...]

»Müde, Liebling?«
»Ja«, sagte er, »ich bin müde.« Und bei diesen Worten tat er etwas Ungewöhnliches. Er hob sein Glas und leerte es auf einen Zug, obgleich es noch halb voll, mindestens noch halb voll war. [...]
»Wenn du zu müde zum Ausgehen bist«, fuhr sie fort, »dann bleiben wir eben zu Hause. In der Kühltruhe ist eine Menge Fleisch und Gemüse, und wenn wir hier essen, brauchst du gar nicht aus deinem Sessel aufzustehen.«
Ihre Augen warteten auf eine Antwort, ein Lächeln, ein kleines Nicken, doch er reagierte nicht.
»Jedenfalls«, sagte sie, »hole ich dir erst einmal etwas Käse und ein paar Kekse.«
»Ich will nichts.«
Sie rückte unruhig hin und her, die großen Augen forschend auf ihn gerichtet. »Aber du musst doch zu Abend essen. Ich kann uns schnell etwas braten. Wirklich, ich tu's gern. Wie wär's mit Koteletts? Vom Lamm oder vom Schwein, ganz nach Wunsch. Es ist alles da.«
»Ich habe keinen Hunger.« [...]

**2** Gib mit eigenen Worten die Ausgangssituation der Geschichte wieder. Was ist wie immer und was scheint von der täglichen Routine abzuweichen?

**3** Lies die Geschichte weiter. Mache dir beim Lesen Notizen zu folgenden Fragen:

1. Welchen Grund hat das besondere Verhalten des Mannes?
2. Wie ist die äußere und innere Reaktion der Frau darauf?

»Hör zu«, murmelte er. »Ich muss dir etwas sagen.«
»Was hast du denn, Liebling? Was ist los?«
Er saß jetzt mit gesenktem Kopf da und rührte sich nicht. Das Licht der Lampe neben ihm fiel nur auf den oberen Teil seines Gesichts; Kinn und Mund blieben im Schatten. Sie sah einen kleinen Muskel an seinem linken Augenwinkel zucken.
»Dies wird ein ziemlicher Schlag für dich sein, fürchte ich«, begann er. »Aber ich habe lange darüber nachgedacht, und meiner Ansicht nach ist es das einzig Richtige, dir alles offen zu sagen. Ich hoffe nur, dass du es nicht zu schwernimmst.«

Und so sagte er ihr alles. Es dauerte nicht lange, höchstens vier oder fünf Minuten. Sie hörte ihm zu, stumm, wie betäubt, von ungläubigem Entsetzen erfüllt, während er sich mit jedem Wort weiter von ihr entfernte.

»Das ist es also«, schloss er. »Ich weiß, dass es nicht gerade die rechte Zeit ist, darüber zu sprechen, aber mir bleibt keine andere Wahl. Natürlich werde ich dir Geld geben und dafür sorgen, dass du einfach hast, was du brauchst. Aber ich möchte jedes Aufsehen vermeiden. Ist ja auch nicht nötig. Ich muss schließlich an meine Stellung denken, nicht wahr?«

Ihre erste Regung war, nichts davon zu glauben, es weit von sich zu weisen. Dann kam ihr der Gedanke, dass er möglicherweise gar nichts gesagt, dass sie sich das alles nur eingebildet hatte. Wenn sie jetzt an ihre Arbeit ging und so tat, als hätte sie nichts gehört, dann würde sie vielleicht später, beim Aufwachen sozusagen, entdecken, dass nie etwas Derartiges geschehen war.

»Ich werde das Essen machen«, flüsterte sie schließlich, und diesmal hielt er sie nicht zurück.

Als sie das Zimmer verließ, fühlte sie nicht, dass ihre Füße den Boden berührten. Sie fühlte überhaupt nichts – bis auf ein leichtes Schwindelgefühl und einen Brechreiz. Alles lief jetzt automatisch ab. Die Kellertreppe, der Lichtschalter, die Tiefkühltruhe, die Hand, die in der Truhe den ersten besten Gegenstand ergriff. Sie nahm ihn heraus und betrachtete ihn. Er war in Papier gewickelt, also riss sie das Papier ab und betrachtete ihn von Neuem.

Eine Lammkeule.

Nun gut, dann würde es Lamm zum Abendessen geben. Sie umfasste das dünne Knochenende mit beiden Händen und trug die Keule nach oben. Als sie durch das Wohnzimmer ging, sah sie ihn mit dem Rücken zu ihr am Fenster stehen. Sie machte halt.

»Um Gottes willen«, sagte er, ohne sich umzudrehen, »koch bloß kein Essen für mich. Ich gehe aus.«

In diesem Augenblick trat Mary Maloney einfach hinter ihn, schwang, ohne sich zu besinnen, die große gefrorene Lammkeule hoch in die Luft und ließ sie mit aller Kraft auf seinen Hinterkopf niedersausen.

Ebenso gut hätte sie mit einer eisernen Keule zuschlagen können.

Sie wich einen Schritt zurück und wartete. Seltsamerweise blieb er noch mindestens vier, fünf Sekunden leicht schwankend stehen. Dann stürzte er auf den Teppich.

Der krachende Aufprall, der Lärm, mit dem der kleine Tisch umfiel – diese Geräusche halfen ihr, den Schock zu überwinden. Sie kehrte langsam in die Wirklichkeit zurück, empfand aber nichts als Kälte und Überraschung, während sie mit zusammengekniffenen Augen den leblosen Körper anstarrte. Ihre Hände umklammerten noch immer die idiotische Fleischkeule.

Na schön, sagte sie sich. Ich habe ihn also getötet.

Erstaunlich, wie klar ihr Gehirn auf einmal arbeitete. Die Gedanken überstürzten sich fast. Als Frau eines Polizeibeamten wusste sie genau, welche Strafe sie erwartete. Gut, in Ordnung. Ihr machte das gar nichts aus. [...] Aber das Kind? Wie verfuhr das Gesetz mit Mörderinnen, die ungeborene Kinder trugen? Tötete man beide – Mutter und Kind? Oder wartete man bis nach der Geburt? Was geschah mit den Kindern?

Mary Maloney wusste es nicht. Und sie war keineswegs gewillt, ein Risiko einzugehen.

Sie brachte das Fleisch in die Küche, legte es in eine Bratpfanne und schob es in den eingeschalteten Ofen. Dann wusch sie sich die Hände und lief nach oben ins Schlafzimmer. Sie setzte sich vor den Spiegel, ordnete ihr Haar und frischte das Make-up auf. Sie versuchte ein Lächeln. Es fiel recht sonderbar aus. Auch der zweite Versuch missglückte.

»Hallo, Sam«, sagte sie laut und munter.

Die Stimme klang viel zu gezwungen.

»Ich hätte gern Kartoffeln, Sam. Ja, und vielleicht eine Dose Erbsen.«

Das war besser. Sowohl die Stimme als auch das Lächeln wirkten jetzt natürlicher. Sie probierte es wieder und wieder, bis sie zufrieden war. Dann eilte sie nach unten, schlüpfte in ihren Mantel, öffnete die Hintertür und ging durch den Garten auf die Straße.

Es war erst kurz vor sechs, und beim Kaufmann brannte noch Licht.

»Hallo, Sam«, sagte sie munter und lächelte dem Mann hinter dem Ladentisch zu.

»Ach, guten Abend, Mrs. Maloney. Wie geht's denn?«

»Ich hätte gern Kartoffeln, Sam. Ja, und vielleicht eine Dose Erbsen.«

Der Kaufmann drehte sich um und nahm eine Büchse vom Regal.

»Patrick ist heute so müde, dass er keine Lust hat, sich ins Restaurant zu setzen«, erklärte sie. »Wir essen sonst donnerstags immer auswärts, wissen Sie, und jetzt habe ich kein Gemüse im Haus.«

»Und was ist mit Fleisch, Mrs. Maloney?«
»Fleisch habe ich, danke. Eine schöne Lammkeule aus der Kühltruhe.« [...]
»Sonst noch etwas?« Er neigte den Kopf zur Seite und sah sie wohlgefällig an. »Na, und der Nachtisch? Was wollen Sie ihm zum Nachtisch geben?«
»Hm ... Wozu würden Sie mir denn raten, Sam?«
Der Mann schaute sich im Laden um.
»Wie wär's mit einem schönen großen Stück Käsekuchen? Den isst er doch gern, nicht wahr?«
»Ja, das ist ein guter Gedanke. Auf Käsekuchen ist er ganz versessen.«
Als alles eingewickelt war und sie bezahlt hatte, verabschiedete sie sich mit ihrem freundlichsten Lächeln.
»Vielen Dank, Sam. Auf Wiedersehen.«
»Auf Wiedersehen, Mrs. Maloney. Ich habe zu danken.« [...]

So ist es recht, ermunterte sie sich.
Benimm dich natürlich, genauso wie immer. Lass alles ganz natürlich an dich herankommen, dann brauchst du nicht zu heucheln.

**4** Fasse zusammen, welche ersten Maßnahmen Mary Maloney ergreift, um zu vertuschen, was geschehen ist.

So summte sie denn ein Liedchen vor sich hin und lächelte, als sie durch die Hintertür in die Küche trat.
»Patrick!«, rief sie. »Ich bin wieder da, Liebling.«
Sie legte das Paket auf den Tisch und ging ins Wohnzimmer. Und als sie ihn dort liegen sah, auf dem Boden zusammengekrümmt, einen Arm unter dem Körper, da war es wirklich ein Schock.
Die Liebe und das Verlangen nach ihm wurden von Neuem wach, und sie lief zu ihm hin, kniete neben ihm nieder und weinte bittere Tränen. Es war nicht schwer. Sie brauchte nicht zu heucheln.
Ein paar Minuten später stand sie auf und ging zum Telefon. Die Nummer der Polizeistation wusste sie auswendig. Als sich der Wachtmeister vom Dienst meldete, rief sie: »Schnell! Kommen Sie schnell! Patrick ist tot!«

»Wer spricht denn da?«

»Mrs. Maloney. Mrs. Patrick Maloney.«

»Sie sagen, Patrick Maloney ist tot?«

»Ich glaube, ja«, schluchzte sie. »Er liegt auf dem Boden, und ich glaube, er ist tot.«

»Wir kommen sofort«, sagte der Mann.

Der Wagen fuhr gleich darauf vor. Sie öffnete die Haustür, und zwei Polizisten traten ein. Beide waren ihr bekannt – wie fast alle Beamten des Reviers –, und sie fiel hysterisch weinend in Jack Noonans Arme. Er setzte sie sanft in einen Sessel und ging dann zu seinem Kollegen O'Malley hinüber, der neben dem Leichnam kniete.

»Ist er tot?«, flüsterte sie.

»Ich fürchte, ja. Was ist geschehen?«

Sie erzählte kurz ihre Geschichte – wie sie zum Kaufmann gegangen war und Patrick bei der Rückkehr leblos auf dem Boden gefunden hatte. Während sie sprach, weinte und sprach, entdeckte Noonan etwas geronnenes Blut am Hinterkopf des Toten. Er zeigte es O'Malley, und der stürzte sofort zum Telefon.

Bald erschienen noch mehr Männer. Zuerst ein Arzt, dann zwei Detektive – den einen kannte sie dem Namen nach. Später kam ein Polizeifotograf und machte Aufnahmen; auch ein Experte für Fingerabdrücke traf ein. Es wurde viel geflüstert und gemurmelt neben dem Toten, und die Detektive stellten ihr Fragen über Fragen. Aber sie behandelten sie sehr freundlich. Sie erzählte wieder ihre Geschichte, diesmal von Anfang an: Patrick war nach Hause gekommen, und sie hatte genäht, und er war müde, so müde, dass er nicht zum Abendessen ausgehen wollte. Sie berichtete, wie sie das Fleisch in den Ofen geschoben hatte – »es ist immer noch drin« –, wie sie wegen der Kartoffeln und der Erbsen zum Kaufmann gelaufen war und wie sie Patrick bei der Rückkehr leblos auf dem Boden gefunden hatte.

»Welcher Kaufmann?«, fragte einer der Detektive.

Sie sagte es ihm. Er drehte sich schnell um und flüsterte dem anderen Detektiv etwas zu. Der Mann verließ sofort das Haus. Nach einer Viertelstunde kam er mit einer Seite Notizen zurück. Wieder wurde leise verhandelt, und durch ihr Schluchzen hindurch drangen ein paar Satzfetzen an ihr Ohr: »... hat sich völlig normal benommen ... sehr vergnügt ... wollte ihm ein gutes Abendessen machen ... Erbsen ... Käsekuchen ... unmöglich, dass sie ...« [...]

Sie blieb [...] sitzen, während die Männer das Haus durchsuchten. Gelegentlich stellte einer der Detektive ihr eine Frage. Manchmal sprach Jack Noonan ihr sanft zu, wenn er vorbeikam. Von ihm erfuhr sie auch, dass ihr Mann durch einen Schlag auf den Hinterkopf getötet worden war, durch einen Schlag mit einem stumpfen Gegenstand, höchstwahrscheinlich einem großen Stück Metall. Sie suchten die Waffe. Der Mörder, sagte Jack, habe sie vermutlich mitgenommen; er könne sie aber ebenso gut im Garten oder im Haus versteckt haben.

»Es ist die alte Geschichte«, schloss er. »Wenn man die Waffe hat, hat man auch den Täter.« [...]

Die Suche ging weiter. Sie wusste, dass draußen im Garten noch mehr Polizisten waren, denn sie hörte ihre Schritte auf dem Kies, und manchmal sah sie durch einen Spalt zwischen den Vorhängen das Aufblitzen einer Taschenlampe. Es war schon ziemlich spät, fast neun, wie ihr ein Blick auf die Uhr zeigte. Die vier Männer, die die Zimmer durchsuchten, machten einen müden, leicht gereizten Eindruck. [...]

Wachtmeister Noonan ging aus irgendeinem Grund in die Küche, kam sofort zurück und sagte: »Hören Sie, Mrs. Maloney, Ihr Ofen ist noch an, und das Fleisch ist noch drin.«

»Ach herrje«, rief sie. »Das hatte ich ganz vergessen.«

»Am besten drehe ich ihn wohl aus, was?«

»Ja, Jack, das wäre sehr nett von Ihnen. Herzlichen Dank.«

Als der Sergeant zum zweiten Mal zurückkam, sah sie ihn mit ihren großen dunklen, tränenfeuchten Augen an. »Jack Noonan ...«, begann sie zaghaft.

»Ja?«

»Würden Sie mir einen kleinen Gefallen tun – Sie und die anderen?«

»Wir wollen's versuchen, Mrs. Maloney.«

»Nun«, fuhr sie fort, »Sie alle sind doch gute Freunde meines lieben Patrick gewesen, und jetzt bemühen Sie sich, den Mann zu fangen, der ihn umgebracht hat. Inzwischen werden Sie wohl schon schrecklichen Hunger haben, denn Ihre Essenszeit ist ja längst vorbei. Ich weiß, dass Patrick – Gott sei seiner Seele gnädig – mir nie verzeihen würde, wenn ich Sie in seinem Haus nicht anständig bewirtete. Wollen Sie nicht den Lammbraten essen, der im Ofen ist? Ich denke, er wird gar sein.«

»Kommt überhaupt nicht in Frage«, wehrte Jack Noonan bescheiden ab.

»Bitte«, sagte sie flehentlich. »Bitte, essen Sie das Fleisch. Ich könnte keinen Bissen davon anrühren, weil es für Patrick bestimmt war, verstehen Sie? Aber für Sie ist das etwas anderes. Sie würden mir einen Gefallen tun, wenn Sie alles aufäßen. Hinterher können Sie ja weiterarbeiten.«
Die vier Polizisten widersprachen zwar, doch sie waren tatsächlich sehr hungrig, und nach einigem Hin und Her willigten sie ein, in die Küche zu gehen und sich zu bedienen. Die Frau blieb in ihrem Sessel sitzen. Durch die offene Tür konnte sie hören, wie sich die Männer unterhielten. Ihre Stimmen klangen dumpf, wie verschleiert, da sie den Mund voller Fleisch hatten.
»Noch ein Stück, Charlie?«
»Nein. Wir wollen lieber nicht alles aufessen.«
»Aber sie will, dass wir's aufessen. Wir tun ihr einen Gefallen damit, hat sie gesagt.«
»Na gut. Dann gib mir noch was.«
»Muss eine verdammt dicke Keule gewesen sein, mit der dieser Kerl den armen Patrick erschlagen hat«, bemerkte einer der Polizisten. »Der Doktor sagt, sein Schädel ist völlig zertrümmert. Wie von einem Schmiedehammer.«
»Na, dann dürfte es nicht schwer sein, die Mordwaffe zu finden.«
»Ganz meine Meinung.«
»Wer's auch getan hat – er wird so ein Ding nicht länger als nötig mit sich herumschleppen.«
Einer von ihnen rülpste.
»Also ich glaube ja, dass es noch hier im Haus oder im Garten ist.«
»Wahrscheinlich genau vor unserer Nase, was, Jack?«
Und im Wohnzimmer begann Mary Maloney zu kichern.

**5** Erzähle den Ausgang der Geschichte nach. Weshalb hat Mary Maloney allen Grund zu kichern?

**6** Notiere die einzelnen Schritte der Ermittlungsarbeiten und schreibe einen Bericht über den Mordfall für die örtliche Zeitung.

**7** Lest noch einmal den letzten Abschnitt. Sucht nach zweideutigen Textstellen, die den besonderen Nervenkitzel dieser Situation wiedergeben.

## Den Begriff »literarische Epoche« kennen lernen

!

Eine **literarische Epoche** benennt einen Zeitraum, in dem einer **bestimmten Thematik** oder **Stimmung** in der Literatur Ausdruck verliehen wird.
Eine literarische Epoche kann sich aber auch durch **besondere Schreibweisen** auszeichnen.

Ich fühle eine Armee in meiner Faust –
Tod oder Freiheit!
*Friedrich Schiller: Die Räuber*

Szene aus Schillers »Die Räuber«

Wassily Kandinsky: Schweres Rot, 1924

[...] Wir sind nach Dingen krank, die wir nicht kennen.
Wir sind sehr jung. Und fiebern noch nach Welt.
Wir leuchten leise. – Doch wir können brennen.
Wir suchen immer Wind, der uns zu Flammen schwellt.
*Ernst Wilhelm Lotz*

**1**

**a** Was sind für euch »stürmische Zeiten«? Führt ein Brainstorming durch und haltet eure Gedanken und Assoziationen für alle sichtbar fest.

**b** Betrachte die Abbildungen, das Gedicht und das Dramenzitat. Setze sie mit der Überschrift des Kapitels in Verbindung.

**c** Schreibe deine Gedanken zu dem Gemälde als kurzen Text auf. Das kann auch ein Gedicht sein.

**2** Lies den folgenden Text. Erläutere anschließend, warum man Literatur und Kunst in Epochen einteilt und worauf das Wort »Strömungen« hinweist.

## Was man unter einer literarischen Epoche versteht

Das Wort *Epoche* wurde vom griechischen *epoché* abgeleitet und bedeutet so viel wie »Haltepunkt« oder »Zeitabschnitt«. Ganz allgemein geht es um einen längeren Zeitabschnitt, der grundlegende Gemeinsamkeiten beinhaltet. Die Geschichte der Menschheit, die Musik- oder Literaturgeschichte sind Beispiele dafür. Mithilfe der Einteilung der Literaturgeschichte in Epochen können wir uns leichter über Literatur verständigen und uns mit ihr auseinandersetzen. Bei den Epochen der deutschen Literatur geht es darum, gewisse Grundströmungen im literarischen Schaffen einer Zeit zu erkennen und diese zu beschreiben bzw. zu benennen. Das Wort *Strömung* sagt bereits aus, dass es sich um eine fließende Entwicklung handelt, das heißt, die angegebenen Jahreszahlen für Beginn und Ende einer literarischen Epoche sind ein zeitliches Hilfsgerüst, aber nicht als starre Punkte zu betrachten. Die verschiedenen Epochen überschneiden sich in der Regel sowohl inhaltlich als auch zeitlich. Außerdem gibt es von den vorherrschenden Grundströmungen innerhalb einer Epoche auch immer wieder individuelle Abweichungen. Diese werden durch das jeweilige Weltbild und die politische Situation geprägt bzw. beeinflusst. Auch lässt sich nicht jede Autorin / jeder Autor einer bestimmten Epoche zuordnen.

**3**

**a** Auf der folgenden Seite sind die wichtigsten Epochen der deutschen Literatur aufgeführt. Übertrage den Zeitstrahl in dein Heft.

**b** Ergänze zu jeder literarischen Epoche ein historisches Ereignis und notiere dazu einige Stichpunkte.

**TIPP**
Recherchiere in der Bibliothek oder im Internet.

*Mittelalter: Der Gang nach Canossa 1076*
*– König Heinrich IV. zieht nach Rom*
*– er will Papst Gregor VII. …*

**Über eine Epoche recherchieren**

**4** Sammelt Informationen zu einer der genannten literarischen Epochen. Ordnet eure Ergebnisse folgenden Stichpunkten zu: Begriff, Besonderheiten, Autorinnen/Autoren, Werke.

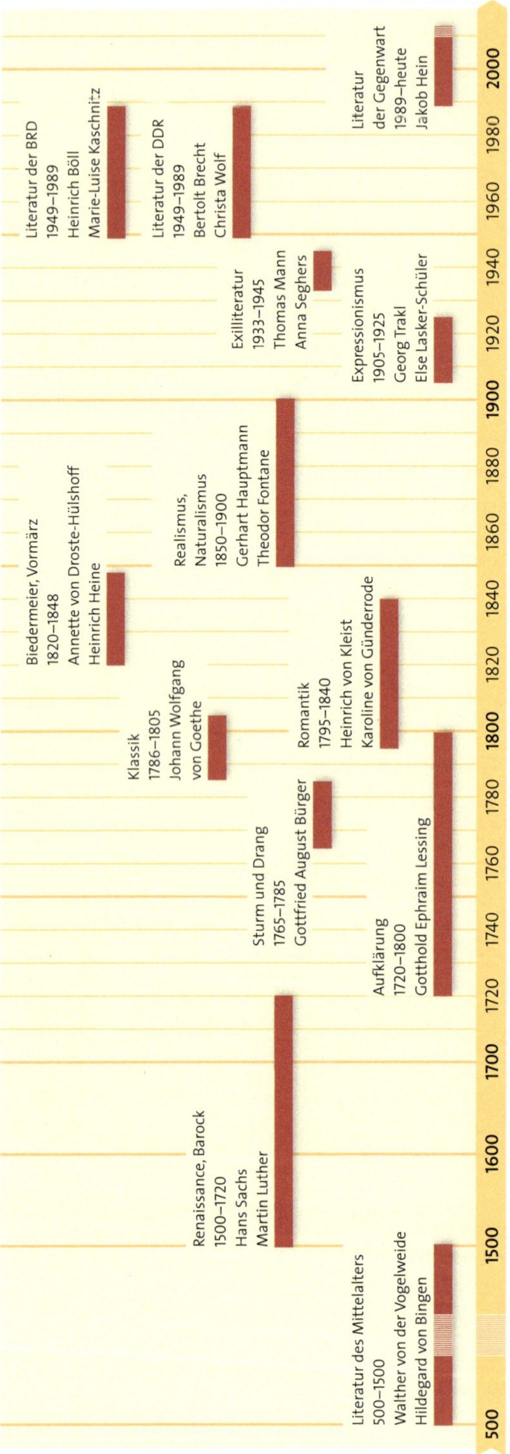

Bertolt Brecht

Annette von Droste-Hülshoff

Gottfried August Bürger

Hildegard von Bingen

**Was habe ich gelernt?**

**5** Überprüfe, was du über den Begriff »literarische Epoche« gelernt hast. Tausche dich mit deiner Lernpartnerin / deinem Lernpartner aus.

# Die literarische Epoche »Sturm und Drang« kennen lernen

**1**

**a** Gib mit eigenen Worten wieder, was der Bauer seinem Fürsten vorwirft.

Gottfried August Bürger

## Der Bauer an seinen Durchlauchtigen Tyrannen

Wer bist du, Fürst, dass ohne Scheu
Zerrollen mich dein Wagenrad,
Zerschlagen darf dein Ross?

Wer bist du, Fürst, dass in mein Fleisch
Dein Freund, dein Jagdhund, ungebläut[1]
Darf Klau und Rachen haun?

Wer bist du, dass durch Saat und Forst
Das Hurra deiner Jagd mich treibt,
Entatmet wie das Wild? –

Die Saat, so deine Jagd zertritt,
Was Ross und Hund und du verschlingst,
Das Brot, du Fürst, ist mein.

Du Fürst hast nicht bei Egg und Pflug,
Hast nicht den Erntetag durchschwitzt.
Mein, mein ist Fleiß und Brot! –

Ha!, du wärst Obrigkeit von Gott?
Gott spendet Segen aus; du raubst!
Du nicht von Gott, Tyrann!

[1] *hier* ungestraft

**b** Erläutert den im Titel enthaltenen Widerspruch zwischen *durchlauchtig* und *Tyrann*. Klärt zuerst die Bedeutung beider Wörter.

**c** Trage das Gedicht so vor, dass die kämpferische Haltung des Bauern deutlich wird.

**2** Lies den Sachtext und notiere Stichpunkte zu den Hauptmerkmalen der Epoche.

## Sturm und Drang

→ S. 130 Die Räuber

Die literarische Epoche von etwa 1765 bis 1785 wird als »Sturm und Drang« bezeichnet. Ihrem Wesen nach war sie eine Protestbewegung. Besonders die junge Generation begehrte auf gegen:

- den alleinigen Machtanspruch von Adel und Kirche,
- die erstarrten Verhaltensnormen der ständischen Gesellschaftsordnung,
- die einseitige Idealisierung der Vernunft,
- einengende und überholte Moralvorstellungen.

Gefühl und Spontaneität wurden höher gestellt als der Verstand, die Natur wurde als Ursprung alles Lebendigen und Schöpferischen vergöttert. Es gab die Vorstellung des individuellen Genies, das Ideal eines Menschen, der sich seine Regeln und Gesetze selbst schafft.

Bevorzugtes Genre dieser Epoche war das **Drama**. Ort und Zeit wechselten häufig, die Handlung wurde turbulent gestaltet, beliebt waren Massenszenen. Tragische und komische Elemente kamen in ein und demselben Stück vor. Hauptpersonen waren Genies, Liebende oder »Kraftkerle«, die sich selbst treu bleiben, gegen die ganze Welt anrennen und dabei ihren Untergang in Kauf nehmen.

Die Sprache war in ihrer Form ungebunden, alltagsnah und gefühlsbetont. Themen waren beispielsweise die Auseinandersetzung des Einzelnen mit der gesellschaftlichen Realität, der Konflikt zwischen Leidenschaft und moralischen Verhaltensnormen oder die Korruption des höfischen Adels.

Die Lyrik war hauptsächlich von der **Erlebnislyrik** bestimmt. Dabei bringt der Dichter aus seinem persönlichen Erleben heraus seine Gefühle zum Ausdruck. Das Wesen dieser Natur- und Liebesgedichte ist dem Volkslied nah. Daneben entwickelte sich auch ein freier Stil, der bewusst mit den bis dahin üblichen Regeln der Dichtkunst brach und dazu diente, Gefühle kraftvoll zu äußern.

**3** Vergleicht das Gedicht von Bürger mit dem Sachtext. Welche Merkmale lassen erkennen, dass es zu dieser Epoche gehört?

Was habe ich gelernt?

**4** Überprüfe, was du über die literarische Epoche »Sturm und Drang« gelernt hast. Erstelle eine Mindmap dazu.

# Die literarische Epoche »Expressionismus« kennen lernen

!

Ein geschichtliches Ereignis beeinflusste das **Schaffen der Expressionisten** ganz wesentlich: der **Erste Weltkrieg** von 1914 bis 1918. 17 Millionen Menschen fielen ihm zum Opfer. Die mörderische Realität der Schlachtfelder führte bald zu großer Ernüchterung, auch bei denen, die den Krieg zunächst begrüßt und sogar verherrlicht hatten. Erstmals wurden Waffen eingesetzt, mit denen in kurzer Zeit viele Menschen getötet werden konnten: Maschinengewehre, Flugzeuge, U-Boote, Panzer und Giftgas.

Historische Dokumente untersuchen

**1** Untersucht den Inhalt folgender Briefe.

**a** Lest sie zunächst.

Der 20-jährige französische Soldat René Jacob[1] schrieb 1915 in einem Brief an seine Eltern:

[1] René Jacob fiel im Februar 1916 vor Verdun.

»Auf einmal erschien vor uns das Schlachtfeld mit all seinem Grauen. Leichname ... am Rand der Landstraße. Schwärzliche, grünliche zerfallene Leichname in den Senken. ... Ein schrecklicher Geruch, ein Beinhausgeruch, steigt aus der Verwesung hervor. Der in Böen wehende Wind vermochte nicht, den Geruch des Todes zu vertreiben.«

Der Landwirt Stefan Schimmer[2] (38 J.) schrieb seiner Frau von der Front:

[2] Am 22. Juni 1915 wurde Stefan Schimmer bei einer Offensive eingesetzt. Er starb im Gewehrfeuer.

»03. 11. 1914: Wenn wir nur nicht ins Gefecht müssten.
15. 11. 1914: Wenn wir bloß Stellung hier halten müssten, wäre es nicht so schlimm. Aber wenn wir angreifen müssen, gehen ganze Kompanien drauf.
06. 12. 1914: Bin gar nicht viel hungrig. Kann nichts essen vor lauter Gram und Sorgen. Ich halte es keine vier Monate mehr aus. Du weißt ja gar nicht, wie es mir ist. Ich bin ganz kaputt.
09. 12. 1914: Kann dir nicht viel Neues schreiben, bloß, dass es bei uns immer schlechter wird. Fast Tag und Nacht geht die Schießerei fort.«

**b** Sammelt eure Gedanken zu den Briefen in einem Cluster.

**c** Tauscht euch darüber aus, welche Informationen aus dem Merkkasten durch diese beiden Briefe eindringlich belegt werden.

Gedichte untersuchen

**2**

**a** Wie werden die Auswirkungen des Krieges in den folgenden beiden Gedichten beschrieben? Suche entsprechende sprachliche Bilder heraus und erkläre ihre Bedeutung.

Edlef Köppen

## Mein armer Bruder – warum tat man das?

Aber die Angst deiner großen gezerrten Augen
schrie in Nacht. Und Nacht ist kalt.
Alle hatten ihre Ohren verstopft mit Gemeinheit und
Morden,
und keinen nahm dein Flehen an die Hände,
dich weich zu betten.
Keinem winkte dein dampfender Arm.
Keiner legte Kühlen auf deine zerbrochene Brust.
Und als du *Mutter* sagtest, dass die Bäume bebten,
zerdrückte etwas deinen dürstenden Hals.

Oh, ... mein armer Bruder!
ich muss immer deine Augen sehen.
Und immer wächst aus ihnen eine Frage ...

Otto Dix: Maschinengewehrzug geht vor. Somme, November 1924

August Stramm

## Patrouille

Die Steine feinden
Fenster grinst Verrat
Äste würgen
Berge Sträucher blättern raschlig
Gellen
Tod.

**b** Anhand welcher Themen wird der Krieg in den beiden Gedichten behandelt? Notiert in Stichpunkten.

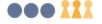

**c** Tauscht euch darüber aus, was Krieg für das Leben von Menschen bedeutet.

! **Expressionismus (1905–1925)** bedeutet so viel wie »Ausdruckskunst« (von lateinisch »expressio«= Ausdruck).
Expressionistische Literatur spricht das Publikum ohne jede Beschönigung an und erschüttert es innerlich.
Um die Zeit der Jahrhundertwende herrschte besonders in der Jugend eine große Aufbruchstimmung. Man empfand die immer weiter fortschreitende Industrialisierung und das Leben in anonymen Großstädten als Entmenschlichung. Die Bedrohung durch den Ersten Weltkrieg ging einher mit düsteren Visionen vom Ende der Welt.

Ein Gedicht untersuchen

**3** Untersuche das folgende expressionistische Gedicht.

**a** Lies das Gedicht von August Stramm.

August Stramm

## Im Feuer

Tode schlurren
Sterben rattert
Einsam
Mauert
Welttiefhohe
Einsamkeiten.

**b** Fasse kurz deinen ersten Leseeindruck zusammen.

**c** Erstellt ein Cluster zum Gedicht. Notiert, worum es eurer Meinung nach inhaltlich geht.

**d** Beschreibt die Form und Sprache des Gedichts.

**e** Formuliert einen Text, indem ihr die »Satzfetzen« des Gedichts nach euren Vorstellungen ergänzt. Stellt euren Text vor.

! Die **Sprache des Expressionismus** zeichnet sich aus durch extreme Verbildlichung (Metaphorik), Wortneuschöpfungen (Neologismen) sowie rauschhaft übersteigerte Gefühlsäußerungen. Typisch ist der Bruch grammatischer Regeln. Die Sprache ist oft stark verknappt.

Ein Gedicht untersuchen

**4**

**a** Lies Georg Trakls Gedicht über das Lebensgefühl in der Vorstadt.

Georg Trakl

## Vorstadt im Föhn

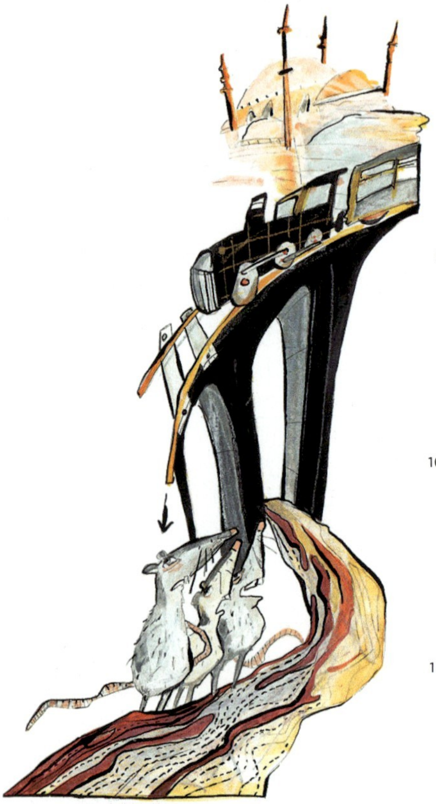

Am Abend liegt die Stätte öd und braun,
Die Luft von gräulichem Gestank durchzogen.
Das Donnern eines Zugs vom Brückenbogen –
Und Spatzen flattern über Busch und Zaun.

Geduckte Hütten, Pfade wirr verstreut,
In Gärten Durcheinander und Bewegung,
Bisweilen schwillt Geheul aus dumpfer Regung,
In einer Kinderschar fliegt rot ein Kleid.

Am Kehricht[1] pfeift verliebt ein Rattenchor.
In Körben tragen Frauen Eingeweide,
Ein ekelhafter Zug voll Schmutz und Räude,
Kommen sie aus der Dämmerung hervor.

Und ein Kanal speit plötzlich feistes Blut
Vom Schlachthaus in den stillen Fluss hinunter.
Die Föhne färben karge Stauden bunter
Und langsam kriecht die Röte durch die Flut.

Ein Flüstern, das in trübem Schlaf ertrinkt.
Gebilde gaukeln auf aus Wassergräben,
Vielleicht Erinnerung an ein früheres Leben,
Die mit den warmen Winden steigt und sinkt.

Aus Wolken tauchen schimmernde Alleen,
Erfüllt von schönen Wägen, kühnen Reitern.
Dann sieht man auch ein Schiff auf Klippen scheitern
Und manchmal rosenfarbene Moscheen.

[1] Zusammengekehrter Schmutzhaufen

**b** Wähle eine Strophe aus, deren Inhalt du deiner Lernpartnerin/deinem Lernpartner erläuterst.

**c** Trakl verwendet in seinem Gedicht verschiedene sprachliche Mittel. Sammelt Beispiele und schlagt die mögliche Bedeutung dazu vor.

| Strophe | Sprachliches Mittel | Bedeutung |
|---|---|---|
| 1 | Donnern eines Zugs = Metapher, Bild | lautes, erschreckendes Geräusch |
| 2 | geduckte Hütten = Personifikation … | unbequeme, ärmliche Wohnverhältnisse … |

**d** Welche der in den beiden Merkkästen auf S. 123 genannten Merkmale des Expressionismus treffen auf Trakls Gedicht zu? Notiert in Stichpunkten.

Gedichte vergleichen

**5** Else Lasker-Schülers Gedicht ist 1905 entstanden.

**a** Lies zuerst den Titel des Gedichts und beschreibe deine Erwartungen.

Else Lasker-Schüler

## Weltende

Es ist ein Weinen in der Welt,
Als ob der liebe Gott gestorben wär,
Und der bleierne Schatten, der niederfällt,
Lastet grabesschwer.

Komm, wir wollen uns näher verbergen …
Das Leben liegt in aller Herzen
Wie in Särgen.

Du! wir wollen uns tief küssen –
Es pocht eine Sehnsucht an die Welt,
An der wir sterben müssen.

Die Grundstimmung erfassen

**b** Lies das ganze Gedicht und erfasse seine Grundstimmung in einigen Sätzen. Belege diese anhand von Textbeispielen.

Die Gedichte vergleichen

**c** Auch Jakob van Hoddis schrieb 1911 ein Gedicht mit dem Titel *Weltende*. Vergleicht Form und Inhalt der beiden Gedichte mithilfe einer Tabelle.

Jakob van Hoddis

## Weltende

Dem Bürger fliegt vom spitzen Kopf der Hut,
In allen Lüften hallt es wie Geschrei.
Dachdecker stürzen ab und gehn entzwei
Und an den Küsten – liest man – steigt die Flut.

Der Sturm ist da, die wilden Meere hupfen
An Land, um dicke Dämme zu zerdrücken.
Die meisten Menschen haben einen Schnupfen.
Die Eisenbahnen fallen von den Brücken.

**d** Wählt eines der beiden Gedichte aus. Sammelt auffällige Sprachbilder und notiert sie mit Zeilenangaben.

**e** Fasst die Ergebnisse von Aufgabe 5 zusammen: Welche Merkmale der expressionistischen Literaturepoche treffen auf euer ausgewähltes Gedicht zu? Stellt sie der Klasse vor.

**TIPP**
Die Merkkästen auf Seite 123 helfen euch.

**6** Stelle Vermutungen darüber an, weshalb van Hoddis' Gedicht mit großer Begeisterung aufgenommen wurde.

**a** Lies dazu die Zeilen, in denen der Schriftsteller Johannes R. Becher seine Erinnerung daran zum Ausdruck bringt.

»Diese zwei Strophen, o diese acht Zeilen schienen uns in andere Menschen verwandelt zu haben, uns emporgehoben zu haben aus einer Welt stumpfer Bürgerlichkeit, die wir verachteten und von der wir nicht wussten, wie wir sie verlassen sollten. Diese acht Zeilen entführten uns ... wir sangen sie, wir summten sie ... wir gingen mit diesen acht Zeilen auf den Lippen in die Kirchen, und wir saßen, sie vor uns hinflüsternd, mit ihnen beim Radrennen. Wir riefen sie uns gegenseitig über die Straße hinweg zu wie Losungen ...«

**b** Gib die Begeisterung über das Gedicht in eigenen Worten wieder.

**Was habe ich gelernt?**

**7** Überprüfe, was du über die literarische Epoche »Expressionismus« gelernt hast. Recherchiere weitere expressionistische Gedichte. Wähle eines aus und stelle es vor.

# Kreatives Schreiben

! Beim **kreativen Schreiben** schreibt man aus sich selbst heraus, um Gedanken, Gefühle, Wünsche, Träume oder Hoffnungen festzuhalten oder um sich gestaltend mit ihnen auseinanderzusetzen, z. B. in Form eines Tagebucheintrags, Gedichts oder einer Erzählung.
Anlässe können anregende Bilder, Texte oder Musiken sein, aber auch besondere Situationen, Erlebnisse oder Erinnerungen.

**1** Ein Gedicht kann dazu anregen, dass man seine Gedanken und Gefühle darlegen möchte.

**a** Lies das folgende Gedicht von Klaus Kordon.

## Biologie

Dieser Baum ist knorrig,
weil er alt ist.
Er ist verzweigt,
weil er viel erlebt hat.
Er ist nicht schön,
aber in seinen Zweigen
ist ein Nest.

**b** Vergleiche folgendes Gedicht einer Schülerin (Jana, 13 Jahre) mit dem Gedicht aus Aufgabe 1a. Was stellst du fest?

Dieses Haus sieht grau aus,
weil es alt ist.
Es ist verwinkelt,
weil es oft umgebaut wurde.
Es ist nicht bequem,
aber in seinen Zimmern
wohnen Menschen.

**2**

**a** Lies die folgenden Gedichte und wähle eins aus, das dich besonders anspricht.

*Bertolt Brecht* **Der Rauch**

Das kleine Haus unter Bäumen am See.
Vom Dach steigt Rauch.
Fehlte er
Wie trostlos dann wären
Haus, Bäume und See.

*Gerhard Rühm*

uuuuuuuuuuuuuuuuuuu
uuuuuuuuuuuuuuuuuuu
uuuuuuuuuuuuuuuuuuu
uuuuuuuuuduuuuuuuuu
uuuuuuuuuuuuuuuuuuu
uuuuuuuuuuuuuuuuuuu
uuuuuuuuuuuuuuuuuuu

*Martin Auer* **Zufall**

Wenn statt mir jemand anderer
auf die Welt gekommen wär,
vielleicht meine Schwester
oder mein Bruder
oder irgendein fremdes, blödes Luder –
wie wär die Welt dann
ohne mich?
Und wo wäre denn dann ich?
Und würd mich irgendwer vermissen?
Es tät ja keiner von mir wissen.
Statt mir wäre hier ein ganz anderes Kind,
würde bei meinen Eltern leben
und hätte mein ganzes Spielzeug im Spind.
Ja, sie hätten ihm sogar
meinen Namen gegeben!

**TIPP**
Du kannst auch dein Lieblingsgedicht nehmen.

**b** Lies das ausgewählte Gedicht noch einmal. Notiere alle Gedanken, die du beim Lesen hast, ungeordnet auf einem Blatt.

**c** Wähle aus deinen Notizen diejenigen Gedanken aus, die du in deinem Text nutzen möchtest. Ordne sie in einem Cluster.

**TIPP**
Falls du ein Parallelgedicht schreibst, untersuche vorher die Form des Gedichts.

**d** Überlege, was für einen Text du schreiben möchtest: Du kannst z. B. ein Gegen- oder Parallelgedicht, eine Erzählung, einen Tagebucheintrag oder einen Brief verfassen.

**e** Schreibe einen Entwurf deines Textes. Lass einen breiten Rand zum Überarbeiten.

**f** Überarbeite deinen Text und schreibe die Endfassung. Du kannst deinen Text auch besonders gestalten.

**3** Suche aus den Lesestoffseiten in deinem Sprach- und Lesebuch einen Text aus, der dich anspricht.

● **a** Führe die Punkte 1–3 des Methodenkastens aus. Stelle deine Ergebnisse vor.

●●● **b** Führe die Punkte 1–6 des Methodenkastens aus.

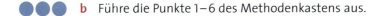

**So kannst du zu einem Text schreiben**

1. Suche dir einen Text aus, der dich anspricht, und notiere beim Lesen deine Gedanken und Gefühle.
2. Wähle diejenigen Notizen aus, die du verwenden möchtest, und ordne sie in einem Cluster.
3. Entscheide dich, was für einen Text du schreiben möchtest (Paralleltext, Tagebucheintrag, Brief, Erzählung o. Ä.).
4. Wenn du einen Paralleltext schreiben möchtest, untersuche genau die Form und die sprachlichen Besonderheiten des Originals.
5. Schreibe einen Entwurf deines Textes und überarbeite ihn anschließend.
6. Schreibe die Endfassung.

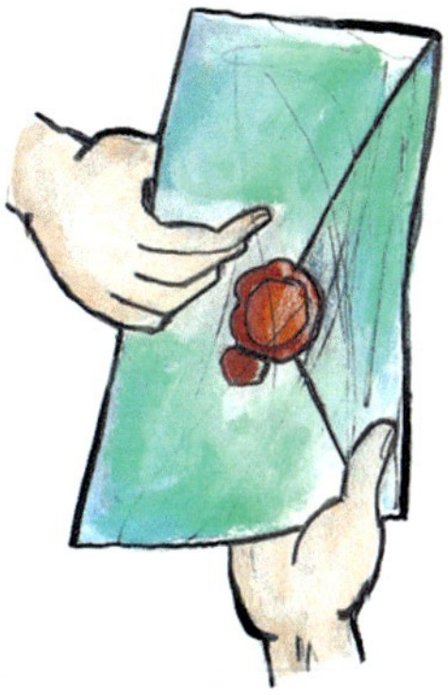

**4** Wähle einen dich beeindruckenden Text, ein Bild oder Musik aus und schreibe einen eigenen Text dazu.

**Was habe ich gelernt?**

**5** Denke über das kreative Schreiben nach:
Schreibst du gern eigene Texte und warum?
Welche Anlässe regen dich zum Schreiben an?
Welche Schreibformen bevorzugst du?
Welche Schwierigkeiten hast du mit kreativen Schreibaufgaben?

**1** Lies den folgenden Dramenauszug und gib den Inhalt in wenigen Worten wieder.

Friedrich Schiller

→ S. 119 »Sturm und Drang«

# Die Räuber

Karl von Moor schreibt einen reuevollen Brief an den Vater mit der Bitte um Vergebung für sein wildes Studentenleben. Franz, sein jüngerer Bruder, fängt diesen Brief ab, weil er das ganze Erbe besitzen will. Er bringt den Vater dazu, Karl zu verstoßen.

### 1. Akt Zweite Szene

*Schenke an den Grenzen von Sachsen. Karl von Moor in ein Buch vertieft. Spiegelberg trinkend am Tisch.* [...]

**Moor** *(nimmt ihn lächelnd bei der Hand)*: Kamerad! Mit den Narrenstreichen ists nun am Ende.

**Spiegelberg** *(stutzig)*: Pfui, du wirst doch nicht gar den verlorenen Sohn spielen wollen! Ein Kerl wie du, der mit dem Degen mehr auf die Gesichter gekritzelt hat, als drei Substituten[1] in einem Schaltjahr ins Befehlbuch schreiben! Soll ich dir von der großen Hundsleiche vorerzählen? ha! ich muss nur dein eigenes Bild wieder vor dich rufen, das wird Feuer in deine Adern blasen, wenn dich sonst nichts mehr begeistert. [...]

**Moor:** Und du schämst dich nicht, damit groß zu prahlen? Hast nicht einmal so viel Scham, dich dieser Streiche zu schämen?

**Spiegelberg:** Geh, geh! Du bist nicht mehr Moor. [...]

**Moor:** Glück auf den Weg! Steig du auf Schandsäulen zum Gipfel des Ruhms. Im Schatten meiner väterlichen Haine, in den Armen meiner Amalia lockt mich ein edler Vergnügen. Schon die vorige Woche hab ich meinem Vater um Vergebung geschrieben, hab ihm nicht den kleinsten Umstand verschwiegen, und wo Aufrichtigkeit ist, ist auch Mitleid und Hilfe. Lass uns Abschied nehmen, Moritz. Wir sehen uns heut, und nie mehr. Die Post ist angelangt. Die Verzeihung meines Vaters ist schon innerhalb dieser Stadtmauern.

*(Schweizer, Grimm, Roller, Schufterle, Razmann treten auf.)*

**Roller:** Wisst ihr auch, dass man uns auskundschaftet?

**Grimm:** Dass wir keinen Augenblick sicher sind, aufgehoben zu werden?

1 Gehilfen der Stadtschreiber

**Moor:** Mich wunderts nicht. Es gehe, wie es will! Saht ihr den Schwarz nicht? Sagt er euch von keinem Brief, den er an mich hätte?

**Roller:** Schon lang sucht er dich, ich vermute so etwas.

**Moor:** Wo ist er, wo, wo? *(Will eilig fort.)*

**Roller:** Bleib! wir haben ihn hieher beschieden. Du zitterst? –

**Moor:** Ich zittre nicht. Warum sollt ich auch zittern? Kameraden! dieser Brief – freut euch mit mir! Ich bin der Glücklichste unter der Sonne, warum sollt ich zittern?

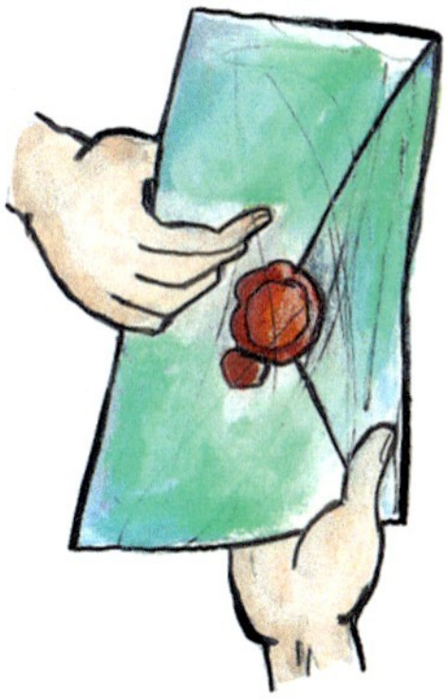

*(Schwarz tritt auf.)*

**Moor** *(fliegt ihm entgegen)*: Bruder, Bruder, den Brief! den Brief!

**Schwarz** *(gibt ihm den Brief, den er hastig aufbricht)*: Was ist dir? wirst du nicht wie die Wand?

**Moor:** Meines Bruders Hand! [...]

*(Moor lässt den Brief fallen und rennt hinaus. Alle fahren auf.)*

**Roller** *(ihm nach)*: Moor! wonaus, Moor? was beginnst du?

**Grimm:** Was hat er, was hat er? Er ist bleich wie die Leiche.

**Schweizer:** Das müssen schöne Neuigkeiten sein! Lass doch sehen!

**Roller** *(nimmt den Brief von der Erde und liest)*: »Unglücklicher Bruder!« der Anfang klingt lustig. »Nur kürzlich muss ich dir melden, dass deine Hoffnung vereitelt ist – du sollst hingehen, lässt dir der Vater sagen, wohin dich deine Schandtaten führen. Auch, sagt er, werdest du dir keine Hoffnung machen, jemals Gnade zu seinen Füßen zu erwimmern, wenn du nicht gewärtig sein wollest, im untersten Gewölb seiner Türme mit Wasser und Brot so lang traktiert zu werden, bis deine Haare wachsen wie Adlersfedern und deine Nägel wie Vogelsklauen werden. Das sind seine eigene Worte. Er befiehlt mir, den Brief zu schließen. Leb wohl auf ewig! Ich bedaure dich – Franz von Moor.«

**Schweizer:** Ein zuckersüßes Bruderchen! In der Tat! – Franz heißt die Kanaille[1]?

**Spiegelberg** *(sachte herbeischleichend)*: Von Wasser und Brot ist die Rede? Ein schönes Leben! Da hab ich anders für euch gesorgt! Sagt ichs nicht, ich müsst am Ende für euch alle denken?

**Schweizer:** Was sagt der Schafskopf? der Esel will für uns alle denken?

**Spiegelberg:** Hasen, Krüppel, lahme Hunde seid ihr alle, wenn ihr das Herz nicht habt, etwas Großes zu wagen!

[1] Schurke, gemeiner Kerl

**Roller:** Nun, das wären wir freilich, du hast Recht – aber wird es uns auch aus dieser vermaledeiten Lage reißen, was du wagen wirst? wird es? –

**Spiegelberg** *(mit einem stolzen Gelächter)*: Armer Tropf! aus dieser Lage reißen? hahaha! – aus dieser Lage reißen? – [...] Zu Helden, sag ich dir, zu Freiherrn, zu Fürsten, zu Göttern wirds euch machen!

**Razmann:** Das ist viel auf einen Hieb, wahrlich! Aber es wird wohl eine halsbrechende Arbeit sein, den Kopf wirds wenigstens kosten.

**Spiegelberg:** Es will nichts als den Mut [...] Mut, sag ich, Schweizer! Mut, Roller, Grimm, Razmann, Schufterle! Mut! –

**Schweizer:** Mut? wenns nur das ist – Mut hab ich genug, um barfuß mitten durch die Hölle zu gehn.

**Schufterle:** Mut genug, mich unterm lichten Galgen mit dem leibhaftigen Teufel um einen armen Sünder zu balgen.

**Spiegelberg:** So gefällt mirs! [...] *(Er stellt sich mitten unter sie mit beschwörendem Ton)* Wenn noch ein Tropfen deutschen Heldenbluts in euren Adern rinnt – kommt! Wir wollen uns in den böhmischen Wäldern niederlassen, dort eine Räuberbande zusammenziehn und – Was gafft ihr mich an? – ist euer bisschen Mut schon verdampft?

**Roller:** Du bist wohl nicht der erste Gauner, der über den hohen Galgen weggesehen hat – und doch – Was hätten wir sonst noch für eine Wahl übrig?

**Spiegelberg:** Wahl? Was? nichts habt ihr zu wählen! [...] *(aufgesprungen)* frisch auf! Kameraden! was in der Welt wiegt diesen Rausch des Entzückens auf? Kommt, Kameraden!

**Roller:** Sachte nur! Sachte! wohin? [...] Auch die Freiheit muss ihren Herrn haben. Ohne Oberhaupt ging Rom und Sparta zugrunde.

**Spiegelberg** *(geschmeidig)*: Ja – haltet – Roller sagt recht. Und das muss ein erleuchteter Kopf sein. Versteht ihr? Ein feiner politischer Kopf muss das sein! [...]

**Roller:** Wenn sichs hoffen ließe – träumen ließe – Aber ich fürchte, er wird es nicht tun. [...] Und leck ist das Ganze, wenn ers nicht tut. Ohne den Moor sind wir Leib ohne Seele.

**Spiegelberg** *(unwillig von ihm weg)*: Stockfisch!

*(Moor tritt herein in wilder Bewegung und läuft heftig im Zimmer auf und nieder, mit sich selber.)*

**Moor:** Menschen – Menschen! falsche, heuchlerische Krokodilbrut! Ihre Augen sind Wasser! Ihre Herzen sind Erz! Küsse auf

[2] nach der griech. Mythologie eine der drei Rachegöttinnen

den Lippen! Schwerter im Busen! [...] Bosheit hab ich dulden gelernt, kann dazu lächeln, wenn mein erboster Feind mir mein eigen Herzblut zutrinkt – aber wenn Blutliebe zur Verräterin, wenn Vaterliebe zur Megäre[2] wird: oh so fange Feuer, männliche Gelassenheit! verwilde zum Tiger, sanftmütiges Lamm! und jede Faser recke sich auf zu Grimm und Verderben!

**Roller:** Höre, Moor! Was denkst du davon? Ein Räuberleben ist doch auch besser als bei Wasser und Brot im untersten Gewölbe der Türme? [...]

**Moor:** Es ist unglaublich, es ist ein Traum, eine Täuschung – So eine rührende Bitte, so eine lebendige Schilderung des Elends und der zerfließenden Reue – die wilde Bestie wär in Mitleid zerschmolzen! Steine hätten Tränen vergossen, und doch – [...] oh, dass ich durch die ganze Natur das Horn des Aufruhrs blasen könnte, Luft, Erde und Meer wider das Hyänengezücht ins Treffen zu führen!

**Grimm:** Höre doch, höre! Vor Rasen hörst du ja nicht.

**Moor:** Weg, weg von mir! [...] Aus meinen Augen, du mit dem Menschengesicht! – Ich hab ihn so unaussprechlich geliebt! So liebte kein Sohn; ich hätte tausend Leben für ihn *(schäumend auf die Erde stampfend)* ha! – wer mir itzt ein Schwert in die Hand gäb, dieser Otterbrut eine brennende Wunde zu versetzen! wer mir sagte, wo ich das Herz ihres Lebens erzielen, zermalmen, zernichten – Er sei mein Freund, mein Engel, mein Gott – ich will ihn anbeten!

**Roller:** Eben diese Freunde wollen wir ja sein, lass dich doch weisen!

**Schwarz:** Komm mit uns in die böhmischen Wälder! Wir wollen eine Räuberbande sammeln, und du – *(Moor stiert ihn an).*

**Schweizer:** Du sollst unser Hauptmann sein! [...]

**Moor:** Wer blies dir das Wort ein? Höre, Kerl! *(indem er Schwarzen hart ergreift)*, das hast du nicht aus deiner Menschenseele hervorgeholt! Wer blies dir das Wort ein? Ja, bei dem tausendarmigen Tod! das wollen wir, das müssen wir! der Gedanke verdient Vergötterung – Räuber und Mörder! – So wahr meine Seele lebt, ich bin euer Hauptmann!

**Alle** *(mit lärmendem Geschrei)*: Es lebe der Hauptmann!

**2** Sucht im Text Epochenmerkmale des Sturm und Drang. Nutzt die Informationen des Sachtexts (S. 120).

Kurt Tucholsky

# Luftveränderung

Fahre mit der Eisenbahn,
fahre, Junge, fahre!
Auf dem Deck vom Wasserkahn
wehen deine Haare.

5 Tauch in fremde Städte ein,
lauf in fremden Gassen;
höre fremde Menschen schrein,
trink aus fremden Tassen.

Flieh Betrieb und Telefon,
10 grab in alten Schmökern,
sieh am Seinekai[1], mein Sohn,
Weisheit still verhökern.

Lauf in Afrika umher,
reite durch Oasen;
lausche auf ein blaues Meer, 15
hör den Mistral[2] blasen!

Wie du auch die Welt durchflitzt
ohne Rast und Ruh –:
Hinten auf dem Puffer[3] sitzt
du.  R  20

[1] Seine: Fluss in Paris; Kai: befestigte Ufermauer, an der Schiffe anlegen

[2] kalter, starker Wind, der aus Nordwesten in den Mittelmeerraum weht

[3] Stoßdämpfer an Eisenbahnwaggons

 **1** Erläutere, wie die Reisevorschläge auf dich wirken und wie du dazu stehst. Überlege auch, wer das lyrische Ich sein könnte und wen es anspricht.

**2** Untersuche, welche sprachlichen Mittel zur Wirkung des Gedichts beitragen. Beachte besonders die Reimform und den Rhythmus des Gedichts.

● ● ● **3** Schreibe eine zusätzliche Strophe. Entscheide, ob du weitere Reisetipps geben oder an die letzte Strophe anknüpfen willst.

1 Lies das Gedicht von Arno Holz. Gib deinen ersten Eindruck wieder.

Arno Holz

## Märkisches Städtchen

Drei
kleine Straßen
mit Häuserchen wie aus einer Spielzeugschachtel
münden auf den stillen Marktplatz.

Der alte Brunnen vor dem Kirchlein rauscht,
die
Linden ... duften.

Das
ist das ... ganze ... Städtchen.

Aber draußen,
wo aus einem tiefen, blauen, hohen Himmel Lerchen singen,
blinkt
der ... See,
dunkeln Wälder und wogen Kornfelder.

Mir
ist alles ... wie ein Traum!
Soll ich ... bleiben? ... Soll ich
weiterziehen?

Der ... Brunnen ... rauscht ... die ... Linden
... duften ...

2 Was fällt euch an der Form des Gedichts auf? Sammelt schriftlich Merkmale in Stichpunkten.

3 Schreibt ein Gedicht über euren Heimat- oder Wohnort oder die Region, wo ihr lebt.

## Präsentieren: Projektergebnisse vorstellen

**1** In fachübergreifendem Unterricht wird ein Projekt zum Thema »Berufswünsche und Lebensträume« durchgeführt. Dabei sollt ihr euch in Gruppen mit unterschiedlichen Fragen und Teilthemen beschäftigen und anschließend eure Ergebnisse präsentieren.

Themen festlegen

**a** Tragt zusammen, welche Themen ihr bearbeiten könntet.

→ S. 248 Merkwissen

**b** Wiederholt, wie man eine Präsentation vorbereitet.

Informationen sammeln

**2** Setzt euch mit der Frage »Welcher Beruf passt zu mir?« auseinander.

**a** Lest die Meinungen zum Thema *Arbeit/Berufe* durch und notiert die Schlüsselbegriffe in Form eines Clusters.

### Welcher Beruf passt zu mir?

1. Mir liegen praktische Tätigkeiten, ich könnte nie den ganzen Tag am Computer sitzen.
2. Ich helfe gern anderen Menschen, deshalb würde ich mich in meinem Job gern sozial engagieren.
3. Ich kleide mich gern modisch und möchte gern was mit Mode machen.
4. Wichtig ist mir, Anerkennung für meine Arbeit zu bekommen.
5. Am liebsten bastele ich an meinem Motorrad herum. Gern würde ich dieses Hobby zu meinem Beruf machen.
6. Wichtig ist für mich, nette Kollegen und einen fairen Chef zu haben.
7. Ich habe ein Problem mit Vorgesetzten. Wenn ich dauernd kontrolliert werde, verliere ich die Lust an der Arbeit.
8. Ich rede nicht gerne lange herum, lieber packe ich zu.

**9.** Ich arbeite am liebsten im Team. Gemeinsam ist man einfach besser.
**10.** Ich bin fleißig, mir ist es aber lieber, wenn ein anderer die Verantwortung trägt.
**11.** Ich reise gern. Was man damit werden kann, muss ich noch herausfinden.
**12.** Wenn ich arbeite, möchte ich auch Ergebnisse sehen. Sonst verliere ich die Motivation.
**13.** Ich organisiere wahnsinnig gern und kann auch gut improvisieren. Dass man dabei mit Menschen zu tun hat, gefällt mir.
**14.** Viel Arbeit auf dem Tisch ist mir lieber als Langeweile.
**15.** Ich will Sportler werden.
**16.** Ich bin Perfektionist. Erst, wenn ich die beste Lösung für ein Problem gefunden habe, bin ich wirklich zufrieden.

**TIPP**
Klärt Fachwörter soweit nötig.

**b** Erstellt anhand dieser Begriffe einen Fragebogen zum Thema *Berufswahl* und führt in eurer Gruppe eine Befragung durch und wertet sie aus.

Informationen ordnen und gliedern

**c** Besprecht, wie ihr die Ergebnisse eurer Befragung vorstellen wollt. Erstellt eine Gliederung für die Präsentation und überlegt, welche Ergebnisse ihr veranschaulichen wollt.

**!** Bei einer guten **Präsentation** ergänzen sich Textvortrag und Abbildungen, Fotos oder Modelle. Zu beachten ist:
- Erkennen die Zuhörer alles Wichtige?
- Worauf müssen die Zuhörer extra hingewiesen werden?
- Welcher Zusammenhang (z. B. Ursache – Wirkung) muss genauer erklärt werden?

Anschauungsmaterial nutzen

**3** Eine wichtige Rolle bei Präsentationen können Fotos spielen.

**a** Überlegt, warum das so ist, und tragt zusammen, welche unterschiedlichen Aufgaben Bilder bei einer Präsentation haben können.

**TIPP**
Beachte folgende Grundregeln:
1. **t**ouch (*zeigen*)
2. **t**urn (*zum Publikum drehen*)
3. **t**alk (*sprechen*)

**b** Seht euch diese Fotos an und überlegt,
- auf welche Themen diese Fotos die Zuschauer einstimmen könnten,
- was man mit diesen Fotos veranschaulichen kann,
- worauf man die Aufmerksamkeit des Betrachters lenken sollte.

!

Wichtig ist, dass der Vortragende das **Anschauungsmaterial** nicht beschreibt, sondern die Aufmerksamkeit des Betrachters auf Wesentliches lenkt. Geeignete Wendungen sind z. B.:
*Deutlich zu sehen / zu erkennen sind im Hintergrund/Vordergrund ...*
*Wenn ihr das Foto betrachtet/anschaut, ...*
*Ich möchte eure Aufmerksamkeit auf ... lenken.*
*Das Foto, das in ... gemacht wurde, zeigt/veranschaulicht ...*
*Das Foto von 2011 illustriert / lässt uns verstehen, warum ...*

**TIPP**
Überlege, wie du das Foto präsentierst, z. B. auf einer Folie, als vergrößerte Kopie oder auf dem PC.

**c** Stelle dir vor, du müsstest eines der beiden Fotos in der Klasse präsentieren. Nutze dazu die Wendungen aus dem Merkkasten.

**d** Suche in Zeitschriften, Fachbüchern oder im Internet ein Foto, das zum Projekt »Berufswünsche und Lebensträume« passen könnte. Präsentiere es der Klasse. Beachte, dass für alle verwendeten Bilder und Fotos eine Quelle angegeben werden muss.

**4**

**a** Betrachtet noch einmal eure Befragungsergebnisse und Materialien. Überlegt, welche Ergebnisse und/oder Zusammenhänge ihr genauer erklären müsst. Ergänzt eure Gliederung durch entsprechende Stichpunkte..

Die Präsentation üben

**b** Übt die Präsentation. Achtet besonders auf die Verknüpfungen zwischen den Gliederungspunkten. Nutzt z. B. die Verknüpfungen aus dem Merkkasten.

! Die Teile des Vortrags sollten durch **Überleitungen** miteinander verbunden sein. Das erleichtert dem Zuhörer das Verständnis, denn er kann so die Gliederung nachvollziehen. Mit folgenden Verknüpfungen kann man von einem Gliederungspunkt zum nächsten überleiten:
*Das erste Ergebnis ist ...* *Zuerst spreche ich über ...*
*Eine weitere Aufgabe ...* *Ebenfalls wichtig ist ...*
*Außerdem muss als weitere Funktion ... genannt werden.*
*Zuletzt sei noch ... genannt.* *Zum Schluss möchte ich auf ... hinweisen.*

c Tragt eure Präsentation zum Thema »Welcher Beruf passt zu mir?« der Klasse vor.

**5** Häufig müssen die Zuhörer wichtige Informationen mitschreiben.

**TIPP**
Sollen die Zuhörer mitschreiben, muss der Vortragende langsam sprechen, Wichtiges betonen und wiederholen.

a Entwerft ein Arbeitsblatt, das die Zuhörer während des Vortrags ausfüllen können. Nutzt dazu die Gliederung aus Aufgabe 2 d (S. 137).

*Welcher Beruf passt zu mir?*
*1 Wünsche: ...*
*a ...*

b Gestaltet weitere Arbeitsblätter für den gleichen Vortrag, z. B. Lückentexte, zu beschriftende Abbildungen, Rätsel usw.

**6**

a Lies die folgenden Rückmeldungen von Lena und Toni und überlege, wie das Feedback bei den Vortragenden ankommt.

> ! Im Anschluss an eine Präsentation geben die Zuhörer dem Vortragenden eine **Rückmeldung (Feedback)**. Man formuliert das Feedback freundlich und motivierend nach der **Sandwich-Methode**: Lobe etwas Gutes, sage, was verbessert werden kann, schließe mit Positivem.

**b** Formuliere das Feedback so, dass es freundlich und motivierend ist.

**7** Bearbeitet nun das Thema »Angebot an / Nachfrage nach Ausbildungsstellen«.

Informationen sammeln

**a** Seht euch das Diagramm an. Beschreibt mit eigenen Worten, welche Daten in dieser Statistik erfasst sind.

Angebot an / Nachfrage nach Ausbildungsstellen

**Agentur für Arbeit Chemnitz (September 2013)**

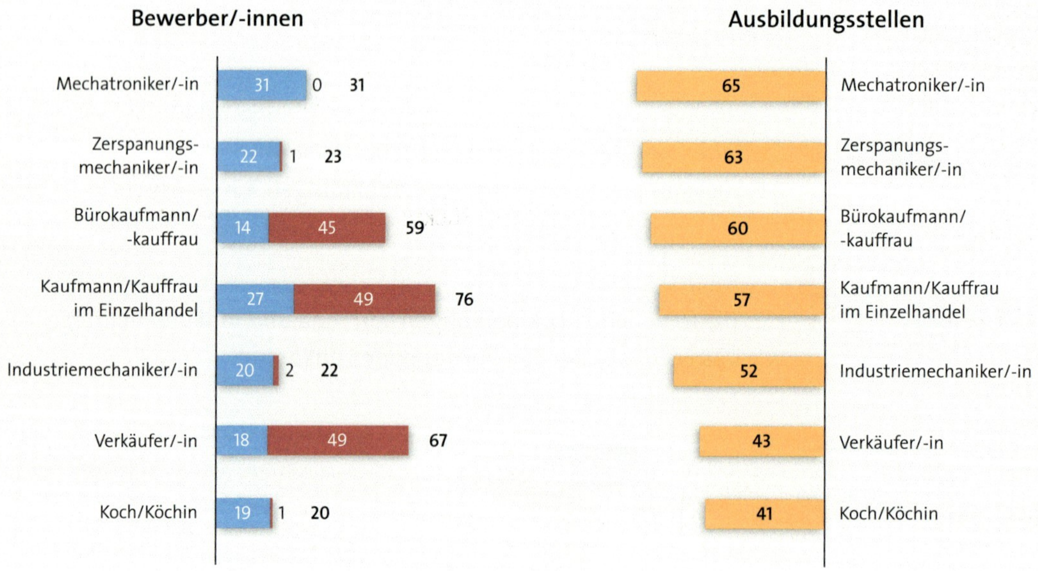


**b** Sucht heraus, wo die Differenz zwischen Bewerbungen und Ausbildungsstellen besonders groß ist und für welche Berufe es mehr Stellen als Bewerber/-innen gibt. Rechnet dazu für alle Beispiele die Differenz aus.
Untersucht die Zahlen auch hinsichtlich der Unterschiede zwischen Mädchen und Jungen.

**Informationen ordnen**

**c** Fertigt eine Mindmap zum Thema »Angebot an / Nachfrage nach Ausbildungsstellen« an. Sammelt dann weitere Informationen und ergänzt die Mindmap.

**Eine Präsentation vorbereiten**

**d** Bereitet eure Präsentation zum Thema »Angebot an / Nachfrage nach Ausbildungsstellen« vor. Überlegt,
- welche Fachwörter ihr klären müsst,
- welche Schaubilder oder Fotos ihr einsetzen könnt,
- wo ihr sprachliche Wendungen zur Überleitung einsetzt.

**Eine Präsentation vortragen**

**e** Übt eure Präsentation und tragt sie in der Klasse vor.

**f** Gebt den Vortragenden eine faire Rückmeldung (Feedback).

**8** Bereitet selbstständig eine Präsentation zum Thema »Berufswünsche und Lebensträume« vor.

**TIPP**
Nutzt dazu die Ergebnisse der Aufgabe 1a (S. 136).
Auf den Seiten 142–157 findet ihr weitere Texte zum Thema »Berufswünsche und Lebensträume«.

**a** Legt in der Klasse die Themen fest, die ihr bearbeiten wollt. Teilt euch in Gruppen auf und wählt jeweils ein Thema.

**b** Sammelt Informationen und ordnet sie.

**c** Entwerft eure Präsentation und übt sie. Tragt die Projektergebnisse eurer Gruppe anschließend der Klasse vor.

**d** Gebt euch gegenseitig faire Rückmeldungen (Feedbacks).

**9** Bereitet selbstständig eine Präsentation zu einem Thema eurer Wahl vor.

**Was habe ich gelernt?**

**10** Überprüfe, was du über Präsentationen gelernt hast.
Entwirf ein Poster mit Hinweisen für eine gelungene Präsentation.

*Tipps für eine gute Präsentation*

| | |
|---|---|
| *inhaltliche Gestaltung* | *sprachliche Gestaltung* |
| – … | – … |
| *Medieneinsatz* | *Vortragsweise* |
| – … | – … |

# Sich für ein Praktikum bewerben

## Einen Praktikumsplatz suchen

**1** Eltern, Schülerinnen und Schüler der 8. Klassen erhalten Informationen zum Betriebspraktikum.
Lest den Auszug aus dem Vortrag der Lehrerin und findet heraus, warum ein Schülerpraktikum sinnvoll ist.

Für viele von euch wird das Praktikum die erste eigene Begegnung mit der Arbeitswelt sein. Die meisten freuen sich, ein paar Wochen nicht die Schulbank drücken zu müssen. Doch ihr bleibt in dieser Zeit Schüler, ihr seid noch nicht Arbeitnehmer. Die Betriebe gewähren euch unentgeltlich die Chance, Einblicke in das Berufsleben zu erlangen. Darum geht es ja auch – ihr sollt Arbeitsplätze und Berufe erkunden. Ihr sollt eure eigenen Fähigkeiten ausprobieren und eure Stärken und Schwächen kennen lernen, damit ihr nach dem Schülerpraktikum genauere Vorstellungen von eurer beruflichen Zukunft entwickeln könnt. Also sucht euch Praktikumsplätze, wo ihr euren Interessen und Fähigkeiten entsprechend arbeiten könnt.

**2** Überlege, was du gut kannst und was weniger gut.

**a** Übertrage die Tabelle in dein Heft und ergänze die linke Spalte.

| Selbsteinschätzung | Fremdeinschätzung |
|---|---|
| Meine Fähigkeiten<br>• kann gut rechnen<br>• ... | • ... |
| Meine Interessen<br>• ... | • ... |
| Meine Stärken<br>• ... | • ... |
| Meine Schwächen<br>• ... | • ... |

**b** Tauscht die Tabellen untereinander aus und ergänzt die rechte Spalte der Tabelle. Seid dabei ehrlich und fair.

**c** Überlegt, in welchen Betrieben ihr aufgrund eurer Interessen und Fähigkeiten praktische Erfahrungen sammeln wollt.

**3** Diese Schüler haben ihren Praktikumsplatz bereits gefunden.

**a** Lies ihre Aussagen und nenne die Begründungen für die Wahl der Betriebe.

**Arne** Ich mache das Praktikum in der Autowerkstatt meines Vaters. Da muss ich mich nicht groß kümmern.

**Lara** Ich weiß nicht, ob ich mich richtig entschieden habe. Eigentlich kann ich gut mit Kindern umgehen. Aber wird die Arbeit in einem Kindergarten nicht doch zu stressig?

**Alisa** Ich möchte in der Verkaufsfiliale eines Sportartikelherstellers arbeiten. Da bekommt man nach zwei Wochen ein Paar Turnschuhe geschenkt.

**Ron** Mein Praktikumsplatz ist der Supermarkt um die Ecke. Da kann ich morgens länger schlafen, denn ich habe keinen langen Anfahrtsweg.

**Daniel** In den nächsten drei Wochen werde ich im Strand-Hotel in der Küche stehen. Kochen ist schon lange ein Hobby von mir.

**b** Formuliere kurz, wie du die Entscheidung des Schülers beurteilst.

*1. Arnes Begründung hat mich (nicht) überzeugt, denn …*

**4**

**a** Überlegt, wie ihr an Adressen und Telefonnummern von möglichen Praktikumsbetrieben gelangen könnt.

- *Ansprechpartner in der Schule*
- *Eltern, Lehrer und ältere Mitschüler fragen*
- *…*

**b** Gestaltet eine Übersicht mit wichtigen Kontaktdaten.

Ansprechpartner in der Schule: ...

Wichtige Internetadressen: ...

Hilfreiche Bücher/Broschüren: ...

Adressen von großen Firmen in der Umgebung: ...

**5** Bei den in Frage kommenden Betrieben solltet ihr in Erfahrung bringen, ob es dort Praktikumsmöglichkeiten gibt. Dies könnt ihr telefonisch oder per E-Mail tun.

**a** Lest das folgende Telefongespräch und tragt zusammen,
- welche Angaben erfragt werden müssen,
- welche Gesprächsregeln beachtet werden sollten.

**Fr. Motzek** Guten Tag. Hotel »Stadtwappen«. Motzek am Apparat.

**Lisa** Ja, guten Tag. Hier spricht Lisa Bauer. Ich wollte mich erkundigen, ob ich in Ihrem Hotel ein Schülerpraktikum absolvieren kann.

**Fr. Motzek** Das kann ich Ihnen nicht sagen. Ich verbinde Sie mit unserer Personalchefin, Frau Liebig.

**Lisa** Ja, vielen Dank.

**Fr. Liebig** Liebig. Hotel »Stadtwappen«. Guten Tag.

**Lisa** Guten Tag. Mein Name ist Lisa Bauer. Ich wollte mich erkundigen, ob ich bei Ihnen ein Schülerpraktikum machen kann.

**Fr. Liebig** Ja, das ist generell möglich. In welchem Zeitraum soll denn das Praktikum stattfinden?

**Lisa** Vom 6. März bis zum 24. März.

**Fr. Liebig** Ja, das würde auch bei uns gut passen. Schicken Sie mir Ihre Bewerbungsunterlagen, also ein Bewerbungsschreiben und einen Lebenslauf.

**Lisa** Ja, gern. Reicht Ihnen ein tabellarischer Lebenslauf?

**Fr. Liebig** Ja, das ist ausreichend.

**Lisa** Können Sie mir bitte noch einmal Ihren Namen buchstabieren?

**Fr. Liebig** Gern, L-i-e-b-i-g.

**Lisa** Vielen Dank. Auf Wiederhören.

**Fr. Liebig** Auf Wiederhören.

**TIPP**
Haltet wichtige Angaben griffbereit. Formuliert Fragen schriftlich und notiert, wann ihr mit wem gesprochen habt.

**b** Spielt das Gespräch nach. Verwendet dabei eure Angaben.

**6** Lisa sucht per E-Mail nach einer Praktikumsmöglichkeit.

**a** Lies ihre E-Mail und nenne wichtige Merkmale.

Von: Lisa.Bauer@gmx.de
An: Stadtwappen@googlemail.de
Betreff: Anfrage Schülerpraktikum

Sehr geehrte Damen und Herren,
mein Name ist Lisa Bauer. Ich bin Schülerin der Otto-Lilienthal-Schule und besuche zurzeit die 8. Klasse. Für den März nächsten Jahres ist unser Betriebspraktikum geplant. Deshalb würde ich gern wissen, ob man bei Ihnen ein Praktikum absolvieren kann. Sollte das möglich sein, teilen Sie mir bitte mit, welche Bewerbungsunterlagen ich Ihnen zusenden soll.
Mit freundlichen Grüßen
Lisa Bauer

**b** Verfasse nun deine eigene E-Mail-Anfrage. Schreibe sie am PC, sodass du sie bei Bedarf wiederverwenden kannst.

**7** Lies die folgende Antwort des Hotels, bedanke dich dafür und kündige deine Bewerbungsunterlagen an.

Von: Stadtwappen@googlemail.de
An: Lisa.Bauer@gmx.de
Betreff: AW: Anfrage Schülerpraktikum

Liebe Frau Bauer,
wir freuen uns, dass Sie sich für ein Praktikum in unserem Haus interessieren. Wir bieten verschiedene Praktika an, in denen man unterschiedliche Arbeitsbereiche kennen lernen kann. Bitte schicken Sie uns Ihre Bewerbung und einen tabellarischen Lebenslauf zu. Einzelheiten werden wir dann in einem persönlichen Gespräch klären.
Mit freundlichen Grüßen
Christine Schmidt (Personalbüro)

## Bewerbungen schreiben

!

Zu den Bewerbungsunterlagen gehören ein **Bewerbungsschreiben** und ein **tabellarischer Lebenslauf.** Ob man weitere Unterlagen, wie z. B. Zeugniskopien, einreichen soll, muss erfragt werden.
Das **Bewerbungsschreiben** sollte Folgendes enthalten:

- Bewerbungssatz
- Gründe für die Bewerbung
- Vorstellung der eigenen Person
- Bitte um persönliches Gespräch

**1** Überprüfe, ob Lisas Bewerbungsschreiben den Anforderungen entspricht.

Lisa Bauer
Hansestr. 17
63209 Zwenz
Tel. (0 80) 5 72 92

Zwenz, 12. Oktober 2014

Hotel »Stadtwappen«
Frau Liebig
Platanenweg 12
99423 Weimar

**Bewerbung um Praktikumsplatz**

Sehr geehrte Frau Liebig,

mit Bezug auf unser Telefonat vom 10. 10. 2014 bewerbe ich mich bei Ihnen um einen Praktikumsplatz. Das Praktikum soll in der Zeit vom 6. März bis 24. März 2015 stattfinden.
Zurzeit bin ich Schülerin der 8. Klasse der Otto-Lilienthal-Schule in Zwenz. Ich bin kontaktfreudig und aufgeschlossen.
Ich möchte die Arbeitsabläufe in einem Hotel kennen lernen und erfahren, was zu den Aufgaben einer Restaurantfachfrau oder einer Köchin gehört.
Zu einem persönlichen Gespräch würde ich gern vorbeikommen.

Mit freundlichen Grüßen
*Lisa Bauer*

Anlage: Lebenslauf

**2**

**a** Überlege, welche Angaben im Brieftext zu welchem Textbaustein aus dem Merkkasten auf S. 146 gehören.

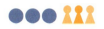

**b** Natürlich kann man den Brief auch anders formulieren. Sucht für jeden Textbaustein andere Formulierungen.

**TIPP**
Das Schreiben muss fehlerfrei sein. Lass unbedingt jemanden Korrektur lesen.

**c** Entwirf dein eigenes Bewerbungsschreiben am PC. Überarbeite es anschließend und schreibe eine Endfassung.

**!** Der **tabellarische Lebenslauf** enthält in kurzer und übersichtlicher Form alle wichtigen persönlichen Angaben und Informationen, die für das Praktikum von Bedeutung sind, wie z.B. Name, Adresse, Geburtsort und -datum, Sprachkenntnisse, Hobbys.
Angaben zu den Berufen der Eltern und zu Geschwistern sowie ein Passfoto sind freiwillig.

**3** Lies Lisas tabellarischen Lebenslauf.

**a** Nenne die Angaben, die der Lebenslauf enthalten muss.

**Lebenslauf**

| | |
|---|---|
| Name: | Lisa Bauer |
| Adresse: | Hansestr. 17<br>63209 Zwenz |
| Geburtsdatum: | 12. März 2000 |
| Geburtsort: | Leipzig |
| Familie: | Vater: Thomas Bauer, Polizeibeamter<br>Mutter: Ute Bauer, Gärtnerin |
| Schulbesuch: | 2004–2008 Grundschule Zwenz<br>seit 2008 Otto-Lilienthal-Schule Zwenz |
| Sprachkenntnisse: | Englisch, Schulkenntnisse |
| Hobbys: | Volleyball bei Eintracht Zwenz |

Zwenz, 12. Oktober 2014
*Lisa Bauer*

**b** Beschreibe, welche Besonderheiten dir bei der Gestaltung auffallen.

**TIPP**
Nutze die Tabulatortaste oder eine Tabelle.

c Verfasse nun deinen eigenen tabellarischen Lebenslauf nach dem Muster aus Aufgabe 3a (S.147). Arbeite am PC, damit du die Datei jederzeit ergänzen und bearbeiten kannst.

!

Einige Firmen bitten um eine **Bewerbung per E-Mail.** Dabei gelten die gleichen Richtlinien wie bei einem Brief. Folgendes sollte man beachten:

- die E-Mail-Adresse des Empfängers prüfen,
- die eigene E-Mail-Adresse gegebenenfalls in eine seriöse ändern, z.B.: *Name.Vorname@maildomain.de,*
- in die Betreffzeile schreiben: *Bewerbung um einen Praktikumsplatz,*
- das Bewerbungsschreiben nicht als Anhang schicken,
- den Namen in getippter Form unter das Schreiben setzen,
- auf Smileys o.Ä. verzichten,
- den Lebenslauf und weitere Unterlagen als Anhänge in gängigen Dateiformaten (Word, PDF, RTF) versenden (Größe der Anhänge nicht mehr als 1 MB).

Um die Vollständigkeit und korrekte Formatierung der Bewerbung zu prüfen, sollte man die Mail zunächst an eine Freundin / einen Freund schicken.

**TIPP**
Speichere den Text in einer Word-Datei, damit du ihn später bearbeiten und wiederverwenden kannst.

**4** Stelle dir vor, du würdest dich gern per E-Mail um einen Praktikumsplatz bei einer der aufgelisteten Firmen bewerben. Entwirf den Text der E-Mail und schreibe ihn am PC.

Maschinenbau Kreisler
Dessau, Hr. Richter
richter@maschkreisler.de

Gartengestaltung & Baumarbeiten
Herbert.Hase@baum.de
Düderitz, Ulmenallee 12

Tischlerei J. Muthal
Holzarbeiten von Meisterhand
Leipzig, Woltergasse 23
Jan.M@online.de

Hairstyle, Beauty & Body
Inh. Svenja Kehl
Kehl@hair.de
Rostock, Müllerstr. 17

Was habe ich gelernt?

**5** Überprüft, was ihr über das Schreiben einer Bewerbung gelernt habt. Gestaltet für die Achtklässler des nächsten Jahres ein Poster mit wichtigen Informationen und Tipps zum Bewerbungsschreiben.

# Praktikumsberichte schreiben

→ S. 248 Merkwissen

**1** Tauscht euch darüber aus, welche Berichte ihr bereits geschrieben habt und was dabei beachtet werden musste.

**2** In der 8. Klasse wird ein Betriebspraktikum durchgeführt.

**a** Überlege, welche Berufe du dabei kennen lernen möchtest.

**b** Erarbeitet, was eurer Meinung nach zu einem Praktikumsbericht gehört, und stellt eure Ergebnisse der Klasse vor. Begründet eure Vorschläge.

**c** Vergleicht eure Aufzeichnungen nun mit den Anforderungen an einen Praktikumsbericht im folgenden Merkkasten.

!

In einem **Praktikumsbericht** dokumentiert man Ziele, Aufgaben, Verlauf und Ergebnisse eines Praktikums. Folgende **Bestandteile** sollten in einem Praktikumsbericht mindestens enthalten sein:

- Deckblatt: Name, Schule, Klasse, Praktikumszeit, Betrieb
- Einleitung: Genaueres zum Praktikumsbetrieb und zur Praktikumszeit, Begründung des Praktikums
- Hauptteil: Ziele, Aufgaben, Verlauf und Besonderheiten des Praktikums
- Schluss: Ergebnisse und Gesamteinschätzung des Praktikums

**TIPP**
Nutze nach Möglichkeit den PC.

**3** Erstelle nach dem folgenden Muster dein eigenes Deckblatt für den Praktikumsbericht.

**Mein Betriebspraktikum**

vom ... bis ...
Schule: ...
Name: ... Klasse: ...
betreuende/-er Fachlehrer/-in: ...
Praktikumsbetrieb: ... *(Name, Adresse)*

**Einen Tagesbericht schreiben**

**4** Maximilian hat zwei unterschiedliche Berichte über den dritten Praktikumstag geschrieben.

**a** Vergleiche die beiden Berichte miteinander.

**3. Praktikumstag**

Ziemlich gehetzt kam ich am 3. Tag doch noch pünktlich in der Hafengaststätte an. Der Bus hatte Verspätung und war wie immer ziemlich voll. Doch ich hatte sogar noch Zeit, mich umzuziehen und mich in die unbequeme Arbeitskleidung zu zwängen. Dann erfolgte die Verteilung der Arbeitsaufgaben pünktlich um 8 Uhr durch den Leiter des Restaurants, Herrn Schulz. Jeder wusste nun, was er zu tun hatte, auch wenn er lieber etwas anderes gemacht hätte.

Zuerst half ich beim Hereintragen der Lebensmittel und Getränke. Danach war 15 Minuten Frühstückspause, denn das Transportieren der Kisten strengte mich sehr an.

Anschließend begann die Küchenarbeit. Ich musste Kartoffeln schälen, Möhren putzen, Fleisch schneiden und Zwiebeln schälen. Letztere brachten mich trotz aller gut gemeinten Tipps zum Weinen. Nach dem Abschluss der Vorbereitungen für den Mittagstisch konnte ich 45 Minuten Pause machen und gleich im Restaurant essen.

Danach musste die Küche aufgeräumt werden. Das benutzte Geschirr kam in die Spülmaschine und die Töpfe wurden mit der Hand abgewaschen, da das Material sehr empfindlich ist und sie sehr viel Platz in der Maschine in Anspruch nehmen. Zum Abschluss säuberte ich noch gründlich die Arbeitsfläche und dann war endlich um 16 Uhr Feierabend.

**3. Praktikumstag**

| | |
|---|---|
| 8:00 – 8:30 | Verteilung der Arbeitsaufgaben |
| 8:30 – 10:00 | Hereintragen der gelieferten Lebensmittel und Getränke |
| 10:00 – 10:15 | Frühstückspause |
| 10:15 – 12:15 | Vorbereitung des Mittagessens (Kartoffeln schälen, Möhren putzen, Fleisch schneiden, Zwiebeln schälen) |
| 12:15 – 13:00 | Mittagspause (Mittagessen im Restaurant) |
| 13:00 – 16:00 | Aufräumen der Küche (Spülmaschine einräumen, Töpfe mit der Hand abwaschen, Arbeitsfläche gründlich reinigen) |
| 16:00 | Feierabend |

**b** Tauscht euch über Vor- und Nachteile der beiden Berichtsformen aus.

**c** Überarbeite Maximilians ausführlichen Tagesbericht, indem du Überflüssiges weglässt und sprachliche Verbesserungen vornimmst.

**!** In einem **Tagesbericht**, der als Tabelle oder als zusammenhängender Text gestaltet sein kann, werden der **Ablauf** und die **Ergebnisse** eines Arbeitstages dokumentiert. Man berichtet möglichst genau, sachlich und chronologisch (in der richtigen zeitlichen Abfolge) sowie unter Verwendung von **Fachwortschatz**. Sprachliche Wiederholungen sollten durch Verwendung unterschiedlicher Formulierungen, z.B. *zuerst, anschließend, danach, daraufhin,* vermieden werden.

**TIPP**
Du kannst auch zuerst einen Bericht in tabellarischer Form schreiben.

**5** Simon absolviert ein Praktikum bei einem Förster. Am Telefon berichtet er seiner Freundin über seine Erlebnisse. Nutze diese Informationen und schreibe für Simon einen Tagesbericht in ausführlicher Form.

Cool, heute durfte ich endlich mit raus in den Wald. Um 8 Uhr ging es los. Erst fuhren wir mit einem klapprigen Trecker bis in ein Waldstück. Danach beluden mich die Alten wie einen Packesel und ich schleppte die Äxte an liegen gebliebene Bäume. Ganz schön matschig die Angelegenheit bei dem aufgeweichten Boden! Gott sei Dank war dann 15 Minuten Frühstückspause. Dann wurde die Arbeit sehr schweißtreibend, denn ich musste mit dem Beil Baumstämme entästen. Nach der ersten halben Stunde wurden die Arme ganz schön lang, aber ich hielt eisern bis zur Mittagspause durch. Nach 45 Minuten, die wir im Bauwagen verbrachten, ging es weiter. Jetzt musste ich die abgeschlagenen Äste aus dem Unterholz ziehen, damit die Stämme leichter zu transportieren sind. Gut, dass die Handschuhe hielten, denn die Äste waren ziemlich widerspenstig. Ich hatte das Gefühl, dass meine Arme und Beine schwer wie Blei wurden. Endlich – um halb vier – war Feierabend. Irgendwie fühle ich mich trotzdem gut, aufs Fitnessstudio habe ich aber heute keine Lust mehr.

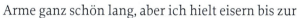

**6** Verfasse einen tabellarischen Tagesbericht über einen eigenen Praktikumstag.

!

In einem **Abschlussbericht** werden die wichtigsten Erkenntnisse und Erfahrungen aus dem gesamten Praktikum zusammengefasst. Dabei sollte man folgende Fragen beantworten:

- Warum wurde das Praktikum absolviert?
- Welche Tätigkeiten mussten ausgeführt werden?
- Welche Kenntnisse konnten vermittelt werden?
- War die Betreuung angemessen? (Begründung)
- Wie gestaltete sich der Umgang mit Vorgesetzten und Kollegen?
- Wie wirkte sich das Praktikum auf den Berufswunsch aus?
- Kann der Praktikumsbetrieb weiterempfohlen werden? (Begründung)
- Entsprach das Praktikum insgesamt den Erwartungen? (Begründung)

Einen Abschluss-bericht schreiben

**7** Gesine hat ein Praktikum in einem Restaurant absolviert.

**a** Lies ihren Abschlussbericht.

### Abschlussbericht

Um ein Betriebspraktikum in der »Hafenklause« habe ich mich beworben, weil ich wissen wollte, was der Beruf der Restaurantfachfrau alles beinhaltet.
Ich durfte zuerst an der Rezeption arbeiten. Frau Schulz war sehr freundlich und erklärte mir vieles. Leider war es mir nicht möglich, selbstständig zu arbeiten, sodass die Tage ziemlich langweilig waren. Interessanter gestaltete sich der Einsatz im Restaurantbereich. Dort kümmerten sich sehr viele Mitarbeiter um mich und erklärten mir meine Aufgaben. Die Tätigkeit im Restaurant hat mir gefallen, weil ich auch Gäste bedienen konnte. Das hat mich in meinem Berufswunsch bestärkt.
Das Team der »Hafenklause« kann ich nur weiterempfehlen.

**b** Beurteile den Abschlussbericht mithilfe des Merkkastens und begründe deine Meinung.

**TIPP**
Erfinde Angaben, die fehlen.

**c** Überarbeite den Abschlussbericht mithilfe der Fragen im Merkkasten. Achte auch auf eine genaue und sachliche Darstellung.

Was habe ich gelernt?

**8** Überprüfe, was du über das Schreiben von Praktikumsberichten gelernt hast. Wenn du bereits ein Praktikum beendet hast, schreibe einen eigenen Abschlussbericht. Wenn nicht, nenne deiner Lernpartnerin/deinem Lernpartner die wichtigsten Punkte, die zu beachten sind.

# Ergebnisprotokolle schreiben

→ S. 248 Merkwissen

**1** Tauscht euch darüber aus, zu welchem Zweck ihr bereits Protokolle angefertigt habt. Wiederholt, was ihr dabei beachten musstet.

→ S. 15 Diskussionen auswerten

**2** Sieh dir das folgende Protokoll an und untersuche, um welche Protokollform es sich dabei handelt.

**Protokoll der Diskussion zum Thema »Schulkantine«**

Datum, Zeit: 20. September 2014, Deutschstunde
Ort: Raum 203
Teilnehmer: Klasse 8 b (wegen Krankheit fehlen: Nele, Finn)

**Tagesordnung:**
**TOP[1] 1:** Ist das Angebot in der Schulkantine zufriedenstellend?
**TOP 2:** Welche Vorschläge könnten wir unterbreiten?
**TOP 3:** Wer kümmert sich um die Umsetzung der Vorschläge?

**Ergebnisse der Diskussion:**
**zu TOP 1:** Das angebotene Essen ist gesund: fettarm, wenig gesalzen, ohne Geschmacksverstärker und vitaminreich. Der Preis ist zumutbar.
**zu TOP 2:** Das Drumherum sollte freundlicher werden, damit mehr Schüler in die Kantine gehen, z. B. Tische freundlicher dekorieren, auf Sauberkeit achten.
**zu TOP 3:** Anja wird unsere Vorschläge auf der nächsten Sitzung der Schülersprecher vorstellen.

| Nadja Reiter | Ben Friedrich | 25.09.2014 |
|---|---|---|
| Diskussionsleiterin | Protokollant | Datum |

[1] Tagesordnungspunkt

!

Ein **Ergebnisprotokoll** ist eine Protokollform, in der nur die Ergebnisse bzw. Beschlüsse einer Beratung oder Diskussion notiert werden.
Es sollte folgende Angaben enthalten:
- Datum, Zeit, Ort, Teilnehmer der Beratung,
- die Tagesordnungspunkte,
- die Ergebnisse der Beratung oder Diskussion,
- Aufgaben und Verantwortliche,
- Datum und Unterschrift der Protokollantin / des Protokollanten und der Diskussionsleiterin / des Diskussionsleiters.

**TIPP**
Erfinde diejenigen Angaben, die in den Notizen fehlen.

**3** Schreibe mithilfe der folgenden Notizen ein Ergebnisprotokoll der Diskussion. Ordne die Notizen zuerst. Nutze das Muster in Aufgabe 2.
- Thema: Möchten wir Hinweise zum Betriebspraktikum sammeln und in einer kleinen Broschüre veröffentlichen?
- Redaktionsgruppe: Nils, Anna, Mia
- TOP 1: Zielstellung des Projekts
- bis März: Sammeln von Infos und Tipps
- Layout: Tim, Lilly
- TOP 2: Verteilung der Aufgaben
- Sammeln von Infos und Tipps: alle
- Fotos suchen: Felix, Lukas, Lea
- Sammeln und Bereitstellen von Infos für künftige Achtklässler
- Sponsoren für Druck suchen: Emily, Hannah
- bis Juni: Spenden sammeln, danach drucken
- bis Mai: Zusammenstellung durch Redaktionsgruppe, Layout, Korrekturlesen
- TOP 3: Ablaufplan

**So kannst du ein Ergebnisprotokoll schreiben**

1. vor der Besprechung:
   - Fülle den Kopf des Protokolls schon aus (Datum, Zeit, Ort, Teilnehmer der Beratung). Nutze ggf. ein Muster.
   - Schreibe die Tagesordnungspunkte auf und nummeriere sie (TOP 1, TOP 2, …).
2. während der Besprechung:
   - Gib eine Teilnehmerliste herum.
   - Notiere alle wichtigen Ergebnisse zu den Tagesordnungspunkten unter der entsprechenden Überschrift (zu TOP 1, …). Nutze dabei eindeutige Abkürzungen.
3. nach der Besprechung:
   - Formuliere möglichst bald einen Entwurf des Protokolls und überprüfe alles noch einmal.
   - Schreibe die Endfassung des Ergebnisprotokolls.

**4** Schreibe ein Ergebnisprotokoll zu einer der Diskussionen, die ihr im Kapitel *Meinungen austauschen – Diskutieren* (S. 8–14) führt.

**Was habe ich gelernt?**

**5** Überprüfe, was du über das Schreiben von Ergebnisprotokollen gelernt hast. Notiere die notwendigen Angaben eines Ergebnisprotokolls.

## Protokolle anfertigen

!

Ein Protokoll ist eine besondere Form des Berichts, mit dem man kurz, sachlich und genau informiert oder etwas dokumentiert.
Im **Verlaufsprotokoll** werden der Ablauf und die Ergebnisse einer Veranstaltung, einer Diskussion oder eines Experiments festgehalten.
Im **Ergebnisprotokoll** werden nur die Ergebnisse bzw. Beschlüsse notiert.

**1** Wenn du Protokollant bist, bereite dich darauf vor.

**a** Nutze das Muster und fülle zuerst den Kopf des Protokolls aus.

**Protokoll der** … *(Name der Veranstaltung)*

Datum, Zeit: … *(am …, von … bis …)*
Ort: … *(Name der Schule, Raum)*
Teilnehmer: … *(an-/abwesend; un-/entschuldigt)*

**Tagesordnung:**
**TOP 1:** … *(Kurzfassung der Tagesordnungspunkte)*
…

**Verlauf oder Ergebnisse:**
**zu TOP 1:** …
…

| | | |
|---|---|---|
| *(Unterschrift)* | *(Unterschrift)* | *(Datum)* |
| Diskussionsleiter(-in) | Protokollant(-in) | Datum |

**b** Besorge dir eine Tagesordnung oder einen Ablaufplan.
Schreibe die wichtigsten Tagesordnungspunkte (TOPs) oder Arbeitsschritte schon auf.

**TIPP**
Nutze Abkürzungen.

**2** Schreibe während des Verlaufs viel mit, damit du anschließend in Gedanken alles wiederherstellen kannst.

**3** Verfasse den Entwurf des Protokolls möglichst bald und überprüfe alles noch einmal, bevor du die Endfassung schreibst.

1 Lies im folgenden Text, wie Filip seinen Ferienjob im Einkaufscenter empfindet, und gib seine Eindrücke wieder.

→ S. 50, 172
Die Nackten

Iva Procházková

## Die Nackten

Der Nachmittag verläuft ruhig. Der tätowierte Verkäufer ist nicht da und sonst hat niemand das Bedürfnis, die Ferienjobber zu schikanieren. Filip arbeitet vor allem in der Abteilung »Balkon und Garten«. Er räumt Dutzende Paletten mit Astern und Geranien aus, die aussehen, als wären sie aus Plastik, es aber nicht sind, schiebt Säcke mit Erde in die Regale sowie Sägen, Baumscheren, die *den höchsten Anforderungen entsprechen*, bunte Hängematten, Sonnenschirme. »Haben Sie auch nicht Ihre kleinen gefiederten Freunde vergessen?«, zwitschert eine Frauenstimme aus dem Lautsprecher. »Verwöhnen Sie Ihre Wellensittiche, Kanarienvögel und anderen Lieblinge mit unserem Premium Vogelfutter ...« [...]
Filip legt die letzten zwei Pakete »Der kleine Gärtner« ins Regal, richtet sich auf und schiebt den leeren Einkaufswagen langsam in den Mittelgang. Er hat genug. Er fühlt keine Müdigkeit, sondern eher Abgestumpftheit. Als er sich für diese Ferienarbeit entschied, dachte er, sie würde ihn vor allem körperlich fordern. Das Schlimmste daran aber war die Mattscheibe, die sie im Kopf hinterlässt. Alles erscheint unklar, entfernt, wie aus dem Jenseits. Filip ist nicht fähig, sich auf etwas zu konzentrieren. Er verwechselt die Tage, denn einer ist wie der andere – inhaltslos. Das Buch, das er immer dabeihat, bleibt auch nach der Schicht zugeklappt, wenn er mit dem Bus heimfährt. Er schaut in die ausgedorrte Landschaft, nimmt sie aber nicht wahr. Vor seinem geistigen Auge marschieren die Leben der Verkäufer, Lagerarbeiter und Kassierer vorbei. Er trägt das Einkaufszentrum in sich. [...]
Er stellt sich vor, wie es ist, auf diese Weise lange Monate, unendliche Jahre, das ganze Leben zu verbringen. Jeden Morgen in den Firmenkittel zu schlüpfen, das Firmengesicht aufzusetzen, vor Freude zu zittern, wenn es gelingt, irgendeines der angepriesenen Produkte an den Mann zu bringen, Prozente vom Verkauf oder Anteile an den Firmenerfolgen zu berechnen, abends den Kittel wieder auszuziehen ... und?

2 Überlegt euch Tipps, wie Filip Freude an seinem Ferienjob finden kann.

**1** Lies den folgenden Liedtext. Überlege, wer solche Sätze sagen könnte.

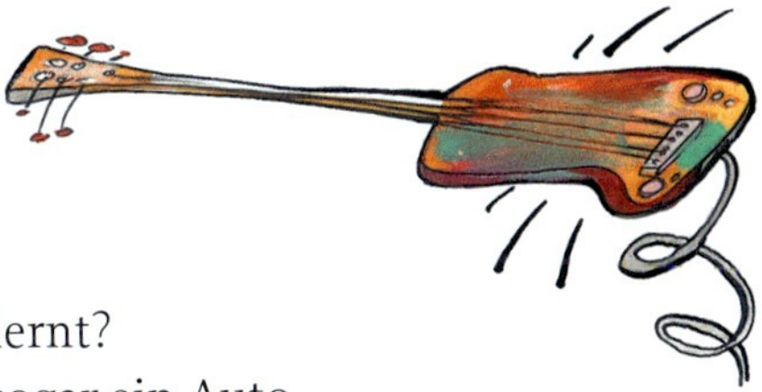

Farin Urlaub

# Junge

Junge, warum hast du nichts gelernt?
Guck dir den Dieter an, der hat sogar ein Auto
Warum gehst du nicht zu Onkel Werner in die Werkstatt?
Der gibt dir ne Festanstellung – wenn du ihn darum bittest
Junge ...

Und wie du wieder aussiehst: Löcher in der Hose, und ständig
dieser Lärm
Und dann noch deine Haare, da fehlen mir die Worte – musst du
die denn färbn?
Nie kommst du nach Hause, wir wissen nicht mehr weiter ...

Junge, brich deiner Mutter nicht das Herz
Es ist noch nicht zu spät, dich an der Uni einzuschreiben
Du hast dich doch früher so für Tiere interessiert, wäre das nichts
für dich
Eine eigene Praxis?
Junge ...

Und wie du wieder aussiehst – Löcher in der Nase, und ständig
dieser Lärm
Elektrische Gitarren, und immer diese Texte – das will doch keiner
hörn.
Nie kommst du nach Hause, so viel schlechter Umgang – wir
werden dich enterben.
Wo soll das alles enden? Wir machen uns doch Sorgen ...

Und du warst so ein süßes Kind
Du warst so süß.
Und immer deine Freunde, ihr nehmt doch alle Drogen – und
ständig dieser Lärm
Denk an deine Zukunft, denk an deine Eltern – willst du, dass wir
sterben?

**2** Beschreibe, welche unterschiedlichen Einstellungen zum (Berufs-) Leben sich hier gegenüberstehen.

# Wortarten und Wortformen

## Die Wortarten im Überblick

**1** Lerne Sabriye Tenberken kennen.

**TIPP**
Es gibt mehrere Lösungsmöglichkeiten.

a Bilde aus den folgenden Wörtern und Wortgruppen Sätze. Bringe sie in die richtige Reihenfolge und passe ihre Form an.

**1** allein – der Gedanke – sein – furchteinflößend: Du – zu Fuß – in – 6400 Meter – Höhe – klettern – über – Geröllfeld und Gletscherspalte – auf – Trampelpfad – schmal – über – rutschig – Eishang – und alles – mit – verbunden – Auge
**2** die – blind – Deutsche Sabriye Tenberken – tun – genau – dies – 2004 – mit – sechs – blind – tibetisch – Teenager – gemeinsam
**3** dabei – entstehen – der – beeindruckend – Dokumentarfilm »BLINDSIGHT«
**4** Tenberken – erblinden – im Alter – von – 12 – Jahr
**5** trotzdem – sie – erlernen – Chinesisch und Tibetisch
**6** sie – entwickeln – eine Braille-Blindenschrift – für – die Sprache – tibetisch
**7** 2000 – gründen – sie – in – die tibetische Hauptstadt Lhasa – eine Schule – für – blind – Kind
**8** sich ärgern – sie – immer, wenn – Mensch – ein Blinder – unterschätzen
**9** sie – können – Ding – tun, wovon – nur – träumen – Sehende, z. B. im Dunkeln – lesen und schreiben

*1. Allein der Gedanke ist furchteinflößend: …*

b Lest euch eure Sätze gegenseitig vor. Überprüft, ob sie einen Sinn ergeben und grammatisch richtig gebildet sind.

**2**

a Trage je drei Beispiele von deinen Sätzen aus Aufgabe 1a (S.158) in die folgende Tabelle ein.

| veränderbare Wortarten | | | |
|---|---|---|---|
| **Nomen/Substantiv** | **Verb** | **Adjektiv** | **Pronomen** |
| (der) Gedanke | ist | furchteinflößend | ... |

b Zu welcher Wortart gehören die schräg gedruckten Wörter? Begründe.

**1** die *Blinden* **2** die *Sehenden* **3** im *Dunkeln* **4** beim *Klettern*
**5** das *Wandern* **6** das *Gefährliche* am Berg

c Suche Sätze aus Aufgabe 1a heraus, die Ereignisse in der Vergangenheit wiedergeben, und begründe, woran du das erkennst.

→ S.160
Die Wortarten im Überblick

**3** Entscheide, welche der unterstrichenen Wörter unveränderbar sind, und schreibe sie heraus. Bestimme ihre Wortart.

1 »BLINDSIGHT« gewann Preise auf Filmfestspielen überall in der Welt.
2 Der Film dokumentiert sehr feinfühlig und größtenteils spannend diese waghalsige Expedition im Himalaja.
3 Warum dieses Risiko, diese Qual? Diese Frage schwingt beim Zuschauer immer mit.
4 Die Jugendlichen sind weder trainiert noch erfahren im Bergsteigen.
5 Unterwegs haben sie mit Höhenkrankheit und extremer Kälte zu kämpfen, aber auch mit Angst und Verzweiflung.
6 Verständlicherweise wird die Gruppe von erfahrenen Bergsteigern begleitet.
7 Der Film zeigt die erbitterten Diskussionen kurz vor dem Ziel, ob der Aufstieg jetzt abgebrochen oder noch bis zum Gipfel weitergeführt werden soll.

**4** Suche drei Beispiele für unveränderbare Wortarten aus Aufgabe 1a (S.158) heraus und ordne sie den Wortarten Präposition, Konjunktion oder Adverb zu.

!

| **lateinische Bezeichnung** | **deutsche Bezeichnung** | **Art der Veränderung** | **Beispiele** |
|---|---|---|---|
| **Veränderbare (flektierbare) Wortarten** | | | |
| Nomen/ Substantiv | Hauptwort, Dingwort | deklinierbar | *Hund, Hütte, Kind* |
| Artikel | Geschlechtswort | deklinierbar | *der, die, das; ein, eine, ein* |
| Pronomen<br>• Personal-pronomen<br>• Possessiv-pronomen<br>• Relativ-pronomen<br>• Demons-trativ-pronomen<br>• Inter-rogativ-pronomen<br>• Indefinit-pronomen<br>• Reflexiv-pronomen | Fürwort<br>• persönliches Fürwort<br>• besitzanzeigendes Fürwort<br>• bezügliches Fürwort<br>• hinweisendes Fürwort<br>• Fragefürwort<br>• unbestimmtes Fürwort<br>• rückbezügliches Fürwort | deklinierbar | <br>*ich, du, er; wir, ihr, sie*<br>*mein, dein, sein; unser, euer, ihr*<br>*der, die, das*<br>*dieser, jener*<br>*Wer? Was? Was für ein? Welcher?*<br>*jeder, man, etwas,*<br>*(er freut) sich, (wir fragen) uns* |
| Adjektiv | Eigenschaftswort | deklinierbar/ komparierbar | *klug, freundlich, liebevoll, viel* |
| Verb<br>• Vollverb<br>• Hilfsverb<br>• Modalverb | Tätigkeitswort, Zeitwort | konjugierbar | <br>*sprechen, lieben*<br>*haben, sein*<br>*dürfen, können* |
| **Unveränderbare Wortarten** | | | |
| Präposition | Verhältniswort | | *an, auf, für* |
| Adverb | Umstandswort | | *gern, dort, immer, sehr* |
| Konjunktion | Bindewort | | *und, oder, weil* |
| Interjektion | Empfindungs- oder Ausrufewort | | *ah, ach, oh weh* |

## Nomen und Nominalisierungen

→ S.220 Nominalisierungen/ Substantivierungen

**1** Eine Mitarbeiterin des Deutschen Roten Kreuzes (DRK) spricht über ihre Arbeit bei der Obdachlosenhilfe.

**a** Durch welche Wörter vermittelt sie dem Leser eine Vorstellung davon?

Manchmal, wenn ich mit den Obdachlosen rede und das alles spüre, denke ich: Diese Wut. Deine Wut auf die Stadt und die Kälte der Leute, die einfach wegsehen, wenn einer auf den Müll geschmissen wird, ein Mensch, der ihr Vater sein könnte, ihr Bruder, ihr Freund – diese Wut hilft. Da kann man was draus machen: Eine Menge Liebe.

→ S.160 Die Wortarten im Überblick

**b** Untersuche, welche Wortart im Plakattext der Aufgabe 1 am häufigsten auftritt. Was bezeichnet sie? Welche Wirkung hat das auf dich?

→ S.248 Merkwissen

**2**

**a** Wiederhole, durch welche Merkmale sich Nomen/Substantive von anderen Wortarten unterscheiden.

**b** Schreibe aus dem Plakattext der Aufgabe 1a Nomen im Plural, Nomen mit einem Artikel und Nomen mit einem Attribut heraus.

**3** Sieh dir das Plakat des DRK (Aufgabe 1) genau an. Wer wirbt hier wofür? Erkläre, warum die Gestalter wohl den Titel „Das Abenteuer Menschlichkeit" gewählt haben?

**4** Schreibe die folgenden Wortgruppen in der richtigen Groß- bzw. Kleinschreibung auf. Ermittle mithilfe der Umstell- oder Weglassprobe alle Attribute und markiere sie.

Achtung, Fehler!

Was zur Arbeit auf einer Kinderstation gehört:

1 das herstellen eines verständnisvollen kontakts zum kranken kind,
2 das liebevolle ermuntern der kleinen patienten zum spielen,
3 kindgemäßes informieren über die anstehende behandlung,
4 einzelne behandlungsmaßnahmen am kuscheltier demonstrieren,
5 das verabreichen von infusionen und injektionen erläutern,
6 eine umfassende beratung der besorgten eltern,
7 das verständnisvolle trösten von geschwisterkindern.

# Verben

## Zeitformen (Tempusformen)

**1**

a Vergleicht die beiden Plakattexte. Wie wirken die Texte auf euch? Woran liegt das?

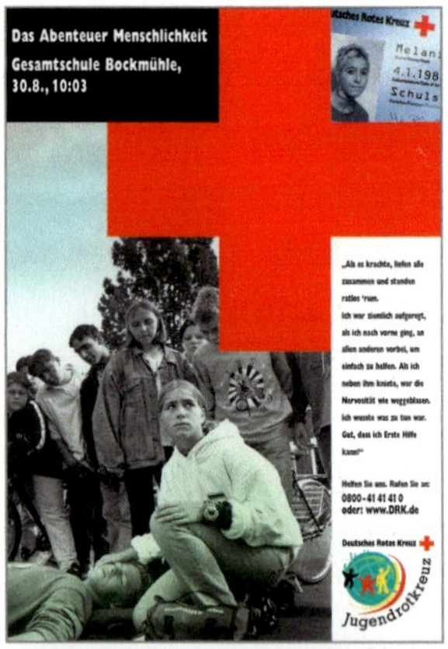


**DRK-Schulsanitätsdienst: Gesamtschule Bockmühle**
Als es krachte, liefen alle zusammen und standen ratlos rum. Ich war ziemlich aufgeregt, als ich nach vorne ging, an allen anderen vorbei, um einfach zu helfen. Als ich neben ihm kniete, war die Nervosität wie weggeblasen. Ich wusste, was zu tun war. Gut, dass ich Erste Hilfe kann!

**DRK-Sanitätsdienst im Fußballstadion**
Wahnsinn, die Emotionen, die hier hochkochen: Jubel, Frust, Wut … und dann die Dramatik, wenn fünfzigtausend Fans wie einer brüllen, das Stadion explodiert, wenn ein Tor fällt! Irre. In diesem Hexenkessel einen klaren Kopf behalten, darauf kommt's an. Denn wenn was passiert … dann handelst du. Schnell.

b Tauscht euch darüber aus, in welcher Situation die Sanitäter sich gerade befinden könnten, als sie ihre Arbeit beschreiben, und mit welcher Absicht sie diese beschreiben. Untersucht, mit welchen sprachlichen Mitteln sie das deutlich machen.

c Untersucht die Verbformen, die die Sanitäter jeweils benutzen. Welche Zeitform verwendet der eine, welche der andere? Warum?

! Verben bilden die **Zeitformen (Tempusformen)** Präsens, Präteritum, Perfekt, Plusquamperfekt, Futur. Sie drücken aus, wann Vorgänge bzw. Handlungen ablaufen, ob sie noch andauern, schon abgeschlossen, sicher, vermutet oder immer gültig sind.

**TIPP**
Unpassendes könnt ihr weglassen, Fehlendes hinzufügen.

**2** Formuliert die Texte der Aufgabe 1a schriftlich jeweils so um, dass die Schulsanitäterin ihre Aufgabe allgemein beschreibt und der andere Sanitäter konkret über seinen gestrigen Einsatz im Fußballstadion berichtet. Achtet dabei vor allem auf die Zeitformen der Verben.

## Die Modusformen des Verbs: Indikativ und Konjunktiv I

**1** Der folgende Artikel entstand nach einem Gespräch mit dem Tänzer Dergin Tokmak.

**a** Lies den Text und überlege, welche Fragen die Reporterin gestellt haben könnte.

Dergin Tokmak ist Tänzer. Ein Video über Breakdancer habe ihn auf diese Idee gebracht, erzählt er. Drei Minuten habe das Tanzsolo von Eddie Rodriguez im Video gedauert. »Eddie war auch gelähmt, aber er tanzte auf Krücken«, berichtet Tokmak. Damals sei er, Dergin, acht Jahre alt gewesen. Niemand in seiner Familie habe ihm, dem kleinen behinderten Sohn türkischer Einwanderer aus Bayern, zugetraut, dass er einmal auf den Bühnen der Welt tanzen würde. »Ich musste im Rollstuhl sitzen und zusehen, wie mein Cousin Breakdance übte«, erzählt Dergin. »Meine Eltern haben versucht, mir das Tanzen auszureden.« Deshalb habe er erst einmal einen »ordentlichen« Beruf als technischer Zeichner erlernt. Heute ist Dergin Tokmak der einzige Deutsche unter den insgesamt 1200 Artisten im kanadischen Zirkus »Cirque du Soleil« und als einziger Artist sitzt er im Rollstuhl.

→ S. 67
Interviews vorbereiten und führen

**b** Verfasst auf der Grundlage des Textes ein Interview. Schreibt die Fragen der Reporterin und die Antworten von Dergin Tokmak auf.

**c** Vergleiche die Verbformen im Interview und im Artikel miteinander. Was stellst du fest?

**!**

Verben bilden **Modusformen** (Formen der Aussageweise).
Verbformen im **Indikativ** (Wirklichkeitsform) werden verwendet, um Tatsachen und direkte (wörtliche) Rede wiederzugeben, z. B.:
*Er arbeitet beim Zirkus. »Ich habe früh damit begonnen«, sagt Dergin.*
Verbformen im **Konjunktiv I** werden verwendet, um indirekte (nicht wörtliche) Rede wiederzugeben. Dabei muss man oft die Pronomen, Orts- und Zeitangaben umformulieren, z. B.:

| direkte (wörtliche) Rede: | indirekte (nicht wörtliche) Rede: |
|---|---|
| *»Meine Freundin unterstützt mich«, sagt er.* | *Seine Freundin unterstütze ihn, sagt er.* |

**d** Lies den Merkkasten (S.163). Stelle fest, in welchem Text (Artikel, Interview) ausschließlich Indikativformen genutzt werden, und begründe.

**e** Suche aus Aufgabe 1a alle Indikativformen heraus und bestimme jeweils, ob sie eine Tatsache oder wörtliche Rede wiedergeben.

**2**

**a** An mehreren Stellen in Aufgabe 1a gibt die Reporterin auf unterschiedliche Art und Weise Äußerungen ihres Gesprächspartners wieder. Woran erkennst du diese Stellen? Nenne Beispiele.

**b** Suche die Stellen in Aufgabe 1a, die Dergin Tokmaks Äußerungen direkt wiedergeben, und solche, die seine Aussagen indirekt wiedergeben. Nimm den Merkkasten auf S.163 zu Hilfe.

**3** Schreibe aus Aufgabe 1a die Verbformen im Konjunktiv I mit dem dazugehörigen Subjekt heraus. Ergänze die jeweilige Indikativform.

*ein Video habe … gebracht – ein Video hat … gebracht*

**4**

**a** Lies im folgenden Merkkasten, wie man den Konjunktiv I bildet.

> **!** Die **Formen des Konjunktivs I** werden vom Indikativ (Präsens, Perfekt bzw. Futur) abgeleitet, die Endungen enthalten ein *-e*, z.B.:
> *du tanzt → du tanzest, er hat getanzt → er habe getanzt,*
> *er wird tanzen → er werde tanzen,*
> *ich bin … → ich/er/sie/es sei, du seiest, wir/sie seien, ihr seiet.*

**b** Bilde aus den Indikativformen den Konjunktiv I. Trage die Verbformen in folgende Tabelle ein und ergänze auch den Infinitiv.

er hat gelesen – sie wird springen – er ist gerannt – sie sind angekommen – ihr sprecht – sie geht – du kaufst

| **Infinitiv** | **Indikativ** | **Konjunktiv I** |
|---|---|---|
| … | er hat gelesen | er habe gelesen |

**5** Verändert die Art der Redewiedergabe und ergänzt Begleitsätze. Formuliert direkte Rede in indirekte Rede um und umgekehrt.

1 »Was ist denn eigentlich die Ursache für Ihre Behinderung?«
2 »Es ist Kinderlähmung.«
3 Seit der Infektion im ersten Lebensjahr könne er das linke Bein nicht mehr kontrollieren und das rechte nur teilweise.
4 »Ich bin auf einen Rollstuhl oder auf Krücken angewiesen.«
5 Wie er denn ohne Krücken tanze?
6 Er beherrsche alle Drehungen auf den Händen und dem Kopf.
7 Das Tanzen gelinge ihm jetzt aber auch auf Krücken.
8 »Mir fehlt ja die Beinmuskulatur.«

*1. Sie fragte, was denn eigentlich die Ursache seiner Behinderung sei. 2. …*

**6**

**a** Lies das folgende Interview mit Dergin Tokmak und gib seine Aussagen in indirekter Rede wieder.

*Wie kommt man auf die Idee, auf Krücken zu tanzen?*
Alles hat mit der Breakdance-Bewegung begonnen. Ich bin fasziniert davon. Ich kann auch viele der Figuren tanzen. Seit mich aber das Video mit Eddie Rodriguez begeistert, entwickelt sich mein eigener Stil weiter.
*Haben Ihre Eltern Sie tanzen sehen?*
Ja, sie sind ab und zu bei einem Gastspiel und sind dann echt begeistert. Vor allem meine Mutter glaubt es manchmal immer noch nicht, was aus ihrem Sohn geworden ist.
*Sehen Sie sich als Vorbild für Menschen mit Behinderung?*
Ich will zeigen, was alles möglich ist. Zum Beispiel tanzen ohne Beine.

*Er sagt, alles habe … begonnen. …*

**b** Unterstreiche in deinem Text die Konjunktiv-I-Formen.

**c** Schreibe auf der Grundlage dieses Interviews und des Textes in Aufgabe 1a einen Artikel für die Schülerzeitung. Gib einige Äußerungen von Dergin Tokmak in indirekter Rede wieder.

## Die Modusformen des Verbs: Konjunktiv II

**1**

a Lies die Aussagen des Ersthelfers, der bei Verkehrsunfällen Einsatz fährt.

Ich wünschte, es würde keine Wettrennen auf der Autobahn geben. Ich wünschte, die großen Jungs würden das Drängeln sein lassen. Ich wünschte, sie würden erkennen, dass das kein Spiel ist und kein Film. Und ich bin kein Schauspieler. Manchmal wünschte ich, ich wäre einer – und dass das alles nicht real wäre.

b Der Ersthelfer nennt Vorstellungen und Wünsche. Wie drückt er das sprachlich aus?

c Stelle fest, welche Verbformen der Ersthelfer benutzt. Orientiere dich am folgenden Merkkasten.

**!**

Mit Verbformen im **Konjunktiv II** (Möglichkeitsform) drückt man Vorstellungen oder Wünsche aus, z. B.:
*Ich wäre so gern ein Filmstar. Ich hätte so gern schon die Fahrerlaubnis.*
Verbformen im Konjunktiv II bildet man vom Indikativ Präteritum (bzw. Plusquamperfekt), in der Regel mit einem Umlaut:
*er konnte → er könnte, wir trugen → wir trügen,*
*ich hatte begonnen → ich hätte begonnen,*
*sie waren angekommen → sie wären angekommen.*
Einige Verbformen im Konjunktiv II werden nur noch selten gebraucht, andere stimmen in der Form mit dem Indikativ überein. Man ersetzt sie durch ***würde* + Infinitiv,** z. B.:
*sie log → sie löge – sie würde lügen,*
*wir maßen → wir mäßen – wir würden messen,*
*er fragte → er fragte – er würde fragen.*

●●● d Ersetze in Aufgabe 1a die Formen mit *würde* + Infinitiv durch den Konjunktiv II und lies den Text still für dich. Stelle Vermutungen an, warum der Ersthelfer die Ersatzformen verwendet.

*1. es würde geben – es gäbe, …*

**2** Schreibe die Verbformen im Indikativ Präteritum und im Konjunktiv II auf. Markiere, welche Konjunktivform du dir besonders merken willst.

**1** wissen (ich) **2** haben (wir) **3** gehen (ich) **4** bleiben (er) **5** müssen (es) **6** kommen (ich) **7** aussehen (er) **8** sein (wir)

*1. wissen: ich wusste, ich wüsste, 2. …*

**3**

**a** Was wünscht sich Clara? Formuliere ihre Wünsche und verwende dabei den Konjunktiv II oder die Form *würde* + Infinitiv.

**1** Clara ist jetzt 14 Jahre alt. (schon 18 Jahre) **2** Clara hat schwarze lockige Haare. (lieber blond, glatt) **3** Clara wohnt auf dem Dorf. (lieber in einer großen Stadt) **4** Clara fährt Fahrrad. (lieber Motorrad)

*1. Clara wäre lieber schon 18 Jahre alt. 2. …*

**b** Was für Wünsche hast du? Schreibe sie auf.

**4**

**a** Lies die Informationen in folgendem Merkkasten.

!

Verbformen im **Konjunktiv II** oder die ***würde***-Ersatzform werden auch zur indirekten Redewiedergabe verwendet, wenn sich Indikativ und Konjunktiv I oder II formal nicht unterscheiden, z. B.:

| | |
|---|---|
| *Er sagt, sie haben darauf bestanden.* | Konjunktiv I = Indikativ |
| *Er sagt, sie hätten darauf bestanden.* | Konjunktiv II |
| *Er sagt, seine Eltern bewunderten ihn.* | Konjunktiv II = Indikativ |
| *Er sagt, seine Eltern würden ihn bewundern.* | Ersatzform mit *würde* |

● **b** Übertrage den Merkkasten in dein Heft.

**c** Forme folgende Aussagen in indirekte Rede um. Überlege jeweils, welche Konjunktivform du verwenden kannst oder ob sich die *würde*-Ersatzform besser eignet. Begründe deine Entscheidung.

**1** Janek sagt: »Ich fahre oft Fahrrad.« **2** Jurek erzählt: »Ich habe ein eigenes Zimmer.« **3** Josef schreibt: »Ich habe jeden Tag mit den Kleinen gespielt.« **4** Jakob erzählt: »Alle haben zu unserer Musik getanzt.« **5** Julian verspricht: »Wir kommen pünktlich.«

●●● **d** Formuliere fünf weitere (erfundene) Sätze in indirekter Rede.

## Die Modusformen des Verbs: Imperativ

**1** Welche Ratschläge spricht dieser DRK-Helfer der Bergrettung aus? Wie formuliert er das sprachlich? Notiere die betreffenden Verbformen.

Manchmal können wir gar nichts mehr tun. Obwohl wir wirklich alles versuchen. Und unten stehen sie und warten. Und hoffen. Heute ging's gut, aber es war ein hartes Stück Arbeit. Tut euch und uns bitte einen Gefallen: Überschätzt euch nicht, überlegt, was ihr tut, und um Himmels willen zieht euch gescheites Schuhwerk an. Schließlich ist es kein Spiel. Schon gar nicht für uns.

**!** Mit Verbformen im **Imperativ** kann man Aufforderungen, Befehle, Ratschläge oder Empfehlungen ausdrücken, z. B.:
*Warte!* (Singular) *Wartet!* (Plural) *Warten Sie!* (Höflichkeitsform)
Verben, deren Stammvokal in der 2. Person Präsens von *e* zu *i* wechselt, weisen auch im Imperativ Singular diesen Wechsel auf, z. B.:
*nehmen (du nimmst): nimm – nehmt – nehmen Sie.*

**2** Entscheide, ob auf dem Plakat eine oder mehrere Personen angesprochen werden. Schreibe alle drei Imperativformen der Verben in dein Heft.

*1. tut – tu – tun Sie, 2. …*

**3**

→ S. 170 Die Modalverben

**a** Welche anderen sprachlichen Möglichkeiten gibt es, eine Aufforderung oder einen Rat auszudrücken? Nenne Beispiele aus folgenden Sätzen.

1. Im Gebirge musst du immer mit plötzlichem Wetterwechsel rechnen.
2. Auf gar keinen Fall dürfen Sie den markierten Wanderweg verlassen.
3. Man sollte unbedingt eine gute Wanderkarte oder ein GPS mitnehmen.
4. Bei schlechter Sicht wäre es leichtsinnig, die Wanderung fortzusetzen.
5. Ich an deiner Stelle würde festes Schuhwerk anziehen.

**b** Formuliere alle Sätze um, verwende Imperativformen.

**c** Entscheide, welche Form höflicher und welche bestimmter klingt.

## Aktiv und Passiv

→ S.248 Merkwissen (Verben)

1 Wiederhole, was du über Aktiv- und Passivformen, ihre Bedeutung und ihre Bildung weißt. Begründe, um welche Verbformen es sich in den Bildunterschriften handelt.

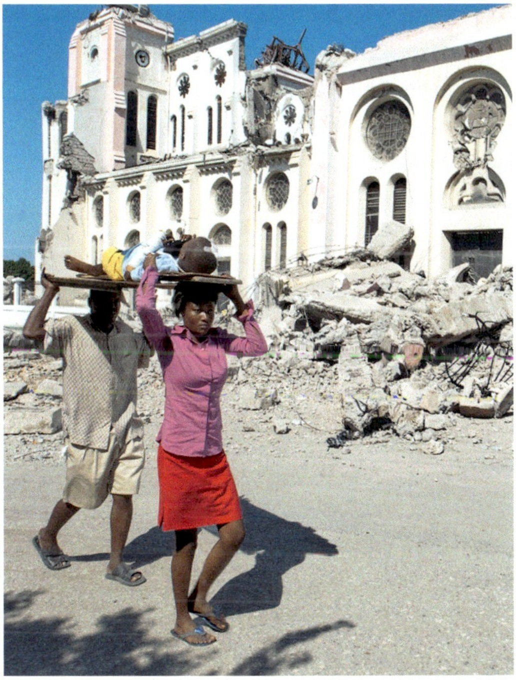

Haitis Hauptstadt Port-au-Prince wurde bei einem Erdbeben schwer verwüstet.

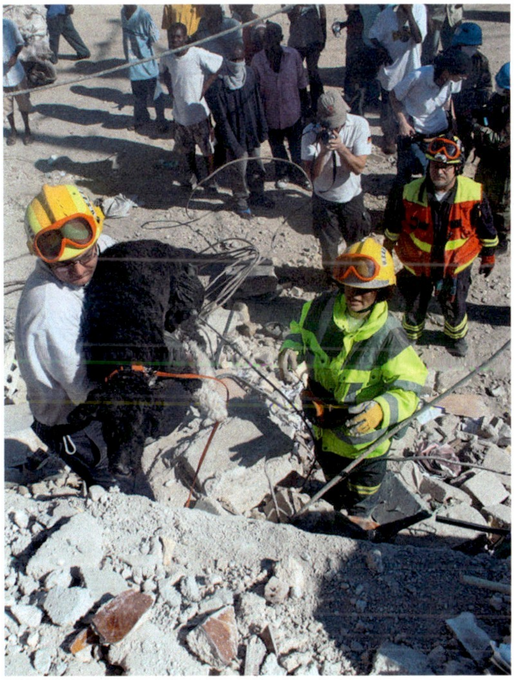

Frank Schultes Team sucht nach Überlebenden.

**TIPP**
Das Passiv bildet man aus einer Konjugationsform von *werden* + *Partizip II*.

2

a Lies den Text. Prüfe, welche der unterstrichenen Verbformen Passivformen sind.

**1** Der frühere Feuerwehrmann Frank Schultes aus Köln gründete 1992 die Deutsche Erdbebenrettung. **2** Er war in Pakistan, der Türkei, beim Tsunami, überall dort, wo Menschen vermisst werden. **3** Dies ist sein 33. Einsatz. **4** Haitis Hauptstadt Port-au-Prince war von einem Erdbeben der Stärke 7,1 verwüstet worden. **5** Zehntausende Menschen werden vermisst. **6** 52 internationale Suchmannschaften beteiligen sich an der Rettungsaktion. **7** Schultes' Team wird im Auftrag der Vereinten Nationen eingeflogen.

●●● b Bestimme, um welche Zeitformen es sich jeweils bei den unterstrichenen Verbformen handelt.

## Die Modalverben

**1** Günther Radtke hat seinem Gedicht die Überschrift »Modalverben« gegeben. Er benutzt darin z. B. das Modalverb *können*.
Nenne die anderen Modalverben und sage, was sie ausdrücken.

**Modalverben**

Das mag schon sein,
das kann schon sein,
das soll schon sein:
das
mit dem Mond und
der Geschwindigkeit,
doch Nachbars Junge
kann minutenlang
auf Händen gehn.

**!** Im Deutschen gibt es sechs **Modalverben.** Sie drücken aus, wie eine Tätigkeit, ein Vorgang, ein Zustand speziell gemeint ist:
*wollen* (Absicht): *ich will kommen,*
*sollen* (Aufforderung): *er soll kommen,*
*dürfen* (Erlaubnis): *er darf kommen,*
*können* (Fähigkeit oder Möglichkeit): *er kann kommen,*
*müssen* (Notwendigkeit): *er muss kommen,*
*mögen* (Wunsch): *er möchte kommen.*

**2** Probiert aus, wie sich die Bedeutung des folgenden Satzes verändert, wenn ihr unterschiedliche Modalverben einsetzt.

Marek ___ bei der Freiwilligen Feuerwehr mitarbeiten.

**TIPP**
Es gibt verschiedene Lösungen.

**3** Lukas berichtet über seine Arbeit als freiwilliger Feuerwehrmann. Ergänze passende Modalverben in der richtigen Zeitform und überlege, welche Wirkung jeweils entsteht.

1 Wer nicht im Team arbeiten ___ , schafft es bei der Feuerwehr nicht.
2 Wenn es hier im Ort brennt, ___ doch jemand die Menschen retten.
3 Klar, wer ___ schon einen Unfalltoten sehen. Diesen Anblick ___ man nicht so schnell vergessen.
4 Bei einem Unfalleinsatz auf der Autobahn ___ ich den Rettungssanitätern assistieren.

## Adverbien

**1** Die schräg gedruckten Wörter im folgenden Text sind Adverbien.

→ S.160 Die Wortarten im Überblick

**a** Ermittle, welche Angaben fehlen, wenn du die Adverbien weglässt.

Jugendfeuerwehren zählen *heute* zu den *besonders* beliebten Anbietern sinnvoller Freizeitbeschäftigungen. Man sitzt nicht *allein* vor dem PC, sondern erlebt *ganz* real Abenteuer und sinnvolle Hilfe im Team. *Hier* in Lübeck sind *deshalb* 250 Jugendliche in einer Jugendfeuerwehr aktiv. Jugendfeuerwehren stehen *mittendrin*. Sie sprechen alle an: Geschlecht, soziale Schicht, Bildungsstufe, nationale Herkunft spielen *glücklicherweise* keine Rolle. Überaus wichtig sind aber Teamgeist und Zuverlässigkeit.

**b** Bestimme, welche Satzgliedfunktion die Adverbien haben.

> **!** **Adverbien** sind unveränderbare Wörter, die angeben, wann, wo, wie oder warum etwas geschieht, z. B.:
> ***heute, abends, oben, bedauerlicherweise, hier, niemals, trotzdem, dorthin, größtenteils, daher.***
> Im Satz treten sie als Adverbialbestimmung oder als Attribut auf.

**2**

**a** Entscheidet, was die folgenden Adverbien ausdrücken: Häufigkeit, Wiederholung, Zeitpunkt, zeitliche Reihenfolge, Ort, Richtung, Grund oder Art und Weise.

> **TIPP**
> Auf einige Adverbien treffen mehrere Bedeutungen zu.

querfeldein – ihretwegen – zusammen – freitags – gestern – auswärts – interessehalber – dann – hier – immer – dorthin – draußen – zuerst – rechts außen – einmal – dienstags – oft

**b** Wählt Adverbien aus Aufgabe a aus und fügt sie an der passenden Stelle in die Sätze ein.

> **TIPP**
> Verwendet jedes Adverb nur einmal.

**1** Lucas und Hassan gehen ____ pro Woche zum Training. **2** ____ trainiert Mareks Team ____ . **3** ____ habe ich mir ____ das Spiel angeschaut. **4** ____ machen sie Aufwärmübungen, ____ laufen sie 45 Minuten ____ . **5** ____ spielen sie Basketball oder Volleyball. **6** Wenn Spiele ____ stattfinden, fährt ____ der Mannschaftsbus. **7** Ganz ____ fahren sie ihre Eltern ____ .

# Satzbau und Zeichensetzung

## Der einfache Satz

### Die Satzglieder im Überblick

→ S. 50, 156
Die Nackten

**1**

a Stellt mithilfe der Umstellprobe fest, aus wie vielen Satzgliedern die Sätze bestehen.

1 Das Buch »Die Nackten« erzählt von jungen Leuten im Alter zwischen 15 und 18 Jahren.
2 Die tschechisch-deutsche Schriftstellerin Iva Procházková hat es geschrieben.
3 Die Handlung spielt in Berlin und im tschechisch-deutschen Grenzgebiet.
4 Wegen des Titels vermutet man vielleicht ein Buch über Sex.
5 Das »Nacktsein« erhält hier eine andere Bedeutung: Jugendliche fühlen sich während der Pubertät sehr verletzlich und deshalb »nackt«.

b Tauscht euch darüber aus, wie sich die Wirkung der Sätze durch das Umstellen der Satzglieder verändert.

**2** Wiederholt eure Kenntnisse über den Bau einfacher Sätze selbstständig und fasst das Wichtigste mit Beispielen auf einem Poster zusammen.

**3** Wiederholt eure Kenntnisse über den Bau einfacher Sätze mithilfe des Merkkastens. Sucht zu jeder Aussage mindestens zwei Beispiele.

**!** Der **einfache Satz** besteht mindestens aus einem Subjekt und einem Prädikat. Oft kommen noch weitere Satzglieder hinzu, die man mithilfe der Umstellprobe ermitteln kann, z. B.:
*Die Handlung | spielt | in Berlin. In Berlin | spielt | die Handlung.*
Die finite Verbform steht in vielen Sätzen an erster oder zweiter Stelle, z. B.:
*Iva Procházková hat das Buch geschrieben. Die Handlung spielt in Berlin. Kennt ihr das Buch?*

**4** Nutze den folgenden Merkkasten, um die Satzglieder in Aufgabe 1 (S. 172) zu bestimmen.

!

| lateinische Bezeichnung | deutsche Bezeichnung | Frage | Beispiel |
|---|---|---|---|
| Subjekt | Satzgegenstand | Wer? Was? | *Die Autorin erzählt über junge Leute.* |
| Prädikat | Satzaussage | Was wird ausgesagt? | *Die Autorin erzählt über junge Leute.* |
| Objekt<br>• Genitivobjekt<br>• Dativobjekt<br>• Akkusativobjekt<br>• Präpositionalobjekt | Ergänzung<br>• im 2. Fall<br>• im 3. Fall<br>• im 4. Fall<br>• mit Präposition | <br>Wessen?<br>Wem?<br>Wen? Was?<br>Mit wem? Worüber? … | <br>*Sie erinnert sich ihrer Jugend.*<br>*Sie erzählt uns eine Geschichte.*<br>*Sie stellt verschiedene Personen vor.*<br>*Die Autorin erzählt über junge Leute.* |
| Adverbialbestimmung<br>• Lokalbestimmung<br>• Temporalbestimmung<br>• Modalbestimmung<br>• Kausalbestimmung | Umstandsbestimmung<br>• des Ortes<br>• der Zeit<br>• der Art und Weise<br>• des Grundes | <br>Wo? Woher? Wohin?<br>Wann? Wie lange? Wie oft?<br>Wie? Auf welche Weise?<br>Warum? Aus welchem Grund? | <br>*Die Autorin lebte lange hier.*<br>*Die Autorin lebte lange hier.*<br>*Sie hat sich intensiv damit beschäftigt.*<br>*Wegen der Probleme ihrer Tochter interessierte sie das Thema besonders.* |
| Attribut (Satzgliedteil) | Beifügung | Was für ein(e)? Welche(r)? | *Das Buch erzählt über junge Leute. Die Eltern denken über die Probleme ihrer Tochter nach.* |

## Textgestaltung durch Satzverknüpfung

**TIPP**
Probiert Varianten aus und untersucht die Wirkung.

**1**

a Formuliert aus den folgenden Bausteinen Sätze, die sich zu einem flüssigen Text zusammenfügen lassen. Schreibt den Text auf.

1 Sylvas Eltern / leben / getrennt / seit einiger Zeit
2 die Ruhe des ländlichen Lebens / braucht / ihr Vater Jacub
3 er / ist / nach Tschechien / deshalb / zurückgegangen
4 bei ihrem Vater / lebt / Sylva / in einem alten Fachwerkhaus
5 eine drahtlose Verbindung / besteht / zwischen ihnen
6 neun Jahre jünger als der Vater / ist / ihre Mutter Helga / und / sprüht vor Energie
7 sie / liebt / schnelle Autos / und / lebt / in Berlin
8 Sylva / fühlt sich / als Vermittler zwischen den Elternteilen

→ S.173 Die Satzglieder im Überblick

b Ermittelt in eurem Text die Satzglieder (Umstellprobe).

c Lest den Text einmal so vor, dass alle Subjekte am Anfang der Sätze stehen. Welche Wirkung entsteht dadurch?

d Sprecht darüber, wie durch die Reihenfolge der Satzglieder die Verflechtung der Sätze entsteht.

e Sucht aus eurem Text zu Aufgabe 1a die Wörter heraus, durch die die Sätze miteinander verknüpft werden.

*Sylvas Eltern ... Ihr Vater Jacub ...*

**!**

Die Wirkung und Verständlichkeit von Texten hängt wesentlich von der **Satzverknüpfung** ab. Inhaltliche Zusammenhänge und verschiedene Wirkungen entstehen durch:

- die **Satzgliedstellung**, z. B.: *Sylvas Vater braucht Ruhe. Er ist deshalb zurück nach Tschechien gezogen. / Deshalb ... / Zurück nach ...*
- spezielle **sprachliche Mittel**, wie:
  - Pronomen, z. B.: *Sylvas Vater braucht Ruhe. Er ist deshalb zurück nach Tschechien gezogen.*
  - Adverbien, z. B.: *Sylvas Vater braucht Ruhe. Er ist deshalb zurück nach Tschechien gezogen.*
  - bedeutungsähnliche Wörter, z. B.: *Sylvas Vater braucht Ruhe. In seiner Heimat sucht er Erholung.*

### Nachgestellte Erläuterungen

**1** In den folgenden Sätzen werden einige der Personen vorgestellt, die in dem Buch »Die Nackten« vorkommen.

a Schreibe die Beziehungswörter mit nachträglichen Erläuterungen heraus.

1 Sylva, ein hochbegabtes, eigenwilliges und sehr naturliebendes Mädchen, ist die Hauptfigur des Buches.
2 Der Buchtitel »Die Nackten«, ein Synonym für Jugendliche in der Pubertät, weckt vielleicht eure Neugier.
3 Die Handlung spielt teilweise an der tschechischen Grenze, einem wilden Stück Niemandsland, und teilweise in Berlin.
4 Sylva, eine begeisterte Schwimmerin, verbringt viel Zeit am Fluss.
5 Von der Schule, einem Gymnasium in Tschechien, wird sie verwiesen.
6 Niklas, ein Freund aus Kindertagen, hat im Moment ganz andere Probleme.
7 Seine Freundin ist die bildschöne Evita, ein Mädchen mit Drogenproblemen.

*1. Sylva, ein hochbegabtes … Mädchen (Nominativ)*

b Untersuche, in welchem Fall das Beziehungswort und die dazugehörige Erläuterung jeweils stehen.

!

Mit **nachgestellten Erläuterungen** werden Beziehungswörter (meist Nomen/Substantive) näher erklärt. Es gibt:

- nachgestellte Erläuterungen im gleichen Fall wie das Beziehungswort (Appositionen), z. B.: *Das Mädchen Sylva, Tochter einer deutschen Mutter und eines tschechischen Vaters, steht im Mittelpunkt der Handlung.*
- nachgestellte Erläuterungen, die durch besondere Wörter eingeleitet werden, wie *und zwar, unter anderem (u. a.), zum Beispiel (z. B.), besonders, nämlich, vor allem (v. a.), das heißt (d. h.),* z. B.: *Sylva liebt Sport, besonders das Schwimmen, und den Aufenthalt in der Natur.*
- Datumsangaben, die zu einem Wochentag gestellt werden, z. B.: *Die Geburtstagsfeier fand am Mittwoch, dem 16. April(,) statt.*

Nachgestellte Erläuterungen werden durch Kommas abgegrenzt.

**2** Suche aus den Wortgruppen A bis E die passenden heraus und setze sie als nachgestellte Erläuterungen in die folgenden Sätze ein. Achte auf die Kommasetzung.

**1** Sylva besucht ein Gymnasium in einer kleinen tschechischen Stadt.
**2** Wegen ihrer vielen Fehlstunden wird sie von der Schule verwiesen.
**3** Sylva schwimmt gern gegen die Strömung.
**4** Den Englischlehrer mag Sylva überhaupt nicht.
**5** Von ihrem Biologielehrer Tabery hat Sylva Interessantes gelernt.

**A** vor allem in der Elbe
**B** d.h. von der Schülerliste gestrichen
**C** z.B. vieles über Biotope und das Verhältnis von Natur und Mensch
**D** und zwar in Leitmeritz (tschechisch: Litoměřice)
**E** besonders wegen seiner peinlichen Witzchen

*1. Sylva besucht ein Gymnasium in einer kleinen tschechischen Stadt, und zwar …*

**3** Schreibe die Sätze ab. Füge das in Klammern stehende Datum als nachgestellte Erläuterung in den Satz ein und unterstreiche es.

**1** Sylva fuhr am Sonntag ____ zu ihrer Mutter nach Berlin. (12.09.)
**2** Niklas besuchte Sylva am Montag ____ . (01.10.)
**3** Die Klassenfahrt dauerte von Montag ____ bis Freitag ____ . (08.–12.05.)
**4** Wir warten mit dieser Aufgabe noch bis zum Dienstag ____ . (13.07.)
**5** Die Klassenarbeit wird am Donnerstag ____ geschrieben. (03.12.)

*1. Sylva fuhr am Sonntag, <u>dem 12.09.</u>(,) zu ihrer Mutter nach Berlin. 2. …*

## Infinitiv- und Partizipgruppen

**1** Schreibe aus den folgenden Sätzen über Sylva und ihren Freund Niklas die Infinitivgruppen heraus. Unterstreiche den Infinitiv mit *zu*.

**1** In Berlin lebt auch Niklas, ein Freund aus Kindertagen. **2** Bei ihm hatte sie immer das Gefühl gehabt, ungezwungen über alles reden zu können. **3** Um ihn wiederzutreffen, fährt Sylva in den Stadtteil Friedrichshain. **4** Niklas hatte sich immer bemüht, sie zu verstehen. **5** Andere Mitschüler, die es nicht sein lassen konnten, Sylva als »bescheuert« zu bezeichnen, waren ihm egal. **6** Als sich ihre Eltern trennten, hatte sie besonders Probleme, mit anderen zu reden. **7** Er versprach, sie trotzdem zu heiraten. **8** Niklas nahm sein Versprechen nie zurück, aber er hatte sich verändert. **9** Nun fällt es Sylva immer schwerer, ihn zu verstehen. **10** Zwei oder drei Begegnungen im Jahr reichen nicht aus, um zu erkennen, was in dem anderen vorgeht.

*2. ..., ungezwungen über alles reden zu können*

**!**

**Infinitivgruppen** (erweiterte Infinitive mit *zu*) müssen meist durch ein Komma abgegrenzt werden. Ist ein Infinitiv nicht erweitert, kann man ein Komma setzen, um die Gliederung des Satzes zu verdeutlichen, z. B.:
*Die Psychologin bemühte sich(,) zu helfen.*
*Die Psychologin bemühte sich(,) Sylvas Probleme zu verstehen.*
In folgenden Fällen **muss** man ein **Komma** setzen, z. B.:

- wenn die Infinitivgruppe mit *um, ohne, (an)statt, außer* oder *als* eingeleitet wird, z. B.:
  *Sylva fuhr nach Berlin, um ihren Freund Niklas zu treffen.*
  *Die Mutter stieg ins Auto, ohne sich umzusehen.*
- wenn sich die Infinitivgruppe auf ein Nomen/Substantiv bezieht, z. B.:
  *Sylva gab der Psychologin den Rat, ihre Rückenschmerzen mit Schwimmen zu bekämpfen.*
- wenn sich die Infinitivgruppe auf ein hinweisendes Wort, wie *daran, darum, damit* oder *es*, bezieht, z. B.:
  *Die Psychologin bemühte sich darum, Sylvas Probleme zu verstehen.*

Man kann Fehler vermeiden, indem man beim Infinitiv mit *zu* immer ein Komma setzt.

**2** Schreibe die folgenden Sätze ab. Setze in die Lücken *um, ohne, statt* oder *als* ein, setze die Kommas und unterstreiche die Infinitivgruppen.

Achtung, Fehler!

1 Sylva verließ das Gymnasium in Leitmeritz ___ sich sehr darüber zu ärgern.
2 Ihre Eltern informierten sich im Internet ___ eine Schule für Hochbegabte zu finden.
3 Sylva badete in der Elbe ___ zur Schule zu gehen.
4 Sie fand es in der Natur viel schöner ___ sich im Unterricht zu langweilen.
5 ___ sie zu ärgern hatte man ihr eines Tages ihre am Flussufer abgelegten Kleider gestohlen.

**3** Einige Verben und Fügungen stehen oft mit einem Infinitiv mit *zu*.

**a** Bilde mit folgenden Verben und Fügungen fünf Sätze mit Infinitivgruppen, schreibe sie auf und setze die Kommas.

sich bemühen – sich wünschen – sich vornehmen – sich entschließen – bitten – vorhaben – versprechen – die Absicht haben – in der Lage sein – den Rat geben/bekommen

*Er bemüht sich, zu allen freundlich zu sein. …*

**b** Überprüft gemeinsam, in welchen eurer Sätze ein Komma stehen muss und in welchen es weggelassen werden könnte.

**4** Suche aus einem Buch, aus der Zeitung oder dem Internet einen Text heraus, der viele Infinitivgruppen enthält. Schreibe den Text ab (evtl. mit dem PC) und unterstreiche die Infinitivgruppen. Prüfe, ob die Kommas richtig gesetzt wurden.

**5**

**a** Schreibe die Sätze ab und unterstreiche die enthaltenen Partizipien.

1 Evita, in einem Kinderheim aufgewachsen, ist seit einiger Zeit drogenabhängig.
2 Sie lebt auf der Straße, gehetzt und von niemandem beschützt.
3 Das Bild vom Grab ihrer Mutter, geschmückt mit einem Messingkreuz und einem Foto, trägt sie in ihrer Erinnerung.

!

**Partizipgruppen** sind Konstruktionen, in deren Kern ein Partizip enthalten ist, z. B.:

| | |
|---|---|
| *Als sie in Berlin angekommen war, besuchte Sylva Niklas.* | *In Berlin angekommen(,) besuchte Sylva Niklas.* |
| Nebensatz | Partizipgruppe |

Vorangestellte und eingeschlossene Partizipgruppen können durch Komma abgetrennt werden, z. B.:
*In Berlin angekommen(,) besuchte Sylva ihren alten Freund Niklas.*
*Heftig mit dem Kopf nickend(,) stimmte er ihr zu. Er stimmte ihr(,) heftig mit dem Kopf nickend(,) zu.*
Wird die Partizipgruppe nachgestellt, **muss** sie durch Komma abgetrennt werden, z. B.:
*Er stimmte ihr zu, heftig mit dem Kopf nickend. Sie trat ihrer Umwelt kritisch gegenüber, zweifelnd und vieles in Frage stellend.*
Man kann Fehler vermeiden, indem man bei Partizipgruppen immer ein Komma setzt.

**b** Schreibe die Sätze ab, unterstreiche die Partizipgruppen einmal, die darin enthaltenen Partizipien doppelt.

1 Ihre Schönheit immer aufs Neue bewundernd, hängt Niklas mit großer Liebe an Evita.
2 Ihre Sucht ausnutzend, versorgt der Drogendealer Till Evita mit Rauschgift.
3 In seiner gemütlichen Wohnung genießt sie das Wunder einer Badewanne, gefüllt mit heißem Wasser.
4 Niklas, die Gefahr der Abhängigkeit erkennend, versucht, Evita zu helfen.
5 Robin, unter Verdacht der Vergewaltigung einer Mitschülerin stehend, lernt Sylva im Haus ihrer Mutter kennen.

● **c** Lies die Regeln für die Kommasetzung bei Partizipgruppen im Merkkasten. Gib die Regeln in eigenen Worten wieder.

●●● **d** Entscheide, in welchen Sätzen aus Aufgabe a und b du das Komma weglassen könntest. Begründe deine Entscheidung.

**6** Forme die Partizipgruppen der Sätze in Aufgabe 5 a und b in Nebensätze um. Achte dabei auf die richtige Kommasetzung.

*1. Evita, die in einem Kinderheim aufgewachsen ist, …*

# Der zusammengesetzte Satz

## Zweigliedrige Sätze

!

Zweigliedrige Sätze können aus zwei Hauptsätzen (Satzreihe/ Satzverbindung) oder aus Haupt- und Nebensatz (Satzgefüge) bestehen. In einer **Satzreihe (Satzverbindung)** können die Sätze unverbunden aneinandergereiht werden. Dann sind sie durch Komma zu trennen. Verbindet man die Hauptsätze durch die Konjunktionen *und* oder *oder,* so ist die Kommasetzung freigestellt. Steht jedoch ein *aber, denn* oder *(je)doch* zwischen den Hauptsätzen, so muss ein Komma gesetzt werden, z. B.:
*Sylva schwimmt gern gegen die Strömung(,) oder sie beobachtet vom Ufer aus die Fische.*
*Der Direktor ist auf Sylva nicht gut zu sprechen, denn sie hat sehr viele Fehlstunden.*
In einem **Satzgefüge** steht zwischen Haupt- und Nebensatz immer ein Komma, z. B.:
*Sylva ist traurig, weil ihre Eltern schon seit sechs Jahren getrennt leben.*
*Der Vater, der in Tschechien lebt, besucht die Mutter nur selten in Berlin.*

**1**

**a** Unterscheide die folgenden Sätze nach einfachen Sätzen, Satzgefügen und Satzreihen. Schreibe die jeweilige Satzform in dein Heft.

**1** Eines Tages war Sylva, die in der Elbe gebadet hatte, nackt durch das Dorf gelaufen. **2** Irgendein »Spaßvogel« hatte ihr heimlich die Sachen gestohlen. **3** Der Direktor bestellte Sylvas Vater in die Schule. **4** Er beschwerte sich darüber, dass Sylvas Gewohnheiten sehr befremdlich seien. **5** Außerdem fragte er ihn danach, warum seine Tochter im ersten Halbjahr schon 255 Fehlstunden habe. **6** Der Vater hatte ihr Entschuldigungen geschrieben, obwohl sie nicht krank gewesen war. **7** Sylva langweilte sich in der Schule, aber sie war Klassenbeste. **8** Nun schlug ihm der Direktor vor, dass er für seine Tochter eine Schule für Hochbegabte suchen solle.

→ S. 248 Merkwissen

**b** Schreibe die Nebensätze heraus und unterstreiche jeweils die Einleitewörter und die gebeugten Verbformen. Bestimme die Nebensätze nach ihrem Einleitewort.

**2**

a Unterscheide die folgenden Sätze nach Satzreihen und Satzgefügen. Wiederhole dabei die Merkmale von Haupt- und Nebensatz.

**1** Filip ist ein Freund von Sylva, der auch in Tschechien lebt.

**2** Er ist traurig darüber, dass sie nach den Ferien in Meißen zur Schule gehen wird.

**3** Mit ihr hat er oft wichtige Gespräche geführt, deshalb wird sie ihm sehr fehlen.

**4** Das Sträußchen Gänseblümchen, das er ihr zum Geburtstag gepflückt hatte, hat sie im Bus vergessen.

**5** Hunderte schmerzhafte Themen gehen Sylva durch den Kopf, aber auf viele der Fragen hat sie keine Antwort.

**6** Ihr Vater sagt, dass der Mensch in der Pubertät nackt ist.

**7** Erst wenn der Mensch älter wird, beginnt er, sich anzuziehen.

**8** Er legt sich immer mehr Schichten zu, und diese machen ihn unempfindlich.

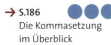

→ **S.186** Die Kommasetzung im Überblick

b Entscheide, in welchem der Sätze man das Komma auch weglassen könnte.

**3** Setze in die Lücken der folgenden Sätze jeweils einen der Nebensätze A bis E ein.

**1** Am Wochenende kommt Sylvas Mutter manchmal aus Berlin in das tschechische Dorf, ___.

**2** Sylva beobachtet vom Waldrand, ___.

**3** Sie freut sich, ___.

**4** ___, rennt sie schnell ins Dorf hinunter.

**5** Sylva staunt immer wieder darüber, ___.

**A** bevor ihre Mutter das Haus erreicht

**B** in dem Sylva mit ihrem Vater lebt

**C** wenn sie den rubinfarbenen Porsche der Mutter entdeckt

**D** dass die Mutter die Strecke Berlin – Usti in 140 Minuten bewältigt

**E** ob das Auto der Mutter kommt

**4** Schreibe die Relativsätze zusammen mit dem Beziehungswort heraus. Unterstreiche das Relativpronomen und rahme das Beziehungswort ein.

1 Sylva, die eine begeisterte Schwimmerin ist, badet gern in der Elbe.
2 Sie schwimmt am liebsten gegen die Strömung, der sie ihre ganze Kraft entgegenstemmen kann.
3 Dabei spürt sie ihren Körper, der stark angespannt ist, mit allen Sinnen.
4 Sie fühlt das Wasser, das durch ihre Finger hindurchgleitet.
5 Schwimmen in stehenden Gewässern, in denen ihr keine Kraft entgegenströmt, mag sie nicht besonders.
6 Auch in der Spree, die durch Berlin fließt, ist sie schon geschwommen.
7 Aber aus diesem Fluss, der so träge dahinfließt, kann sie keine Kraft schöpfen.

*1. Sylva, die eine begeisterte Schwimmerin ist, ...*

**5** Schreibe die folgenden Satzgefüge ab und setze alle notwendigen Kommas.

Achtung, Fehler!

1 Filip der in Sylva verliebt ist hat den richtigen Zeitpunkt für ein Geständnis verpasst.
2 Er weiß dass es nun zu spät ist.
3 Weil Sylva die Schule wechseln wird werden sie sich nur noch selten sehen.
4 Die Zeit in der sie auf dem Zaun gesessen und über die Welt gelabert haben wird sie bald vergessen haben.

5 In den Ferien arbeitet Filip in einem Baumarkt wo er am ersten Tag vom Abteilungsleiter als »Milchbubi« bezeichnet wird.
6 Er hat für ihn mit Absicht eine Arbeit ausgewählt bei der man nicht einen Funken geistige Energie aufwenden muss.
7 Die einzige Anstrengung die er aufbringen muss ist das Finden des richtigen Regals.

### Mehrfach zusammengesetzte Sätze

**1**

a Zeichne die Satzbilder. Beachte, dass die meisten Sätze aus mehr als zwei Teilsätzen bestehen.

BERLIN

MEISSEN

LEITMERITZ

**1** Sylvas Vater seufzte, als er von dem Elternabend zurückkam, der den Halbjahreszeugnissen vorausging. **2** Sylva hatte es diesmal auf über 200 Fehlstunden gebracht, und der Direktor kündigte an, dass er sie vom Gymnasium verweisen müsse. **3** Am liebsten würde sie gar nicht mehr zur Schule gehen. **4** Sie würde nach Alaska, Lappland oder Sibirien fahren, damit sie dort wie die Naturvölker leben könnte. **5** Aber sie wusste, dass dieser Wunsch zurzeit unerfüllbar blieb, und deshalb beriet sie sich mit ihren Eltern. **6** Als die Mutter, die solche Angelegenheiten sonst immer sehr sachlich betrachtete, erfuhr, dass Sylva sich vom Leitmeritzer Gymnasium verabschieden müsste, verwandelte sie sich in eine ballistische Rakete mit maximaler Kampfbereitschaft. **7** Es fiel kein Wort des Vorwurfs, aber sie meldete Sylva an zwei deutschen und einer tschechischen Schule, an denen hochbegabte Schüler lernten, zur Aufnahmeprüfung an. **8** Sylva wehrte sich nicht, jedoch fragte sie sich, worin ihre Hochbegabung eigentlich bestand. **9** Schließlich entschied sie sich für die Schule Sankt Afra in Meißen, weil Meißen auf halbem Weg zwischen Vater und Mutter lag, und das ließ hoffen, dass die ohnehin schwache Familienkonstellation nicht ganz auseinanderfiel.

1. HS_____, NS 1_____, NS 2_____.

● ● ● b Wiederhole die Kommaregeln für die Satzreihe. Suche die Kommas, auf die man verzichten könnte.

Achtung, Fehler!

**2**

a Schreibe die folgenden mehrfach zusammengesetzten Sätze ab und setze die notwendigen Kommas.

1 Sylva fährt nach Berlin zu ihrer Mutter und dort besucht sie eine Jugendpsychologin bei der sie früher in Behandlung war als sie in den ersten Schulmonaten Probleme hatte.

2 Sie erzählt der Psychologin dass sie bald in ein Internat muss weil sie aus ihrer Schule in Leitmeritz rausgeflogen ist.

3 Die Psychologin die Sylva schon seit ihrer frühen Kindheit kennt wundert sich über den Besuch denn Sylva will gar keinen Rat von ihr.

4 Sie behauptet dass sie sie nur besuche weil sie wissen wolle ob es ihr gut gehe aber so ganz glaubt ihr die Psychologin das nicht.

5 Schließlich gibt Sylva ihr den guten Rat dass sie ihre Rückenprobleme mit Schwimmen bekämpfen solle und verspricht ihr wiederzukommen wenn man sie aus der Schule in Meißen auch hinausgeworfen haben wird.

b Zeichne für jeden Satz das Satzbild und begründe die Kommasetzung.

1. HS 1 ________ (,) HS 2 ________ , NS 1 ~~~~~~ , NS 2 ~~~~~~ .

●●● c Klammere diejenigen Kommas ein, die nicht unbedingt gesetzt werden müssen.

**3**

a Verbindet die vorgegebenen Sätze zu einem mehrfach zusammengesetzten Satz. Wählt die passenden Einleitewörter (Konjunktionen, Relativpronomen, Fragewörter), schreibt die Sätze auf und setzt die notwendigen Kommas.

**TIPP**
Vermeidet Wiederholungen, indem ihr Pronomen einsetzt.

1 Sylva sieht die Wohnung ihrer Mutter zum ersten Mal. Die Mutter ist inzwischen umgezogen. Sylva war lange nicht in Berlin.

2 Die neue Wohnung hat eine wunderschöne Dachterrasse. Zur Dachterrasse führt eine Treppe hinauf. Sylva darf sich ihr Zimmer selbst einrichten.

3 Die Mutter hat an dem Häuserblock mitgearbeitet. Die Mutter ist Architektin. Auf dieses Projekt ist die Mutter stolz.

4 Die Mutter war schon an vielen großen Projekten beteiligt. Diese Arbeit ist für sie besonders wichtig. Es ist keine gigantische Verkaufsgalerie, sondern ein gewöhnliches Wohnviertel.

5 Die Architekten wollten mitten in der Großstadt eine Oase der Stille schaffen. Es sollen normale Wohnungen für normale Menschen sein. Sylva empfindet das anders. Für Sylva sind das luxuriöse Apartments. Normale Menschen können davon nur träumen.

*1. Weil Sylva lange nicht in Berlin war, sieht sie die Wohnung ihrer Mutter, die inzwischen umgezogen ist, zum ersten Mal. Die Mutter ist inzwischen umgezogen, sodass …*

**TIPP**
Es sind mehrere Lösungen möglich.

b Zeichnet für jeden mehrfach zusammengesetzten Satz das Satzbild.

c Vergleicht eure Lösungen. Entscheidet, ob ihr eine Lösung mit mehreren Einzelsätzen einem mehrfach zusammengesetzten Satz vorziehen würdet. Begründet eure Meinung.

**4** Entwerft einen Text aus mehrfach zusammengesetzten Sätzen (jeweils mindestens drei Teilsätze). Schreibt die Sätze auf und zerschneidet sie in Satzglieder (Kommas extra). Tauscht die Sätze mit Mitschülern aus und fügt den Text richtig zusammen. Kontrolliert den Aufbau und die Kommasetzung.

## Die Kommasetzung im Überblick

| Regel | Beispiel |
|---|---|
| **Die Kommasetzung im einfachen Satz** | |
| Ein Komma steht bei **Aufzählungen** von Wörtern und Wortgruppen, wenn diese nicht durch *und, oder, sowie, sowohl ... als auch* verbunden sind. | *In dem Buch »Die Nackten« wird über Sylva, Filip, Niklas, Evita und Robin erzählt.* |
| **Nachgestellte Erläuterungen** (auch in Form von Appositionen und Datumsangaben) werden durch Komma(s) abgegrenzt. | *Iva Procházková, eine tschechisch-deutsche Schriftstellerin, schrieb das Buch »Die Nackten«.* |
| **Infinitivgruppen** (erweiterte Infinitive mit *zu*) werden meist durch Komma(s) vom Satz abgetrennt. | *Niklas bemühte sich(,) Evita zu helfen.* |
| Ein Komma muss gesetzt werden, | |
| • wenn die Infinitivgruppe durch Wörter wie *um, ohne, (an)statt, außer* oder *als* eingeleitet ist, | *Der Vater schrieb für Sylva Entschuldigungen, um sie zu schützen.* |
| • wenn sich die Infinitivgruppe auf ein Nomen/Substantiv bezieht, | *Filip hatte die Absicht, einen interessanten Film zu drehen.* |
| • wenn sich die Infinitivgruppe auf Wörter wie *daran, darauf* oder *es* bezieht. | *Sylva war daran interessiert, viel Zeit in der Natur zu verbringen.* |
| **Partizipgruppen** können durch Komma(s) abgetrennt werden. Wenn die Partizipgruppe als nachgestellte Erläuterung auftritt, muss man ein Komma setzen. | *In Berlin angekommen(,) besprach Sylva mit ihrer Mutter ihre Pläne.* *Sylva, in Berlin angekommen, besprach ihre Pläne mit ihrer Mutter.* |
| **Die Kommasetzung im zusammengesetzten Satz** | |
| **Nebensätze** müssen vom Hauptsatz durch Komma abgetrennt werden. | *Sylva, die häufig nicht zur Schule gegangen war, musste ihre Schule verlassen.* |
| **Gleichrangige Hauptsätze** einer Satzreihe (Satzverbindung) werden durch Komma abgetrennt. Sind sie durch *und, oder, sowie* verbunden, kann man das Komma weglassen. | *Sylva besucht ihre Mutter in Berlin(,) und bei dieser Gelegenheit lernt sie Robin kennen.* *Sylva ist eine hochbegabte Schülerin, aber sie geht nicht gern zur Schule.* |

## Zeichensetzung bei der direkten (wörtlichen) Rede

→ S. 248
Merkwissen

**1**

a Wiederholt die Regeln für die Zeichensetzung bei der direkten (wörtlichen) Rede.

b Einige der folgenden Sätze enthalten direkte Rede. Schreibe sie ab und setze die richtigen Zeichen.

Achtung, Fehler!

1 Sylva geht gern nachts in den Wald.
2 Eines Abends wartete ihr Vater vergeblich auf sie.
3 Kannst du mir sagen, was du gemacht hast? Wo warst du überhaupt? stellte der Vater nach ihrer Rückkehr beide Fragen in einem Atemzug.
4 Ich bin im Wald eingeschlafen, antwortete sie und schüttelte sich ein paar Fichtennadeln aus dem Haar.
5 Entschuldige, sagte sie und umarmte den Vater.
6 Er bat sie: Würdest du so freundlich sein und mich informieren, wenn du nicht vorhast, zu Hause zu schlafen?
7 Sie versprach es und hielt das Versprechen.
8 Wie wird das frage ich mich mit den beiden wohl weitergehen?

!

Für die Wiedergabe der **direkten Rede** gelten folgende Regeln:

1. Nach dem **vorangestellten Begleitsatz** steht ein Doppelpunkt, das erste Wort der wörtlichen Rede wird großgeschrieben. Die Satzzeichen innerhalb der direkten Rede bleiben erhalten, z. B.: *Der Vater fragte: »Kannst du mir sagen, was du gemacht hast?«*
2. Im **nachgestellten Begleitsatz** wird das erste Wort kleingeschrieben. Wird die wörtliche Rede durch einen **Punkt** abgeschlossen, so wird dieser weggelassen. Ein **Frage**- oder **Ausrufezeichen** dagegen wird gesetzt. Nach dem schließenden Anführungszeichen steht immer ein Komma, z. B.: *»Wo warst du überhaupt?«, fragte der Vater. »Ich bin im Wald eingeschlafen«, antwortete sie.*
3. Der **eingeschobene Begleitsatz** wird in Kommas eingeschlossen. Die Satzzeichen innerhalb der direkten Rede bleiben erhalten, z. B.: *»Ich war im Wald«, sagte sie, »und bin eingeschlafen.«*

**TIPP**
Achtet auf abwechslungsreiche Verben im Begleitsatz.

**2** Legt ein Thema für einen Dialog fest, z. B. ein Gespräch mit der Freundin / dem Freund über einen Film. Schreibt den Dialog auf. Achtet darauf, dass der Begleitsatz an verschiedenen Stellen steht.

## Zeichensetzung beim Zitieren

!

Ein **Zitat** ist eine wörtliche Wiedergabe einer Textstelle in einem anderen Text. Zitate müssen buchstabengetreu übernommen und in **Anführungszeichen** gesetzt werden. Auslassungen werden durch eckige Klammern mit drei Punkten [...] gekennzeichnet, z.B.:
*»Sylva mochte Taberys Stunden gern. Sie gehörten zu den wenigen, denen sie nicht aus dem Weg ging. [...] Er täuschte keinen Sinn für Humor vor. Er machte auch keine peinlichen Witzchen [...].«*
Um Herkunft und Wortlaut eines Zitats überprüfbar zu machen, muss man die **Quelle** präzise angeben. Dabei ist zu unterscheiden:

| | |
|---|---|
| **Zitat aus einem *Buch*:** Name, Vorname: Titel. Ort: Verlag, Jahr, Seite. | *Procházková, Iva: Die Nackten. Düsseldorf: Sauerländer Verlag, 2008, S. 9.* |
| **Zitat aus einer *Zeitung* oder *Zeitschrift*:** Name, Vorname: Titel. Aus: Zeitung/Zeitschrift, Nr. bzw. Datum der Ausgabe, Seite. | *Rousselange, Ruth: Stille Beobachterin: Autorin und Messe-Kuratorin Iva Procházková. Aus: Saarbrücker Zeitung, 14.05.2009, S. 5.* |
| **Zitat aus dem *Internet*:** (Verfasser, wenn vorhanden): Titel. Online im Internet: Internetadresse [Datum des Abrufs]. | *Procházková, Iva: Die autobiographischen Erinnerungen in meinen Büchern. Online im Internet: http://ivaprochazkova.com/index_de.html [02.02.2011].* |

**1** Schreibe die folgenden Quellenangaben ab und setze die notwendigen Zeichen.

Achtung, Fehler!

1 Müller Anton Die Teufelskappe Düsseldorf Verlag Geheim & Co. 1989 S.4
2 Holstein Karin Unsere Heimat Sachsen Aus Sächsische Heimatblätter Jahrgang 21 2003 Heft 4 S.66
3 Bauer Robert Die vergessenen Kinder Buchdorf Kalstein-Verlag 2004 S.78
4 Procházková Iva Iva Procházková – eine Handvoll Daten Online im Internet http://ivaprochazkova.com/index_de.html 02.02.2011
5 Pausewang Gudrun Die Meute Ravensburg Ravensburger Buchverlag Otto Maier GmbH 2006 S.76

**2** Mia möchte die Kurzgeschichte »Liebeskummer« am Lesebrett der Schule empfehlen.

**a** Schreibe ihren Textbeginn in dein Heft und füge die Textstelle darunter als Zitat mit der richtigen Zeichensetzung an.

*Im Mittelpunkt der Geschichte steht ein Gespräch von Eltern über ihre Tochter. Dabei lernt der Leser die Eltern ziemlich gut kennen. Einiges erfährt man direkt, so heißt es z.B. über den Vater …*

Er ist ein guter Vater! Wenn seine Tochter Liebeskummer hat, ist ihm das wichtiger als ein Fußballmatch der B-Liga.

**b** Der Text stammt aus folgendem Buch. Schreibe die Quellenangabe mit der richtigen Zeichensetzung in Klammern hinter das Zitat.

Achtung, Fehler!

Nöstlinger Christine Liebeskummer Aus Kratzer Hertha und Welsh Renate (Hrsg.) Antwort auf keine Frage Geschichten von und über die Liebe Wien, München Verlag Jugend und Volk 1985 S. 41 ff.

**3**

**a** Folgendes ist einer Biografie von Christine Nöstlinger entnommen. Schreibe den Schluss von Mias Empfehlung der Kurzgeschichte und verwende das Zitat sinnvoll und richtig.

Bei aller Ernsthaftigkeit, mit der sie sich ihrer Figuren und Stoffe annimmt, sind Christine Nöstlingers Texte stets von befreiendem Witz, respektloser Frische und teilweise absurder Komik; wohl mit ein Grund für ihre anhaltende Beliebtheit.

**b** Schreibe die Quellenangabe mit der richtigen Zeichensetzung in Klammern hinter das Zitat. Nutze dazu die folgenden Angaben.

http://www.residenzverlag.at – Bei aller Ernsthaftigkeit … – Online im Internet – [15.03.2011]

**4** Schreibe aus dem Textquellenverzeichnis deines Sprach- und Lesebuchs (S. 274 – 275) drei Quellenangaben deiner Wahl ab.

**5** Schreibe für die Schülerzeitung einen kurzen Text zum Thema »Wusstet ihr schon, dass es virtuelles Wasser gibt?«.
Erkläre den Begriff »virtuelles Wasser« mithilfe von Zitaten aus dem Text auf S. 42 (Aufgabe 3 a).

**TIPP**
Gib die Quelle aus dem Quellenverzeichnis an.

# Wortbildung

→ S. 248 Merkwissen

**1** Entscheide, welche Form der Wortbildung auf die unterstrichenen Wörter zutrifft: Ableitung oder Zusammensetzung.

Der alte Mann winkt ab. »Das ist doch nur eine 250-Kilo-Bombe«, sagt der Bewohner eines Potsdamer Altenheims, während er darauf wartet, ausquartiert zu werden. 7000 Menschen müssen ihre Wohnungen, Schulen oder Kindergärten verlassen, weil in ihrer Nachbarschaft eine Bombe entschärft werden muss. Der Fund des Blindgängers aus dem Zweiten Weltkrieg hat das Zentrum Potsdams praktisch lahmgelegt. Auch Busse und Regionalzüge werden umgeleitet. Während Polizeihelfer die Gefahrenzone absichern, wird die Detonation von einem Sprengmeister vorbereitet. Um 12:04 Uhr zerreißt ein Knall die Stille. Eine fast 100 Meter hohe Staubfontäne schießt bei der Sprengung in den Himmel. Fensterscheiben in der Umgebung vibrieren.

**2** Im Deutschen werden viele Zusammensetzungen gebildet.

**a** Lest die Beispiele und tauscht euch darüber aus, in welchen Situationen bzw. Texten sie Verwendung finden könnten.

**1** Notlandung **2** Zivilluftfahrtbehörde **3** Flugzeugabsturzgefahrenvermeidung **4** Flugrouten **5** Flugbegleiterinnensicherheitstrainingsprogramm **6** Sicherheitsbedenken **7** Passagierflugzeug

**b** Zerlege die Zusammensetzungen in ihre Bestandteile.

**c** Notiert Vorschläge, wie man die Wortungetüme vermeiden kann.

**!**

Für die **Wortbildung** haben sich im Deutschen zwei Formen bewährt:
- die **Ableitung** mithilfe von Präfixen und Suffixen,
- die **Zusammensetzung** (Bestimmungswort + Grundwort).

Grund- und Bestimmungswort können selbst eine Zusammensetzung oder eine Ableitung sein, z. B.:
*Erkältungskrankheit: er- + kalt + -ung + -s- + krank + -heit.*
Mithilfe der **Zerlegeprobe** lassen sich Wörter in ihre Bauteile zerlegen.

**TIPP**
Achte auf die richtige Groß- bzw. Kleinschreibung.

**3** Bilde zusammengesetzte Wörter. Verwende das erste Wort jeweils sowohl als Grund- als auch als Bestimmungswort. Markiere alle Fugenelemente.

1 schnell: Blitz – Boot – Kochtopf – Pfeil – Läufer – Reinigung – Straße
2 groß: artig – Erbse – Eltern – Familie – Riese – Stadt – ziehen
3 Zeit: Fenster – frei – Mahl – nah – Reise – Schule – Uhr – Verlust
4 stützen: ab – Buch – liegen – Pfeiler – Punkt – unter – Verband

*1. blitzschnell, Schnellboot, ...*

→ S. 229 Die Schreibung von Straßennamen

**4**

**a** Schreibe die folgenden Straßennamen und Ortsbezeichnungen ab und unterstreiche das Grundwort. Ergänze eigene Beispiele.

**1** Postplatz **2** Altmarkt **3** Schillerstraße **4** Mohammed-Ali-Platz **5** Bahnhofsviertel **6** Fischerweg **7** Marie-Curie-Allee **8** Kurfürstenpark

**b** Begründe, warum einige Zusammensetzungen zusammen und andere mit Bindestrich geschrieben werden.

**5** Was ist das? Erkläre die folgenden Fachwörter, indem du sie in ihre Hauptbestandteile zerlegst.

**1** Feuerwehreinsätze **2** Rauchgasvergiftung **3** Papiermüllcontainer **4** Änderungsschneiderei **5** Wasseraufbereitungsanlage

*1. Feuerwehreinsätze sind Einsätze, die ...*

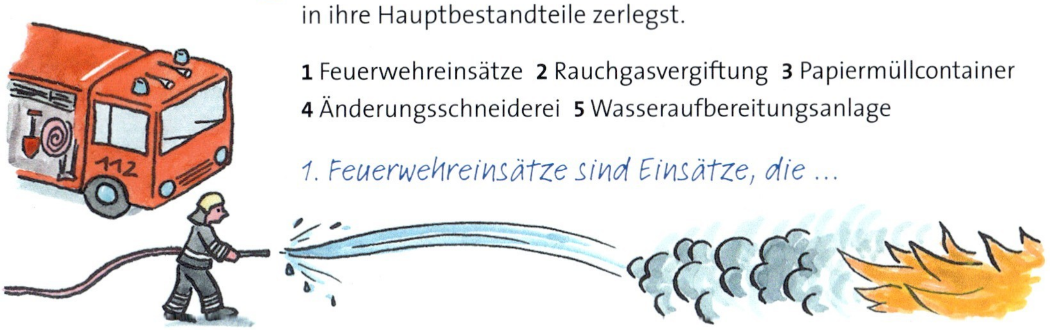


→ S. 60 Printmedien untersuchen
→ S. 161 Nomen und Nominalisierungen

**TIPP**
Es gibt verschiedene Lösungsmöglichkeiten.

**6** Verdichte die folgenden Informationen zu typischen Zeitungsschlagzeilen. Nutze eine geeignete Form der Wortbildung.

1 Am Sonntagmorgen ist in Indonesien ein Vulkan ausgebrochen.
2 Es regnete Asche. Das zwang die Bewohner mehrerer Dörfer am Hang des Vulkans, ihre Häuser zu verlassen und Schutz in Notunterkünften zu suchen.
3 Ärzte warnen davor, dass aufgrund mangelhafter Hygiene Krankheiten durch Infektionen ausbrechen können.

**7**

a Erläutert die Bedeutungsunterschiede anhand von Beispielen.

**1** absperren – aussperren – einsperren
**2** abbrechen – einbrechen – unterbrechen
**3** aussuchen – absuchen – untersuchen
**4** auffordern – überfordern – zurückfordern
**5** nachstellen – vorstellen – zustellen

→ **S.248** Merkwissen Zusammensetzung

b Sortiert die Verben nach fest und unfest zusammengesetzten. Bildet dazu die Leitformen (Stammformen).

**8**

a Bilde aus den folgenden Wörtern zusammengesetzte Verben und schreibe sie auf.

ab aus ein nach über um unter vor weg zurück

lesen sprechen schreiben springen stellen kochen tragen

b Markiere alle fest zusammengesetzten Verben.

→ **S.196** Antonyme

**9** Wie heißt das Gegenteil? Bilde Ableitungen mithilfe der Präfixe *un-* bzw. *miss-* und schreibe die Wörter auf.

**1** verschämt **2** verständlich **3** klar **4** haltbar **5** Vertrauen
**6** Achtung **7** gefallen **8** trauen **9** gefährlich **10** geschickt
**11** verstehen **12** gelingen **13** glücken **14** Glück

**10** Erläutert die Bedeutungsunterschiede mithilfe von Beispielen.

**1** süß – süßlich **2** kindlich – kindisch **3** mündlich – mündig
**4** verständlich – verständig **5** wunderbar – wunderlich **6** hölzern – holzig **7** elektrisch – elektronisch **8** krankhaft – kränklich

**TIPP**
Bei einigen Nomen sind beide Suffixe möglich.

**11**

a Bilde Verkleinerungsformen mit den Suffixen *-lein* oder *-chen* und verwende sie in Sätzen.

**1** der Fuchs **2** der Hase **3** die Katze **4** der Vogel **5** das Huhn
**6** die Maus **7** der Sohn **8** der Fisch **9** das Haus **10** das Buch
**11** die Blume **12** die Mütze **13** der Mantel **14** die Socke
**15** die Hose **16** der Bruder **17** die Schüssel **18** der Mann

b Erläutere, wie die Verkleinerungsformen die Wirkung der Sätze verändern.

**TIPP**
Nutze die Zerlegeprobe.

**12** Leon schreibt Boris eine E-Mail. Das Rechtschreibprogramm markiert fünf Wörter als fehlerhaft. Warum? Korrigiere sie.

Achtung, Fehler!

**Betreff:** Verücktes Geschenk!

Hi, Boris,
ich habe ein verücktes Geschenk bekommen – eraten wirst du es nicht! Nämlich ein Kajak! Ich will es am Sonntag ausprobieren. Machst du mit? Ein veregnetes Wochenende ist nicht angekündigt. Entäusche mich nicht und beile dich mit deiner Antwort. Leon

**TIPP**
Achte auf typische Prä- bzw. Suffixe der einzelnen Wortarten.

● **13** Schreibe die folgenden Wörter in der richtigen Groß- und Kleinschreibung in dein Heft. Präfixe und Suffixe sind durch senkrechte Striche vom Wortstamm abgetrennt.

**1** ER | LEB | NIS **2** HEK | TIK **3** PASS | IV **4** EIGEN | SCHAFT **5** HEIL | SAM
**6** ÄHN | LICH **7** VER | ORD | NUNG **8** BE | LAST | BAR **9** BLÄTT | CHEN
**10** NEU | HEIT **11** AKT | ION **12** ENERG | ISCH **13** WAG | NIS
**14** MÄNN | LEIN **15** ÄHN | LICH | KEIT **16** REICH | TUM **17** LÄST | IG
**18** ENT | TARN | EN

●●● **14** Bilde von den folgenden Nomen abgeleitete Verben und schreibe sie zusammen mit dem Nomen auf.

**1** die Kopie **2** die Skizze **3** die Schikane **4** das Zitat
**5** das Engagement **6** das Produkt **7** die Investition **8** die Stabilität
**9** die Kritik **10** die Produktion **11** die Reaktion

# Wortbedeutung

## Synonyme

**1**

a Erläutere die Bedeutung des Wortes *Lärm*.

Was ist denn das für ein Lärm auf der Straße?

b Sucht weitere Wörter mit ähnlicher oder gleicher Bedeutung wie *Lärm* und schreibt sie auf.

Lärm, Krach, ...

c Betrachte die folgenden Wörter und erkläre, welche Art von Lärm sie genauer bezeichnen.

Geschrei – Geklapper – Gepolter

d Probiert aus, welche der Wörter aus den Aufgaben b und c in den Satz in Aufgabe a eingesetzt werden können. Beachtet dabei, welche unterschiedlichen Arten von Lärm sie bezeichnen. Tauscht eure Ergebnisse in der Klasse aus.

e Beschreibe Situationen, in denen die Wörter aus den Aufgaben b und c verwendet werden können, und bilde dazu mit den Wörtern je einen Satz.

!

**Synonyme** sind zwei oder mehr Wörter mit verschiedener Form (Aussprache, Schreibung), die eine ähnliche (selten gleiche) Bedeutung haben. Sie bezeichnen denselben Gegenstand, dieselbe Handlung oder Eigenschaft, heben dabei aber oft unterschiedliche Merkmale hervor, z. B.: *Lärm – Krach – Geschrei.*
Mit Synonymen, die man zu einem **Wortfeld** zusammenfassen kann, lassen sich Erscheinungen so genau wie möglich benennen und Wortwiederholungen im Text vermeiden.

**2**

a Ermittle, welche der folgenden Synonyme in die Sätze eingefügt werden können, und passe dabei die Endungen an.

Auto – PKW – Wagen – Karre – Flitzer – Kiste – Schlitten

**1** »Nun haben wir uns endlich ein ■ neu ■ ▬ gekauft«, erzählte uns gestern unser Nachbar.
**2** »Unser ■ alt ■ ▬ war wirklich nicht mehr viel wert.
**3** Zuerst hatten wir an ein ■ schnell ■ ▬ gedacht. Doch dann haben wir uns für ein ■ solid ■ Mittelklasse ▬ entschieden.«
**4** Meine Eltern wünschten: »Na, dann gute Fahrt mit eur ■ neu ■ ▬.«

b Begründe deine Lösungen, indem du die unterschiedlichen Bedeutungsmerkmale der jeweils eingesetzten Synonyme nennst.

c Kennst du noch weitere Synonyme zum Wortfeld *Auto*? Stelle sie zusammen, ermittle ihre speziellen Bedeutungsmerkmale und verwende sie in Sätzen.

**3**

a Suche Synonyme zu dem Wortfeld *sich erholen* und verwende sie in dem folgenden Text so, dass die störenden, eintönigen Wiederholungen vermieden werden. Schreibe den verbesserten Text auf.

Nach fünf anstrengenden Tagen in der Schule erhole ich mich ausgiebig am Wochenende. Besonders intensiv erhole ich mich vom Lernen, wenn ich sonnabends mit meinen Kumpels Basketball spiele. Gut kann ich mich auch beim Lesen und beim Hören von Musik erholen. Dazwischen erhole ich mich aber auch dadurch, dass ich einfach mal ein Stündchen schlafe.

●●● b Ergänze den Text, indem du weitere Möglichkeiten nennst, wie du dich am Wochenende erholst. Verwende dabei weitere Synonyme aus dem Wortfeld.

## Antonyme

**1**

a Wähle zu den folgenden Wörtern jeweils ein Wort mit gegensätzlicher Bedeutung aus.

dunkel – Nacht – wenig – verkaufen – niedrig – Flut – klein

**1** hell **2** groß **3** hoch **4** Tag **5** Ebbe **6** viel **7** kaufen

*1. hell – dunkel, 2. groß – …*

b Verwende die gegensätzlichen Wörter jeweils in einer Wortgruppe.

*1. helle Wolken – …, 2. …*

c Bilde mit den Wortpaaren aus Aufgabe a jeweils kurze Sätze. Schreibe sie auf und unterstreiche die Antonyme.

*1. Vor dem Gewitter war es sehr dunkel, danach wurde es gleich wieder hell.*
*2. …*

! Zu bestimmten Wörtern gibt es Wörter mit gegensätzlicher Bedeutung. Solche Gegensatzwörter heißen **Antonyme.** Sie haben teils gemeinsame, vor allem aber gegensätzliche Bedeutungsmerkmale, z. B.:
*hell* (Lichtmenge, viel Licht) – *dunkel* (Lichtmenge, wenig Licht).

**2**

a Sucht selbst Antonyme zu den folgenden Wörtern und verwendet die gefundenen Antonympaare in Wortgruppen.

stark – abnehmen – Anfang – vor – oben – mieten – dick – hineingehen – fröhlich – deklinierbar

*stark – schwach: eine starke Mannschaft – …*

b Ermittelt in euren Wortgruppen, welche gemeinsamen und welche gegensätzlichen Merkmale die Antonyme in einem Paar jeweils haben. Tragt eure Ergebnisse der Klasse vor.

**3**

a Bilde mithilfe der Wortbauteile Antonyme zu folgenden Wörtern. Schreibe die Antonympaare auf.

un-/Un- miss-/Miss- -haltig -frei -voll -los

**1** freundlich **2** ausdrucksvoll **3** glücken **4** kohlensäurehaltig **5** glücklich **6** schwefelhaltig **7** hoffnungsvoll **8** alkoholfrei **9** Glück **10** trauen **11** kraftvoll **12** Verständnis

*1. freundlich – unfreundlich, 2. …*

b Kennzeichne alle Wortbildungselemente durch senkrechte Striche. Achte auch auf das Fugenelement, das eventuell eingesetzt werden muss.

*1. freund|lich – un|freund|lich, 2. …*

**4**

**TIPP**
Manchmal könnt ihr mehrere Antonyme finden.

a Schreibt auf, welche verschiedenen Antonyme es zu dem Wort *alt* in den folgenden Wortgruppen gibt.

**1** ein alter Mensch **2** ein alter Freund **3** altes Brot **4** alte Technik

b Überlegt, warum es zu *alt* mehrere Antonyme gibt.

**5** Bilde Sätze mit Antonympaaren aus Aufgabe 3a. Benutze dabei auch entgegenstellende Ausdrücke (Konjunktionen, Adverbien usw.). Du kannst aus den folgenden auswählen.

**1** nicht nur – sondern auch **2** sowohl – als auch **3** einerseits – andererseits **4** teils – teils **5** erst – dann **6** zum einen – zum anderen **7** oft – selten

**TIPP**
Achte auf die Kommasetzung.

**6** Verwende Antonympaare aus den Aufgaben 1, 2 und 4 in Sätzen.

**7** Wählt ein Thema aus, bei dem ihr gegensätzliche Erscheinungen darstellen müsst, und verfasst einen Text dazu. Benutzt Antonympaare und entgegenstellende Ausdrücke.

Mögliche Themen: »Das Wetter in den vergangenen Wochen« oder »Wie verschieden verhalten sich Menschen?«

## Homonyme

**1** Worauf beruht dieses Missverständnis?

**A** Als wir im Sommer eine Radtour gemacht haben, mussten wir ständig mit den Bremsen kämpfen.
**B** Waren denn die Bremsen an euren Rädern nicht in Ordnung?
**A** Unsinn, ich meine doch ...

**2** Vergleiche die Wörter *(die) Bremse* und *(die) Bremse* miteinander.

**a** Untersuche die Aussprache und die Schreibung der Wörter. Formuliere dein Ergebnis in einem Satz.

**b** Schreibe die Bedeutung der beiden Wörter in dein Heft.

*die Bremse¹: ...* *die Bremse²: ...*

**c** Tauscht euch darüber aus, ob es einen Zusammenhang zwischen den beiden Bedeutungen gibt.

**!** Wörter, die gleich (bzw. fast gleich) geschrieben und ausgesprochen werden, aber eine unterschiedliche Bedeutung haben, heißen **Homonyme** (gleichnamige Wörter), z. B.: *Bremse – Bremse.*
Als Homonyme werden auch (fast) gleich geschriebene bzw. gesprochene Wörter verstanden, die zu verschiedenen Wortarten gehören, z. B.: *(der) Morgen – morgen.*

**3**

**a** Suche zu jedem der folgenden Wörter ein Homonym. Schreibe die Homonympaare auf und ergänze kurze Bedeutungsangaben.

**1** die Koppel (eingezäunte Weide) **2** der Kiefer (Knochen im Mund) **3** das Schloss (Bauwerk) **4** die Bank (Kreditinstitut) **5** der Tor (dummer Mensch) **6** das Gehalt (Einkommen) **7** die Otter (Schlange)

*1. die Koppel (eingezäunte Weide) – das Koppel (...), 2. ...*

**b** Verwende jedes Wort aus Aufgabe a in einem kurzen Satz.

**4**

a Untersuche das grammatische Geschlecht (Genus) der Homonyme aus Aufgabe 3 a. Formuliere deine Feststellung in einem Satz.

**TIPP**
Wenn nötig, schlage in einem Wörterbuch nach.

b Bilde die Pluralformen der Homonyme. Was stellst du fest?

*1. die Koppel (eingezäunte Weide) – die Koppeln,*
*das Koppel …*

**5** Homonyme können auch zu verschiedenen Wortarten gehören. Suche aus den folgenden Satzpaaren die Homonyme heraus, schreibe sie paarweise auf und bestimme jeweils ihre Wortart.

**1** Ich stehe fast jeden Morgen um 6:30 Uhr auf. Aber morgen, am Sonnabend, kann ich länger schlafen.
**2** Der Kranke kann nicht alle Speisen essen. Trotzdem muss sein Essen abwechslungsreich sein.
**3** Nadelbäume sind zumeist das ganze Jahr über grün. Laubbäume zeigen ihr Grün im Frühjahr und im Sommer.
**4** Ich habe dank deiner Hilfe alles geschafft. Für deine Hilfe möchte ich dir herzlichen Dank sagen.

**6** Bei manchen Homonymen ist die Aussprache bzw. die Schreibung nur fast gleich.

**TIPP**
Achte auf die Kennzeichnung der Vokale.

a Untersuche Aussprache und Schreibung der folgenden Paare.

**1** mo̲dern – modẹrn **2** A̲u̲gust – Augụst **3** umfa̲hren – ụmfahren

b Bilde mit jedem Homonym einen Satz und erkläre damit die unterschiedlichen Bedeutungen.

**7**

a Untersuche die Aussprache und die Schreibung der folgenden Homonympaare. Wo liegt hier der Unterschied?

**1** lehren – leeren **2** malen – mahlen **3** der Wal – die Wahl
**4** das Lied – das Lid

b Erläutere die unterschiedlichen Bedeutungen, bilde jeweils einen Satz.

## Metaphern

**1**

a Bestimme, was *sauer* im ersten und im zweiten Satz bedeutet.

Die Milch ist sauer.

Peggy ist sauer, weil Anna nicht gekommen ist.

b Erkläre, warum man die beiden unterschiedlichen Bedeutungen mit *sauer* bezeichnen kann. Suche eine Gemeinsamkeit in den Bedeutungen.

c Überlege, in welchem Beispiel man von *ursprünglicher Bedeutung* und in welchem von *übertragener Bedeutung* sprechen kann.

**!** Eine **Metapher** ist ein Wort oder ein Ausdruck mit einer übertragenen, bildhaften Bedeutung. Sie entsteht durch Übertragung eines Wortes mit seiner ursprünglichen Bedeutung auf einen anderen Sachbereich. Grundlage dafür ist ein gemeinsames Merkmal der Ähnlichkeit in beiden Bedeutungen, z. B.:

| | | |
|---|---|---|
| *der Fuß des Menschen* | → | *am Fuß des Berges* |
| ursprünglich | | übertragen |

Durch Metaphern wird die Ausdrucksweise eines Textes bildhaft und anschaulich.

**2**

a Lies die folgenden Wörter und Metaphern.

1 Bett (Möbel) → Bett des Flusses
2 Flügel (Vogel) → Flügel der Lunge, Flügel des Fensters
3 Bein (Mensch) → Bein des Tischs, Bein des Stuhls
4 Kopf (Mensch) → Kopf des Nagels, Kopf des Briefs
5 Krone (König) → Krone des Baums, Krone auf dem Zahn
6 Rücken (Mensch) → Rücken des Buchs

b Erkläre jeweils die ursprüngliche Bedeutung des Wortes, das in Aufgabe a links steht. Welche gemeinsamen Bedeutungsmerkmale führen zur Bildung der jeweiligen Metapher (rechts)?

c Manchmal treten Metaphern auch in Form von Zusammensetzungen auf. Bilde Zusammensetzungen zu den Metaphern aus Aufgabe a.

*1. Bett des Flusses – Flussbett, 2. …*

**3** Verwende die folgenden Adjektive in Wortgruppen oder Sätzen sowohl in ursprünglicher Bedeutung als auch in übertragener Bedeutung als Metapher. Erläutere beide Bedeutungen.

**1** faul (Obst → Ausrede) **2** dick (Mann → Freundschaft)
**3** schwarz (Hose → fahren) **4** kalt (Luft → Licht)
**5** warm (Zimmer → Farbe)

●●● **4** Erkläre bei den folgenden Adjektiven die ursprüngliche Bedeutung und die Bedeutungsmerkmale, die zum Gebrauch als Metapher führen.

**1** eine süße Frucht → eine süße Stimme, ein süßes Gesicht
**2** ein trüber Himmel → eine trübe Stimmung
**3** eine helle Farbe → ein heller Klang
**4** ein offenes Fenster → eine offene Frage

**5** Erläutert die folgenden Metaphern. Erfindet dazu jeweils eine kurze Geschichte, in der ihr sie verwenden könnt.

**1** Das war für mich ein Kinderspiel.
**2** Das war für alle ein steiniger Weg.
**3** In den Leistungen der Mannschaft gibt es mehr Licht als Schatten.

●●● **6** Suche eine bekannte Metapher für diese beiden Tiere.

**1** Löwe, weil er als Herrscher im Tierreich angesehen wird (auch im Märchen, im Film).
**2** Adler, weil er der mächtigste Vogel ist und den Luftraum beherrscht.

## Personifizierungen

**1**

**a** Sieh dir folgende Illustrationen an und suche den jeweils gemeinten Ausdruck.

*1. … die Angst hat ihn gepackt …*

**b** Erkläre mit eigenen Worten, was der jeweilige Ausdruck bezeichnet.

> **!** Wenn Verhaltensweisen und Eigenschaften, die typisch für Menschen sind, auf unbelebte Gegenstände und Erscheinungen übertragen werden, liegt eine **Personifizierung** vor. Auch die Personifizierung ist eine bildhafte Ausdrucksweise.

**2**

**a** Verwende Personifizierungen, indem du die folgenden Ausdrücke richtig einsetzt. Schreibe die Sätze ab und unterstreiche den personifizierenden Ausdruck.

niederpeitschen – einladen – erzählen – ergreifen – heulen – geduldig sein

**1** Der Sturm ___ heute Abend besonders laut.
**2** Starker Regen und heftiger Wind haben die Sträucher regelrecht ___ .
**3** Dieses Bild ___ von einem heiteren Naturerlebnis des Malers.
**4** Du kannst schreiben, was du willst – Papier ___ .
**5** Als er die sehr gute Note unter seiner Arbeit sah, ___ ihn ein richtiges Glücksgefühl.
**6** Auf unserer Tour hat uns ein Waldsee zur Rast und zum Baden ___ .

**b** Verändert die Sätze aus Aufgabe a so, dass die Personifizierungen durch nicht bildhafte Mittel ersetzt werden.

*1. Der Sturm war heute Abend besonders laut. 2. …*

**c** Vergleicht jeweils die beiden Sätze miteinander. Besprecht, welche besondere Wirkung der Personifizierung ihr feststellen könnt. Tragt eure Überlegungen der Klasse vor.

**3** Personifizierungen werden oft in der Dichtung verwendet.

**a** Heinrich Heine beschreibt in seinem Werk »Die Harzreise« den Fluss Ilse. Lies den Ausschnitt und schreibe alle Personifizierungen heraus.

Es ist unbeschreibbar, mit welcher Fröhlichkeit, Naivität und Anmut die Ilse sich hinunterstürzt […], sodass das Wasser hier wild emporzischt […] und unten wieder über die kleinen Steine hintrippelt wie ein munteres Mädchen. Ja, die Sage ist wahr, die Ilse ist eine Prinzessin, die lachend und blühend den Berg hinabläuft. […] Die hohen Buchen stehen dabei gleich ernsten Vätern, die verstohlen lächelnd dem Mutwillen des lieblichen Kindes zusehen; die weißen Birken bewegen sich tantenhaft vergnügt und doch zugleich ängstlich über die gewagten Sprünge; der stolze Eichbaum schaut drein wie ein verdrießlicher Oheim[1], der das schöne Wetter bezahlen soll […]

[1] *veraltet* Onkel

**b** Überprüfe, welche weiteren sprachlichen Mittel der Autor verwendet hat, um seinen Text anschaulich und wirkungsvoll zu gestalten.

**c** Suche aus deinem Sprach- und Lesebuch oder aus einer anderen Textsammlung ein Gedicht heraus, das Personifizierungen enthält. Stelle das Gedicht der Klasse vor, kennzeichne die Personifizierungen und erläutere, welche Wirkung sie auf dich beim Lesen und beim Nachdenken über das Gedicht hatten.

→ S. 60 Printmedien untersuchen

**4** Sammelt Artikelüberschriften aus Tageszeitungen, die Personifizierungen enthalten. Stellt die Sammlung eurer Klasse vor, beschreibt die Personifizierungen und ihre Wirkung in Überschriften.

Grippe schlägt erneut zu

# Sprache im Wandel

## Sprachvarianten

### Dialekte (Mundarten)

**1**

a Lies, welches Erlebnis Helge seinen Klassenkameraden erzählt.

Als wir im Sommerurlaub in Reit im Winkl waren – das liegt in Bayern –, sind wir mal auf einen Berg gestiegen und haben dort in einer Hütte Mittag gegessen. Da kam der Kellner mit mehreren vollen Tellern auf die Terrasse und rief: »Wer hatte Bratklopse bestellt?« Niemand antwortete. Er versuchte es ein zweites Mal: »Oder anders gesagt: Buletten? Oder auch: Frikadellen?« Wieder keine Reaktion. Da probierte er es noch einmal: »Ich kann auch fragen: Wer hatte Fleischpflanzerl bestellt?« Da rief jemand: »Joa, dös san mia!«

b Schreibe die verschiedenen Wörter für die betreffende Speise heraus.

c Klärt, welche Fleischspeise so unterschiedlich bezeichnet werden kann. Beschreibt ihre Merkmale (Bestandteile, Form, Zubereitung).

d Tauscht euch aus, wie ihr diese Speise in eurer Gegend bezeichnet und welche der vier Bezeichnungen euch bekannt sind.

e Überlegt, aus welcher Region wohl der Gast stammt, der erst auf die letzte Bezeichnung reagiert. Warum hat er vorher nicht geantwortet?

! In der heutigen Sprache findet man in vielen Regionen Wörter und Ausdrücke, die nur dort gebraucht werden, und zwar vor allem in der gesprochenen Alltagssprache. Solche Wörter sind typisch für einen **Dialekt** (auch: **Mundart**). Dialektwörter (Mundartwörter) sind zum großen Teil außerhalb ihrer Region nicht bekannt.

**2** Findet heraus, welche Wörter in den folgenden Gruppen Mundartwörter sind. Welche werden im gesamten deutschen Sprachgebiet gebraucht und gehören deshalb zur Standardsprache?

**TIPP**
Suche unbekannte Wörter in einem Wörterbuch oder im Internet.

**1** Tischler – Schreiner **2** Metzger – Fleischer – Schlachter **3** Büttner – Küfer – Böttcher **4** Stiege – Treppe – Staffel **5** Esse – Schornstein – Kamin – Schlot **6** Erdapfel – Kartoffel – Erdtoffel – Knolle **7** Rahm – Obers – Sahne **8** Rotkraut – Blaukraut – Rotkohl

**3**

**TIPP**
Nimm dazu Wörterbücher oder das Internet zu Hilfe.

**a** Finde heraus, was die folgenden Dialektwörter bedeuten und in welcher Gegend sie jeweils gebraucht werden.

**1** Motschegiebchen **2** Reet **3** Schrippe **4** Hütes **5** klönen **6** Husche

**b** Verwende die Wörter aus Aufgabe a in den folgenden Sätzen.

**1** Das war nur ein kurzer Regen. **2** An der Ostseeküste sind Hausdächer oft mit Schilf gedeckt. **3** Ich esse gern Kartoffelklöße. **4** Guck mal – ein Marienkäfer! **5** Hol vom Bäcker schnell noch ein paar Brötchen! **6** Wir sollten uns mal wieder zusammensetzen und uns unterhalten.

**4**

**a** Betrachte die Karte und verschaffe dir einen Überblick, wo in Deutschland welche Dialekte (Mundarten) gesprochen werden.

**TIPP**
Nimm, wenn nötig, einen Atlas zu Hilfe.

**b** Nenne einzelne Dialekte (Mundarten). Beschreibe, wo sie gesprochen werden (in Bezug auf Bundesländer, große Städte oder Landschaften).

**c** Ermittle, in welchem Mundartgebiet du lebst.

**d** Stelle mithilfe der Beispiele in der Karte wichtige Unterschiede bei Lauten und Formen zwischen den drei Dialektregionen in einer Tabelle gegenüber.

| **Niederdeutsch** | **Mitteldeutsch** | **Oberdeutsch** |
|---|---|---|
| ik | ich | ... |

**e** Stelle fest, welche oberdeutschen Mundarten es auch in Österreich und in der Schweiz gibt.

**f** Suche nach Hörbeispielen für die Dialektregionen, z. B. im Internet. Spiele sie der Klasse vor.

→ http://www.vorleser-schmidt.de

**!**

In Deutschland werden drei **Dialektregionen** bzw. Großdialekte unterschieden:
- **Niederdeutsch** (auch: **Plattdeutsch**), z. B. Mecklenburgisch-Pommersch, Niedersächsisch,
- **Mitteldeutsch,** z. B. Sächsisch (Obersächsisch), Thüringisch, Hessisch,
- **Oberdeutsch,** z. B. Bairisch, Alemannisch.

Für die Dialektregionen sind neben Wörtern auch bestimmte Laute und Lautkombinationen (geschrieben: Buchstaben und Buchstabenkombinationen) sowie bestimmte Formen typisch, z. B.: *Husche* (kurzer Regen), *ik* (ich), *Hütes* (Kartoffelklöße).

**5**

**a** Wähle einen der folgenden Witze aus und lies ihn still.

Unter den Gästen bei Petersens ist auch der Pastor. Im Lauf des Abends fragt ihn sein Tischnachbar: »Nülich heff ik höört, Sie weern för'n paar Johr Mischonaar in de Südsee, wo dat noch so wat gifft. Weer dat denn nich 'n büschen gefährlich?« »Oh ja, gefährlich weer dat al«, entgegnete ihm der Pastor. »Ik stünn sotoseggen jümmer mit een Been up de Spieskort.«

Ein Mann macht einen Spaziergänger auf die Schönheiten der Natur aufmerksam: »Sähn Se mal das hibbsche Bärgschen!« – »Isch wissde nich, wieso mr das än Berch nenn gann.« – »Nich doche. Das Bärgschen da.« – »Dud mr sehre leid, awwr 'ch verschdeh nur Bahnhof.« Nun reißt dem Mann endgültig der Geduldsfaden: »Nu Goddvrbibbch noch ämal, 'ch meene doch den Boom dorte. Gabiern Se 's nu?«

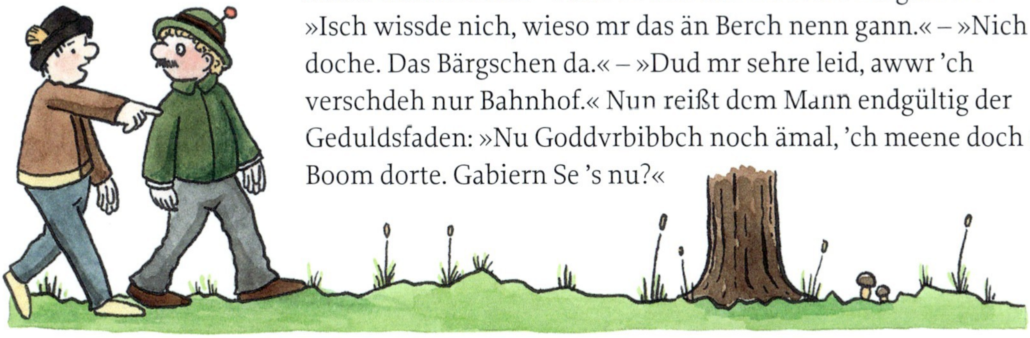

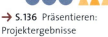

**b** Übertragt die Mundartteile des Witzes in die Standardsprache. Klärt unbekannte Formen und Wörter mithilfe der Lehrerin / des Lehrers.

**c** Findet heraus, welche Teile der Texte jeweils in Mundart verfasst sind. Sucht eine Begründung dafür.

**d** Ermittelt, aus welcher der drei Dialektregionen der Witz stammt. Belegt euer Ergebnis durch typische Wörter, Formen oder Laute.

**e** Lies den Witz laut vor. Versuche dabei, die für dich eventuell ungewohnten Laute, Formen und Wörter genau auszusprechen.

**6** Beschäftigt euch in einem Projekt mit regionalen Mundarten. Fragt z. B. ältere Menschen nach Mundartwörtern, sammelt diese und stellt sie vor. Sucht nach Mundarttexten und veranstaltet eine Lesung. Ladet eventuell Gäste ein, die Mundarten pflegen.

→ S. 136 Präsentieren: Projektergebnisse vorstellen

!

Die **Dialekte (Mundarten)** sind die älteste Erscheinungsform (Sprachvariante oder Sprachvarietät) unserer Sprache. Sie entstanden im 8. Jahrhundert n. Chr. Heute leben sie nur noch in Resten fort (Wörter, Formen, Laute/Lautkombinationen). Sie werden in einzelnen Regionen unterschiedlich gebraucht: vor allem mündlich, auf dem Land, von älteren Menschen, im Kreis der Familie und unter Freunden und Bekannten. Man drückt damit aus, dass man sich einer Region zugehörig fühlt und mit den Gesprächspartnern vertraut ist. In vielen Regionen wird die jeweilige Mundart von sprachbewussten, kulturinteressierten und heimatverbundenen Menschen gepflegt.

## Umgangssprache

**1** Die folgenden Sätze stammen aus Gesprächen auf dem Schulhof.

a Lies die Sätze.

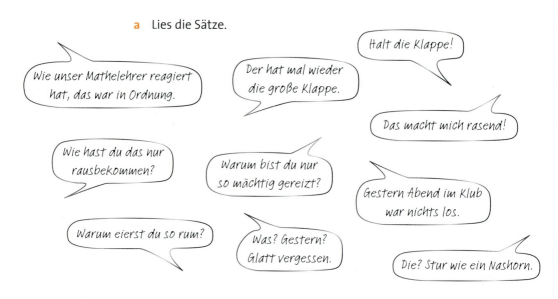

Halt die Klappe!

Wie unser Mathelehrer reagiert hat, das war in Ordnung.

Der hat mal wieder die große Klappe.

Das macht mich rasend!

Wie hast du das nur rausbekommen?

Warum bist du nur so mächtig gereizt?

Gestern Abend im Klub war nichts los.

Warum eierst du so rum?

Was? Gestern? Glatt vergessen.

Die? Stur wie ein Nashorn.

b Überlege, ob du diese Sätze in jeder Gesprächssituation, z. B. mit jedem Erwachsenen oder mit einem Fremden, oder in jedem schriftlichen Text verwenden würdest.

c Begründe, warum solche Äußerungen mit umgangssprachlichen Wörtern und Ausdrücken für Gespräche in verschiedenen Alltagssituationen üblich und durchaus angemessen sind.

**2**

a Sucht die umgangssprachlichen Wörter und Wendungen aus den Äußerungen in Aufgabe 1a heraus und schreibt sie auf.

b Stellt ihnen eine oder mehrere Entsprechungen gegenüber, die ihr dafür z. B. in Gesprächen mit Erwachsenen, mit Fremden oder in schriftlichen Texten benutzen würdet.

*die große Klappe haben – angeben, prahlen, …*

c Tauscht euch darüber aus, welche Besonderheiten im Satzbau auffallen. Nennt Beispiele dafür.

!

In vielen Alltagssituationen, z. B. in der Familie, mit Freunden und anderen vertrauten Menschen, wird vor allem in gesprochener Sprache oft die **Umgangssprache** gebraucht. Dazu zählen bestimmte Wörter und Wendungen, aber auch unvollständige Sätze, z. B.: *die große Kluppe haben; Die? Stur wie ein Nashorn.*
Umgangssprache kann auch im privaten Schriftverkehr oder in der Literatur (Figurenrede) vorkommen.
Die Verwendung umgangssprachlicher Mittel hängt immer von der jeweiligen Situation und den Beteiligten bzw. Adressaten ab.

**3**

a Suche für folgende Wörter umgangssprachliche Entsprechungen.

**1** unentschuldigt nicht zur Arbeit gehen **2** Tor (auf dem Fußballfeld) **3** Ball **4** scharfer Schuss / scharf geschossener Ball **5** sehen, schauen **6** angeben, prahlen

*1. blaumachen, …*

b Suche selbst umgangssprachliche Wörter und Wendungen und erläutere ihre Bedeutung.

c Bilde mit den umgangssprachlichen Wörtern und Wendungen aus Aufgabe a und b Sätze. Erläutere, in welchen Situationen du sie verwenden oder bei anderen angemessen finden würdest.

→ S. 200 Metaphern

d Untersuche, welche dieser umgangssprachlichen Wörter und Wendungen Metaphern sind.

**4** Mittel der Umgangssprache findet man in der Literatur oft auch in der Figurenrede.

**TIPP**
Du kannst auch ein selbst gewähltes Jugendbuch untersuchen.

a Sucht Beispiele dafür in literarischen Texten aus dem Sprach-und-Lesebuch. Erläutert, wie die jeweilige Figur durch ihre Ausdrucksweise charakterisiert wird.

b Untersucht, ob in diesen Texten auch in der Autorenrede Mittel der Umgangssprache vorkommen. Begründet eure Beobachtung.

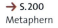

## Standardsprache

! In vielen schriftlichen Texten (z. B. Literatur, Zeitungsartikel, Fachtexte, amtliche Mitteilungen), aber auch in bestimmten Sprechsituationen (z. B. Vorträge, Nachrichten) wird die **Standardsprache** verwendet. Dazu gehören Wörter, die in allen Regionen des deutschen Sprachgebiets bekannt sind, ein geregelter Satzbau, die Schreibung nach Regeln (Rechtschreibung) und die Aussprache nach bestimmten Normen.

**1**

**a** Lies die beiden folgenden Textauszüge: den Beginn eines Romans und einen Ausschnitt aus einem Geschichtslehrbuch.

**Geschem**

Ich muss unter dem Maulbeerbaum eingeschlafen sein, wo ich mich am späten Nachmittag, als die Hitze unerträglich wurde, zum Ausruhen hingelegt hatte, denn ich wurde von Schreien geweckt. Es waren hohe, schrille Schreie, und ich hob unwillkürlich die Hände, um meine Ohren zu schützen. Erst verstand ich nicht, dass es ein Mensch war, der da schrie. Doch dann sah ich sie, Daja, die Herrin, wie sie sich drehte und wand und versuchte, sich aus dem Griff der Köchin zu befreien, ich sah ihr verzerrtes Gesicht und den aufgerissenen Mund. »Recha!«, schrie sie. »Recha! Recha!« Doch Zipora und eine Magd hielten sie fest und lockerten den Griff auch nicht, als Daja wie wild um sich schlug und schrie: »Lasst mich los, ich muss zu Recha! Nathan ist nicht da! Gott steh uns bei, wenn Recha etwas passiert.« Ihre Schreie übertönten das Prasseln der Flammen. [...]

**Karl der Große unterwirft die Sachsen**

Im Jahr 768 übernahm der Karolinger Karl die Herrschaft im Frankenreich. Unter seiner Führung erreichte es seine größte Ausdehnung. Den längsten und erbittertsten Widerstand gegen die Franken leisteten die Sachsen. Sie waren der letzte freie Stamm der Germanen und noch nicht zum Christentum übergetreten. Unter Führung ihres Herzogs Widukind kämpften sie über dreißig Jahre einen verzweifelten Kampf. Um den Widerstand endgültig zu brechen, wurden die Sachsen gezwungen, das Christentum anzunehmen.

**b** Beurteilt, ob beide Texte durchgehend in Standardsprache verfasst sind oder ob auch Umgangssprache oder Mundart vorkommen.

**TIPP**
Nutze Internetseiten, berücksichtige auch Regionalsender.

**2**

**a** Höre dir Tonaufnahmen von Nachrichten oder Wetterberichten verschiedener Sender mehrfach an. Vergleiche die Aussprache der Sprecherinnen/Sprecher. Beurteile jeweils, ob sie regionale Besonderheiten aufweist oder der Standardsprache entspricht.

**TIPP**
Nimm den gesprochenen Text auf und bewerte deine Leistung nach dem Abhören.

**b** Übernimm selbst die Rolle einer Sprecherin / eines Sprechers. Verlies die Nachricht aus Aufgabe 4 (S. 61) oder den folgenden Wetterbericht. Bemühe dich um eine standardgerechte Aussprache.

Die Wettervorhersage für heute: Der Tag bringt leicht wechselhaftes Wetter mit einzelnen Schauern. Vereinzelt können auch ein paar Flocken dabei sein. Die Temperaturen steigen von –1 Grad am Morgen auf maximal 4 Grad am frühen Nachmittag. Es weht ein mäßiger Wind aus südwestlichen Richtungen.
Die Aussichten bis Montag: Morgen bleibt es dicht bewölkt, aber verbreitet trocken bei Höchstwerten um 6 Grad. Am Sonntag ist es teils locker, teils auch dicht bewölkt, jedoch trocken bei 9 Grad. Der Montag wird dann sonnig und die Luft erwärmt sich bis auf 12 Grad.

**3** Vergleicht mehrere Nachrichtentexte von verschiedenen Sendern miteinander. Schreibt sie dazu auf; achtet auf die Rechtschreibung. Untersucht anschließend die Wortwahl und den Satzbau der Texte.

**Was habe ich gelernt?**

**4** Überprüfe, was du über Sprachvarianten gelernt hast. Entscheide, welche der folgenden Aussagen falsch ist. Begründe deine Meinung.

1 Standardsprache, Umgangssprache und Dialekte sind Sprachvarianten des Deutschen.
2 Man findet sie hauptsächlich im mündlichen Sprachgebrauch.
3 Standardsprache orientiert sich an allgemein gültigen Normen und ist im gesamten deutschen Sprachgebiet verständlich.
4 Umgangssprache und Dialekte erkennt man an typischen Wörtern und Wendungen und an bestimmten Lauten und Lautkombinationen (bzw. Buchstaben und Buchstabenkombinationen).

# Zur Geschichte der deutschen Sprache

## Althochdeutsch

!

Die deutsche Sprache, die wir heute verwenden, hat sich über viele Jahrhunderte entwickelt.
Vorläufer des Deutschen waren Dialekte von germanischen Stämmen in der Zeit von ca. 500 v. Chr. bis zum 7./8. Jahrhundert n. Chr., die als **Germanisch** zusammengefasst werden.
Die Anfänge des Deutschen liegen im 8. Jahrhundert, als in verschiedenen Teilen des heutigen Deutschlands unterschiedliche Dialekte (Mundarten) entstanden. Die neuen mitteldeutschen und oberdeutschen (süddeutschen) Mundarten werden als **Althochdeutsch** (ca. 750 – ca. 1050) zusammengefasst.
Die Dialekte (Mundarten) wurden vor allem gesprochen und sind nur in wenigen Texten (Handschriften) erhalten geblieben, so in vielen religiösen Schriften (Bibelübersetzungen, Vaterunser, Gedichte u. a.) und in wenigen nichtreligiösen Texten (Heldenlieder, Zaubersprüche u. a.), wie z. B. die beiden *Merseburger Zaubersprüche*.
Offizielle schriftliche Texte wurden in dieser Zeit überwiegend noch in Latein verfasst (z. B. Verträge, Urkunden, Rechtsvorschriften).

**1** Die Merseburger Zaubersprüche wurden 1841 in der Bibliothek des Domkapitels zu Merseburg entdeckt.

**a** Höre den folgenden Zauberspruch von einem Internetlink oder als Lehrervortrag.

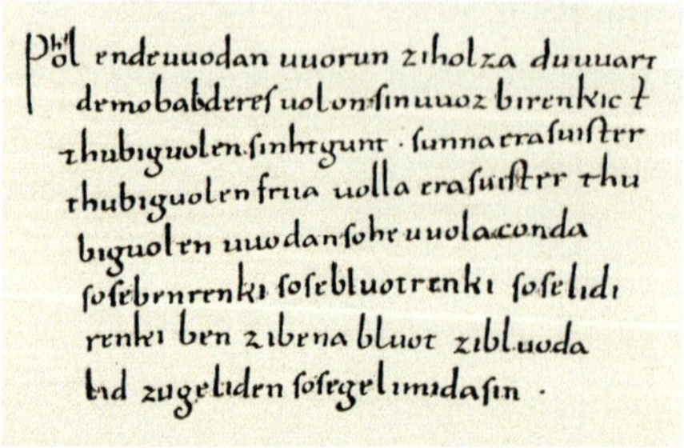

**Zweiter Merseburger Zauberspruch**

Phol ende Uuôdan uuorun zi holza.
dû uuart demo Balderes uolon sîn uuoz birenkit.
thû biguol en Sinthgunt, Sunna era suister,
thû biguol en Frîia, Uolla era suister;
thû biguol en Uuôdan sô hê uuola conda:
sôse bênrenkî, sôse bluotrenkî,
sôse lidirenkî:
bên zi bêna, bluot zi bluoda,
lid zi geliden, sôse gelimida sîn!

**b** Versuche bei mehrmaligem Anhören, den Text still mitzulesen.

2 Lies die folgende Übersetzung in das heutige Deutsch laut vor.

Phol und Wodan    ritten in den Wald,
da ward dem Fohlen Balders    sein Fuß verrenkt.
Da besprach ihn Sinthgunt    (und) Sunna, ihre Schwester,
da besprach ihn Frija    (und) Volla, ihre Schwester,
da besprach ihn Wodan,    wie (nur) er es richtig konnte:
Wie die Beinrenke,    so die Blutrenke,
so die Gliedrenke:
Bein zu Bein,    Blut zu Blut,
Glied zu Gliedern,    als ob sie aneinandergefügt (geleimt) seien.

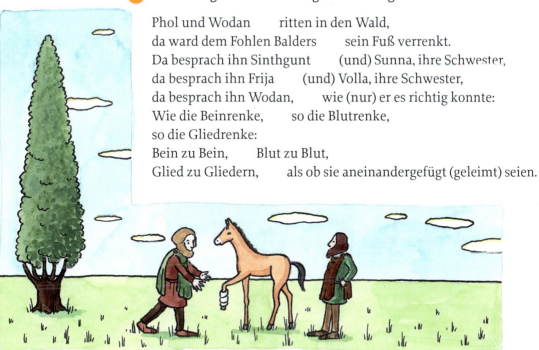

3 Kläre, was du nicht verstanden hast, und erzähle den Inhalt des Textes mit eigenen Worten nach.

4 Untersucht, welche Teile im Text als Wiederholungen vorkommen. Beachtet auch die Anzahl der Wiederholungen. Tauscht euch über ihre Bedeutung aus.

5 Ergänze die Tabelle und stelle ausgewählte althochdeutsche Wörter aus dem Zauberspruch Entsprechungen im heutigen Deutsch gegenüber. Benenne einige Unterschiede.

| **Althochdeutsch** | **heutiges Deutsch** |
|---|---|
| ende<br>… | und<br>… |

6 Versuche, den Text mit der Hilfe der Lehrerin / des Lehrers oder mithilfe einer Tonaufnahme laut vorzulesen.

## Mittelhochdeutsch

!

Die ehemals althochdeutschen Dialekte (Mundarten) veränderten sich ab dem 11. Jahrhundert n. Chr. stark und werden von da an zusammenfassend als **Mittelhochdeutsch** (ca. 1050 – ca. 1350) bezeichnet.
Auch diese Dialekte wurden vor allem mündlich gebraucht, aber von ihnen sind auch viele Texte in Handschriften überliefert. Dazu gehören Gedichte (z. B. von Walther von der Vogelweide), Epen (z. B. das *Nibelungenlied* oder *Parzival* von Wolfram von Eschenbach) und Sachtexte (z. B. der *Sachsenspiegel,* eine Sammlung von Rechtstexten).
In offiziellen schriftlichen Texten wurde immer noch überwiegend die lateinische Sprache verwendet.

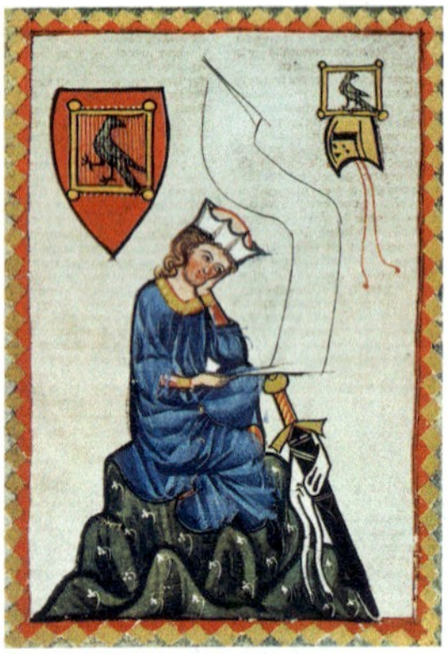

**1** Lies das folgende Gedicht von Walther von der Vogelweide still.

**Ich saz ûf eime steine**
Ich saz ûf eime steine,
und dahte bein mit beine:
dar ûf satzt ich den ellenbogen.
ich hete in mîne hant gesmogen
daz kinne und ein mîn wange. [...]

**2**

**a** Übersetzt den Text in das heutige Deutsch. Schreibt eure Übersetzung auf und tragt sie anschließend in der Klasse vor.

**TIPP**
Fragt eure Lehrerin / euren Lehrer nach unverständlichen Wörtern.

**b** Erläutere, woran man erkennt, dass es sich um ein Gedicht handelt.

**c** Schreibe einige mittelhochdeutsche Wörter zusammen mit ihren Entsprechungen im heutigen Deutsch auf. Beschreibe einige Besonderheiten des Mittelhochdeutschen.

| Mittelhochdeutsch | heutiges Deutsch |
|---|---|
| saz | ... |

**TIPP**
Wenn nötig, nutze die Hilfe der Lehrerin / des Lehrers oder einer Tonaufnahme.

**d** Versuche, den mittelhochdeutschen Text laut vorzulesen.

**3** Einer der bekanntesten Texte, die in mittelhochdeutscher Sprache aufgeschrieben wurden, ist das Nibelungenlied.

a Höre dir die erste Strophe von einem Internetlink oder als Lehrervortrag an.

| | |
|---|---|
| Uns ist in alten mæren | wunders vil geseit |
| von helden lobebæren, | von grôzer arebeit, |
| von fröuden, hôchgezîten, | von weinen und von klagen, |
| von küener recken strîten | muget ír nu wunder hœren sagen. |

b Versuche, beim zweiten oder dritten Hören leise mitzusprechen.

**4** Tauscht euch in der Klasse darüber aus, welche der Wörter ihr verstanden habt und worum es in dieser Strophe geht.

**5** Übersetzt Textstücke, die ihr schon verstanden habt, in heutiges Deutsch und schreibt sie auf. Lasst Platz für unklare Textteile.

**TIPP**
Bei einigen Wörtern könnt ihr eine Übersetzung vermuten und mit Fragezeichen kennzeichnen.

**6** Vergleiche deine bisherige Übertragung mit der folgenden vollständigen Übersetzung. Ergänze deine Übertragung.

| | |
|---|---|
| Uns ist in alten Mären/ Geschichten | viel Wundersames gesagt/ erzählt (worden) |
| von lobenswerten Helden, | von großen Kämpfen und Mühen, |
| von Freuden, Festzeiten, | von Weinen und von Klagen, |
| von Streiten kühner Recken | mögt (könnt) ihr nun/hier Wunder hören sagen. |

**TIPP**
Lege eine Tabelle an wie in Aufgabe 2c (S. 214).

**7** Stelle einige mittelhochdeutsche Wörter heutigen Entsprechungen gegenüber. Beschreibe die Unterschiede so genau wie möglich.

**8** Lies den mittelhochdeutschen Text noch einmal und prüfe, ob du jeden Vers verstehst.

→ S. 91 Inhaltsangabe verfassen

**9** Ermittelt in Nachschlagewerken, wovon das Nibelungenlied erzählt. Verfasst eine Inhaltsangabe und tragt sie in der Klasse vor.

## Frühneuhochdeutsch

!

Im 14. Jahrhundert war eine weitere Etappe der Veränderung der hochdeutschen Dialekte abgeschlossen. Man nennt sie von da an zusammenfassend **Frühneuhochdeutsch** (ca. 1350 – ca. 1650).
In dieser Zeit wurden immer mehr schriftliche Texte in Dialekt verfasst, sie sind bis heute in Handschriften und Drucken erhalten. Dazu zählen Schriften der Reformation (Martin Luther), Volksbücher (z. B. über Till Eulenspiegel), Schwänke oder erste Grammatiken zum Deutschen (z. B. von Valentin Ickelsamer). In vielen offiziellen schriftlichen Texten (z. B. in Politik, Verwaltung oder Wissenschaft) wurde immer noch die lateinische Sprache verwendet, doch ihr Einfluss ging allmählich zurück.
Aus dem Frühneuhochdeutschen entwickelte sich im 18. und 19. Jahrhundert eine gesamtdeutsche Nationalsprache.

**1**

**a** Lies den folgenden Text still.

**Ein kurtzweilig lesen von Dil Ulenspiegel**
Die neunzehend Histori sagt von Vlenspiegel / wie er zů Brunschwick sich verdingt zů einem brotbecker / für ein beckerknecht / vnd wie er ůlen vnd merkatzen bůch.
Da nun Ulenspiegel wider geen Brunschwick kam / zů der beckerstuben / da wont ein becker nach darbei / der růfft im in sein hauß vnd fragt in was er für ein gesel oder für ein handtwerckß man wer. Vlenspiegel spruch / Ich bin ein beckerknecht. Der brotbecker der sprach. Ich hab eben kein knecht wiltu mir dienen. Vlenspiegel sagt ia. Also er nun zwen tag bei im was gewesen / da hieß in der becker bachen vff den abendt / dann er kunt im nit helffen / biß an den morgen. Vlenspiegel sprach ia w(a)z sol ich aber bachen ...

**b** Übertrage den Text mündlich in heutiges Deutsch. Kläre dir unbekannte Wörter durch Vermutungen oder mit der Lehrerin / dem Lehrer.

**c** Fasse den Inhalt des Textes mit eigenen Worten zusammen.

**d** Lies in einer heutigen Ausgabe, wie diese neunzehnte Geschichte zu Ende geht, und erzähle die Fortsetzung nach.

**2**

**a** Stelle ausgewählte frühneuhochdeutsche Wörter aus dem Text in Aufgabe 1a Entsprechungen im heutigen Deutsch gegenüber. Unterstreiche die Unterschiede.

*kurtzweilig – kurzweilig, …*

**b** Trage die Ergebnisse vor. Weise dabei auf die Regeln in der heutigen Rechtschreibung hin.

**3**

**a** Lies den Text aus Aufgabe 1a (S. 216) noch einmal still und prüfe dabei, ob du den Inhalt genau verstehst.

**TIPP**
Überlege, warum diese Figur heute noch so lebendig ist.

**b** Lies den Text abschließend laut vor.

**4** Erzähle weitere Streiche aus dem Volksbuch von Till Eulenspiegel, die dir besonders gefallen. Begründe deine Wahl.

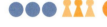

**5** Und nun noch ein frühneuhochdeutscher Text für »Sprachspezialisten«. Bearbeitet den Text wie in den Aufgaben 1 bis 4.

*Valentin Ickelsamer* **Teutsche Grammatica**

*Teütsche wort recht Bůchståbisch zůschreiben oder zů reden Regule*

Die Erst / Das ainer der ain wort reden oder schreyben will / fleyssig auffmerckung hab auff die bedeüttung vnd Composition desselben worts / das ist / Er soll wissen was es haisse / dann wie yetzt gesagt / verstehn die Teütschen nichts wenigers dann jr aygen teütsch / vnd kumpt solcher vnuerstand diser sprach am maisten daher / das die wo̊rter mit vnrechten Bůchstaben werden geschriben vnd geredt / als ain Exempel / Das wort harbant / reden etlich das / b / so waich das es lauttet harwant / ja etlich nennens harwet / Wer nu nit waist […] die bedeütung dises worts / Nåmlich / das gesagt ist von ainem band da man das har mit bindet / wie kann ers recht schreiben oder reden?

Was habe ich gelernt?

**6** Überprüfe, was du über die Entwicklung der deutschen Sprache gelernt hast. Zeichne einen Zeitstrahl und trage die Entwicklungsetappen ein. Vermerke auch Besonderheiten der Sprache.

# Teste dich selbst!

1 Lies den folgenden Text. Schreibe ihn (evtl. am PC) ab.

Die Autorin Iva Procházková erzählt über ihr Leben: »Ich bin am 13. Juni 1953 in Olmütz geboren. Olmütz ist eine gemütliche, alte Stadt in Mähren[1], mit vielen krummen Gassen, geheimnisvollen Ecken und Innenhöfen und vielen netten Leuten. Die nettesten von allen waren wahrscheinlich meine Großmutter und meine Urgroßmutter, die mich meine drei ersten Jahre erzogen und verwöhnten. Dann musste ich nach Prag zu meinem Vater und meiner Mutter, die mich nicht verwöhnten, aber sie liebten mich nicht weniger. Mein Vater, ein Schriftsteller, ist gestorben, als ich 17 war, und er fehlt mir bis heute. Manchmal erzähle ich ihm vor dem Einschlafen etwas Lustiges, um ihm eine Freude zu machen. Er liebte lustige Geschichten und konnte wunderbar erzählen. Das ist vielleicht der Grund, warum auch ich Schriftstellerin geworden bin. Von ihm unheilbar angesteckt, bin ich wie in einem Rausch oder in einem hohen Fieber, wenn ich schreibe, und dieser Zustand dauert, bis das Buch fertig ist. Momentan ist mein Fieber normal, ich schreibe nichts, aber eine Geschichte entwickelt sich schon langsam in meinem Kopf (oder Herz?), klopft ungeduldig und wird bald rausgelassen werden ...«

[1] Gebiet in der Tschechischen Republik

2 Schreibe zwei Beispiele für Aufzählungen heraus.

3 Unterstreiche eine nachgestellte Erläuterung mit ihrem Beziehungswort.

4

a Unterstreiche alle Nebensätze. Markiere die Einleitewörter und die finiten Verbformen verschiedenfarbig.

b Bestimme, ob es sich bei den Einleitewörtern um eine Konjunktion, ein Relativpronomen oder ein Fragewort handelt.

5 Markiere zwei mehrfach zusammengesetzte Sätze. Zeichne jeweils das Satzbild dazu.

6 Unterstreiche den Satz, der eine Infinitivgruppe beinhaltet, und den, der eine Partizipgruppe enthält.

Achtung, Fehler!

7 Schreibe den folgenden Satz ab, unterstreiche die Infinitivgruppe und setze das Komma.

Viele Erinnerungen regen die Autorin dazu an Geschichten zu erzählen.

Achtung, Fehler!

8 Schreibe folgenden Satz ab und unterstreiche die Partizipgruppe. Setze das Komma.

Iva Procházková wuchs in einem kleinen mährischen Städtchen auf von der Großmutter und der Urgroßmutter verwöhnt.

9 Entscheide, welche Wörter in den folgenden Wortgruppen Nomen sind. Schreibe die Wortgruppen in richtiger Groß- und Kleinschreibung auf. Markiere die Attribute, die sich auf die Nomen beziehen.

Achtung, Fehler!

**1** eine gemütliche, alte stadt **2** lustige geschichten **3** viele nette leute
**4** mit vielen krummen gassen und geheimnisvollen ecken

10 Schreibe ein nominalisiertes Wort aus dem Text von Aufgabe 1 mit seinen Begleitwörtern auf.

11 Formuliere folgende Aktivformen aus dem Text in Passivformen um.

**1** Großmutter und Urgroßmutter erzogen mich.
**2** Mutter und Vater verwöhnten mich nicht.

12 Schreibe die folgende Äußerung der Autorin in indirekter Rede auf und markiere die Formen im Konjunktiv I.

»Das ist […] der Grund, warum auch ich Schriftstellerin geworden bin. Von ihm unheilbar angesteckt, bin ich wie in einem Rausch […], wenn ich schreibe, und dieser Zustand dauert, bis das Buch fertig ist.«

13 Rahme im Text zwei Adverbien der Zeit ein.

14 Schreibe drei Ableitungen und drei Zusammensetzungen heraus. Markiere ihre Wortbestandteile durch senkrechte Striche.

# Groß- und Kleinschreibung

→ S. 161 Nomen und Nominalisierungen

## Nominalisierungen/Substantivierungen

**1** Schreibe den Text ab und entscheide, ob du groß- oder kleinschreiben musst.

Achtung, Fehler!

kurios war ein tor, das im jahr 1985 zum erfolg des fc bamberg über jahn regensburg führte. ein eben eingewechselter regensburger spieler übernahm sofort das leder, stürmte zielsicher auf das tor zu und schoss unhaltbar ein. seine freude war nur kurz. es war das tor seiner eigenen mannschaft. er hatte die seiten verwechselt.

Rechtschreibhilfe: Regeln anwenden

**2** Welche Regeln hast du genutzt? Vervollständige die folgenden Sätze und schreibe sie in dein Heft.

1 Satzanfänge schreibt man ___ .
2 Eigennamen werden ebenfalls ___ geschrieben.
3 Nomen/Substantive schreibt man im Deutschen ___ .
4 Alle anderen Wortarten werden ___ geschrieben.

Rechtschreibhilfe: Begleitwörter suchen

**3** Entscheide, ob die unterstrichenen Wörter großgeschrieben werden müssen. Wenn ja, schreibe sie mit ihren Begleitwörtern heraus, markiere diese und begründe die Großschreibung.

**TIPP**
Großgeschrieben werden nur Wörter, die ein Geschlecht haben, z. B.: *das Schreiben* (sächl.).

**Schlechte Manieren**

Der Kuckuck ist ein großer Betrüger. Beim b/Brüten schiebt er seine Eier anderen Vögeln unter, die gerade brüten. Dazu muss er w/Warten, bis die Eltern fort sind. Dann legt er sein Ei in das fremde Nest. Die anderen Vögel halten das Kuckucksei für ihr eigenes und beginnen sofort mit dem b/Brüten. Der junge Kuckuck hat das schlechte b/Benehmen seiner Eltern geerbt. Schon Stunden nach dem s/Schlüpfen beginnt er mit dem r/Rausschmeißen der anderen Mitbewohner aus dem Nest. Die j/Jungen des Nestbesitzers haben kaum eine Chance zum ü/Überleben, wenn sie aus dem Nest gestoßen wurden. Ihre Eltern kümmern sich nur um »ihren« k/Kleinen, der im Nest sitzt. Sie s/Sorgen für das tägliche f/Füttern und s/Säubern, bis der k/Kleine groß und stark ist und das Nest verlassen hat.

*beim (bei dem) Brüten – Präposition (+ Artikel), ...*

!

Verben und Adjektive lassen sich als Nomen/Substantive verwenden. Man spricht dann von **nominalisierten/substantivierten Verben** und **Adjektiven,** die **großgeschrieben** werden. Man kann sie an ihren Begleitwörtern erkennen, z. B. an:

- Artikeln (*der, die, das; ein, eine*) *das Laufen,*
- Adjektiven (*schnell, gut, …*) *schnelles Laufen,*
- Pronomen (*mein, ihr, etwas, nichts, …*) *etwas Gutes,*
- Präpositionen (+ Artikel) (*auf, beim / bei dem*) *beim Laufen.*

Nicht nur Adjektive und Verben können mithilfe dieser Begleitwörter nominalisiert/substantiviert werden, sondern auch alle anderen Wortarten, z. B.:
*das häufige Aber* (Konjunktion), *dein lautes Aua* (Interjektion), *das Für und Wider* (Präposition).

Rechtschreibhilfe: Begleitwörter suchen

→ S. 160 Die Wortarten im Überblick

**4** Ermittle, welche der großgeschriebenen Wörter Nominalisierungen sind und welche Wortart jeweils nominalisiert wurde.

**1** »Die Drei ist die Eins des kleinen Mannes«, meint Robert nach der nicht ganz gelungenen Mathearbeit.
**2** Sonst hat er stets einige Einsen und viele Zweien.
**3** Das Hier und das Heute stehen im Mittelpunkt seines Romans.
**4** In der Diskussion ging es um das Für und das Wider von Schülercafés.
**5** Das Mein und das Dein sollte man nicht verwechseln.
**6** Die vielen Und machen deine Geschichte etwas eintönig.
**7** Meine Eltern haben unserer Ferienfahrt ohne Wenn und Aber zugestimmt.
**8** Unsere Nachbarin hat meiner Mutter das Du angeboten.
**9** Dein dauerndes Ach und Weh gefällt mir überhaupt nicht.

●●●

**5** Nominalisierungen werden häufig verwendet, wenn es auf eine knappe und sachliche Darstellung ankommt. Formuliere folgende Sätze aus einem Praktikumsbericht um, indem du Nominalisierungen verwendest.

**1** Jeder Tag begann damit, dass die Arbeiten verteilt wurden.
**2** Oft musste ich dabei helfen, die Regale aufzufüllen.
**3** Als das Lager aufgeräumt wurde, hatte ich sogar eigene Aufgaben.
**4** Die Waren richtig zu sortieren, ist mir leichtgefallen.
**5** Einmal durfte ich dabei sein, als das Schaufenster gestaltet wurde.

*1. Jeder Tag begann mit dem …*

→ S. 229, 245
Geografische Eigennamen

## Die Schreibung von Eigennamen

**1** Sieh dir die folgende Illustration an und erkläre das Problem.

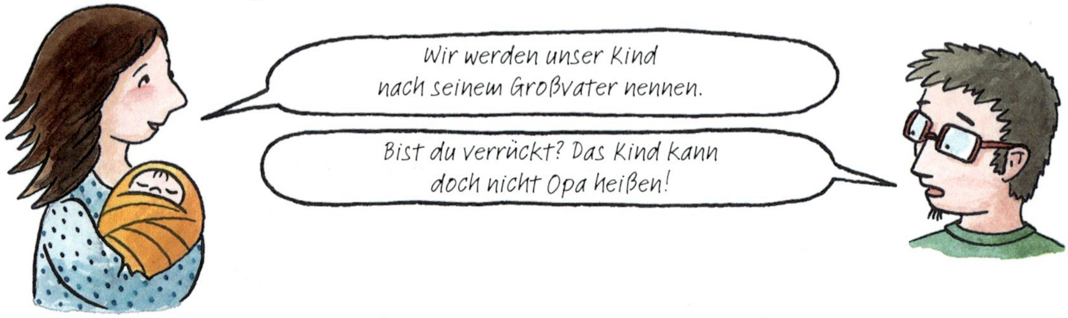

Wir werden unser Kind nach seinem Großvater nennen.
Bist du verrückt? Das Kind kann doch nicht Opa heißen!


! **Eigennamen** sind Wörter und Wortgruppen, die z. B. Personen, Orte, Veranstaltungen, Organisationen und Institutionen als einmalig bezeichnen. Eigennamen werden **immer großgeschrieben**, z. B.: *Alexander, Katharina Weber, Erfurt, Thüringen, Deutschland, Deutsche Meisterschaften im Schwimmen, Deutsches Rotes Kreuz, Freie Universität.*
Wenn Adjektive, Partizipien oder Numeralien (Zahlwörter) Teil eines Eigennamens sind, werden sie ebenfalls großgeschrieben, z. B.: *der Stille Ozean, die Vereinigten Staaten, der Zweite Weltkrieg.*

Rechtschreibhilfe: Regeln nachschlagen

**2**

**a** Suche im Wörterbuch die Regeln zur Schreibung von Eigennamen heraus und fasse diese mit eigenen Worten schriftlich zusammen.

**TIPP**
§ 59–62 der amtlichen Regelung der deutschen Rechtschreibung

**b** Wende nun die Regeln an und schreibe die folgenden Wortgruppen richtig in dein Heft.

**1** der d/Deutsche Bundestag **2** der k/Kleine Bär (Sternbild) **3** das Kap der g/Guten Hoffnung **4** der i/Indische Ozean **5** die c/Chinesischen Gewürze **6** die w/Weiße Flotte (Schifffahrtsgesellschaft) **7** Zum g/Goldenen Hahn (Gaststätte) **8** das z/Zweite d/Deutsche Fernsehen **9** m/Mecklenburgisches Gemüse **10** die h/Hohe Tatra (Gebirge) **11** die h/Hohen Kosten

**3** Die Schreibung von Personennamen ist nicht an die amtlichen Rechtschreibregeln gebunden.

**a** Sieh im Telefonbuch nach und schreibe die unterschiedlichen Schreibweisen für *Meier, Schmidt, Seifert* auf.

**TIPP**
Ein Vornamenbuch hilft dir.

**b** Schreibe die verschiedenen Schreibweisen für folgende Vornamen auf.

**1** Mike **2** Carina **3** Christoph **4** Luca **5** Niklas **6** Katrin **7** Knut

*1. Mike, Maik, Meik, …*

**4**

Rechtschreibhilfe: Regeln anwenden

**a** Solche oder ähnliche Überschriften findest du in Zeitungen und Zeitschriften. Schreibe die Eigennamen heraus.

Neuer Chefredakteur bei der Märkischen Allgemeinen Potsdam

Roter Milan vom Aussterben bedroht

Tokio Hotel begeistert Moskau

Weihnachtskonzert des Leipziger Thomanerchors begeistert

Keine Angst vor dem Grauen Wulstling

Das Rote Kreuz hilft auch in Afghanistan

**b** Erkläre, was die Eigennamen bezeichnen.

**5** Eigenname – ja oder nein? Entscheide, ob du groß- oder kleinschreiben musst. Schreibe die unterstrichenen Wortgruppen heraus und begründe mündlich ihre Schreibung.

1. Deutschland ist Mitglied der v/Vereinten Nationen.
2. Das v/Vereinte Deutschland spielt eine wichtige Rolle in der e/Europäischen Union.
3. Viele e/Europäische Staaten wurden bereits Mitglied in dieser i/Internationalen Staatengemeinschaft.
4. Alle warten mit Spannung auf die Entscheidung des i/Internationalen o/Olympischen Komitees.
5. Der Flug über den a/Atlantischen Ozean ist längst kein Abenteuer mehr.
6. Spanien wird vom a/Atlantischen Klima beeinflusst.
7. Wir wollen am s/Schwarzen Meer Urlaub machen.
8. Für den Drucker musst du s/Schwarze Tinte kaufen.
9. Den s/Schiefen Turm von Pisa würde ich gern fotografieren.
10. Im r/Roten Meer zu tauchen, muss interessant sein.
11. Er trägt gern r/Rote Pullover.

# Getrennt- und Zusammenschreibung

## Regeln der Getrennt- und Zusammenschreibung bei Verben

**1**

**a** Lies den Text laut. Welche Probleme hast du beim Lesen?

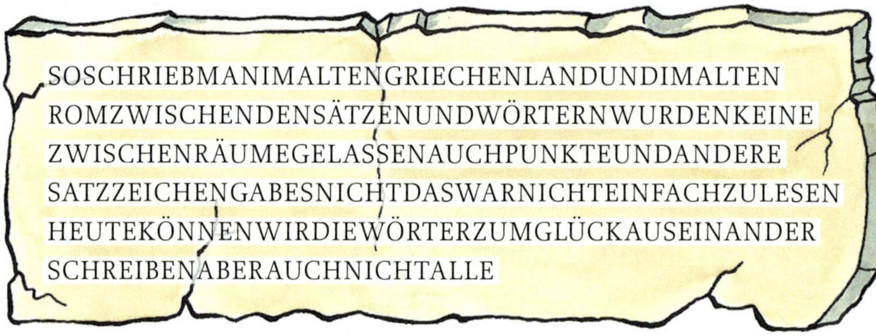
SOSCHRIEBMANIMALTENGRIECHENLANDUNDIMALTEN
ROMZWISCHENDENSÄTZENUNDWÖRTERNWURDENKEINE
ZWISCHENRÄUMEGELASSENAUCHPUNKTEUNDANDERE
SATZZEICHENGABESNICHTDASWARNICHTEINFACHZULESEN
HEUTEKÖNNENWIRDIEWÖRTERZUMGLÜCKAUSEINANDER
SCHREIBENABERAUCHNICHTALLE

**b** Schreibe den Text nach heutiger Rechtschreibung ab. Welches Verb muss zusammengeschrieben werden?

**!**

Im Prinzip schreibt man Wörter getrennt, damit man Texte besser lesen kann und damit keine Wortungeheuer entstehen. Häufig entscheiden die Betonung und die Bedeutung von Wortgruppen über die Getrennt- und Zusammenschreibung:

- Liegt die **Betonung auf dem ersten Bestandteil,** dann wird zusammengeschrieben, z. B.:
  *auseinandersetzen, hinauslehnen, schlussfolgern.*
- Werden **beide Bestandteile betont,** wird getrennt geschrieben, z. B.:
  *aufeinander achten, etwas quer (in den Weg) stellen, laut sprechen.*

Auch die Bedeutung ist wichtig für die Getrennt- oder Zusammenschreibung:

- Wird die Wortverbindung **in übertragener Bedeutung** verwendet, dann wird sie zusammengeschrieben, z. B.:
  *freisprechen* (von Schuld), *schwerfallen* (Mühe haben).
- Bei Verbindungen mit *bleiben* und *lassen* in übertragener Bedeutung ist sowohl Getrennt- als auch Zusammenschreibung möglich, z. B.:
  *sitzenbleiben* und *sitzen bleiben* (nicht versetzt werden),
  *links liegenlassen* und *links liegen lassen* (nicht beachten).

Rechtschreibhilfe: Bedeutungs- und Betonungsprobe

Achtung, Fehler!

**2** In einigen Sätzen werden Verben in übertragener Bedeutung verwendet. Berichtige die Wörter und schreibe die Sätze ab.

1 Diese Aufgaben werden mir nicht schwer fallen.
2 Bei Glätte kann man ziemlich schwer fallen.
3 Die Behauptungen sind falsch. Ich muss einiges richtig stellen.
4 Den Schrank im Kinderzimmer musst du erst mal richtig stellen, damit die Türen nicht klemmen.
5 Der Richter kann den Angeklagten nicht frei sprechen, er muss ihn verurteilen.
6 In einem Vortrag sollte man möglichst frei sprechen, um überzeugend zu wirken.
7 Der Händler will mir den Betrag für das defekte Notebook gut schreiben, also das Geld überweisen.
8 Meine Schwester konnte schon mit 6 Jahren gut schreiben.

! Verbindungen aus **Adjektiv + Verb** werden meist **getrennt** geschrieben, z. B.: *laut sprechen, schnell laufen.*
Nur in **übertragener Bedeutung** muss man zusammenschreiben, z. B.: *schwarzfahren* (ohne Fahrkarte), *schwerfallen* (Mühe haben), *festnehmen* (verhaften), *richtigstellen* (etwas berichtigen), *großschreiben, kleinschreiben* (mit großen bzw. kleinen Anfangsbuchstaben), *freisprechen* (von Schuld).

Rechtschreibhilfe: Bedeutungs- und Betonungsprobe

**3** Wende bei deiner Schreibentscheidung – getrennt oder zusammen – die Regel aus dem Merkkasten an.

1 Zum Bahnhof mussten wir ___ (schnell – laufen), sonst hätten wir den Zug verpasst.
2 Nomen/Substantive muss man im Deutschen ___ (groß – schreiben).
3 Alle anderen Wortarten werden ___ (klein – schreiben).
4 Bei Schneeglätte kann man ___ (leicht – fallen).
5 Diese Aufgabe wird mir nicht ___ (schwer – fallen).
6 Die Entscheidung wird uns ziemlich ___ (leicht – fallen).
7 Wir müssten noch einen Termin für unsere Beratung ___ (fest – legen).
8 Die Polizei wollte den Einbrecher ___ (fest – nehmen).
9 Wer keine Schuld hat, wird vom Richter ___ (frei – sprechen).
10 Auf dem Plakat solltest du den ersten Buchstaben sehr ___ (groß – schreiben).

**4** Entscheide richtig: *groß schreiben* oder *großschreiben, klein schreiben* oder *kleinschreiben.*

1. Im Gegensatz zu Nomen/Substantiven muss man Adjektive und Verben ___ .
2. Auch nach der Rechtschreibreform müssen wir Nomen/Substantive weiterhin ___ .
3. In allen anderen Sprachen der Welt werden Nomen/Substantive allerdings ___ .
4. Nur im Deutschen werden Nomen/Substantive nach wie vor ___ .
5. Auf einem Werbeplakat sollte man die Buchstaben richtig ___ .
6. Auf einer Postkarte dagegen muss man meist ziemlich ___ .

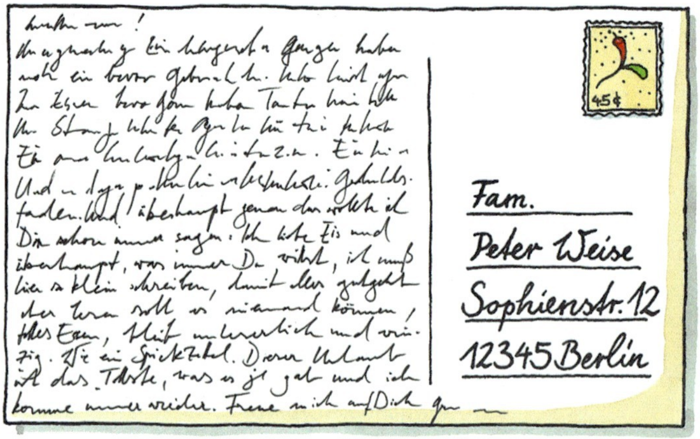


**Rechtschreibhilfe: Bedeutungs- und Betonungsprobe**

**5** Bilde mit den folgenden Nomen, Adjektiven und Verben möglichst viele sinnvolle Wortgruppen. Achte dabei auf Getrennt- und Zusammenschreibung.

| Nomen | Adjektiv | Verb |
|---|---|---|
| im Bus nicht | schwarz | sprechen |
| auf der Baustelle | leicht | fahren |
| die Aufgabe wird mir | fest | fallen |
| den Verbrecher | frei | nehmen |
| bei Glatteis | schwer | stellen |
| eine Behauptung | richtig | schreiben |
| einen Betrag | gut | arbeiten |

*im Bus nicht schwarzfahren, …*

> **!** Verbindungen von **Verb + Verb** werden überwiegend **getrennt** geschrieben, z. B.: *lesen lernen, baden gehen.*
> Nur bei **übertragener Bedeutung** ist bei Verbindungen mit den Verben *bleiben* und *lassen* auch Zusammenschreibung möglich, z. B.: *sitzenbleiben* (nicht versetzt werden), *links liegenlassen* (nicht beachten).

**TIPP**
Verwende dazu die entsprechende Regel, z. B. K 55–56 im Duden.

**6** Beim Aufeinandertreffen von zwei Verben kann man mit der Schreibung Bedeutungsunterschiede deutlich machen. Entscheide dich für eine Schreibung und begründe deine Entscheidung.

1 Viele Kinder wollen bereits vor Schuleintritt ___ (lesen – lernen).
2 Gute Leserinnen und Leser werden in der Schule selten ___ (sitzen – bleiben).
3 Deshalb sollte man schlechte Leser nicht links ___ (liegen – lassen).
4 In solchen Fällen muss man auch Kritik ___ (bleiben – lassen) und verstärkt ___ (lesen – üben).
5 Als Belohnung für Erfolge kann man dann ___ (baden – gehen) oder im Wald ___ (spazieren – gehen).
6 Wem das nicht gefällt, den sollte man einfach ___ (stehen – lassen).
7 Anna hat ihn ___ (sitzen – lassen), als er Hilfe brauchte.
8 So etwas sollte man auf jeden Fall ___ (bleiben – lassen).

Rechtschreibhilfe: Bedeutungsprobe

**7** Entscheide, welche Verbindungen auch zusammengeschrieben werden können. Prüfe deine Entscheidung mit einem Wörterbuch.

1 Sie sollte viel öfter ___ (rechnen – üben).
2 Außerdem hat sie die Verabredung mit ihrem Freund Jan ___ (platzen – lassen).
3 Sie wollte lieber ins Erlebnisbad ___ (schwimmen – gehen).
4 Aber dann ist sie im Stau ___ (stecken – bleiben).
5 Ich hoffe, dass wir unseren Streit bald ___ (ruhen – lassen).
6 Dann können wir zusammen wieder ___ (einkaufen – gehen) und uns ___ (treiben – lassen).

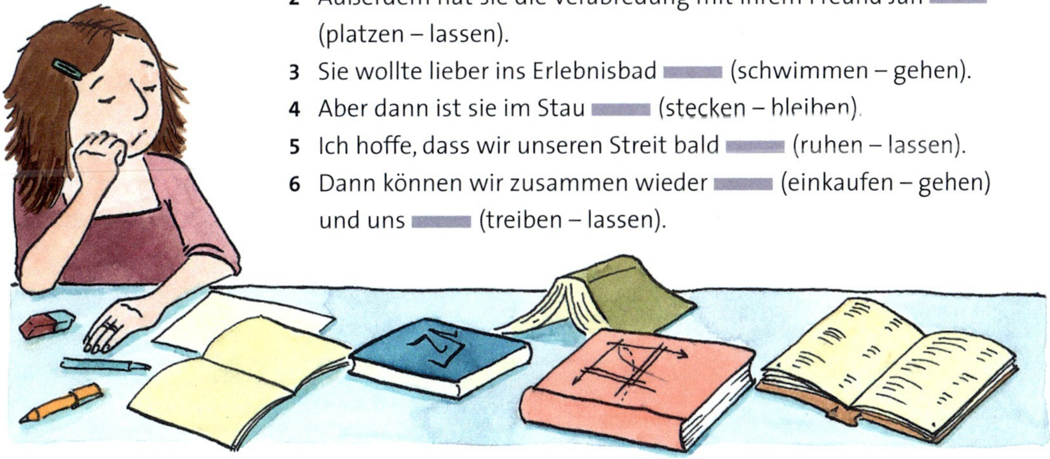

!

Verbindungen aus **Nomen/Substantiv + Verb** werden überwiegend **getrennt** geschrieben, z. B.:
*Auto fahren, Rad fahren, Ski laufen, Klavier spielen, Not leiden.*
Folgende **Ausnahmen** muss man sich einprägen:
*eislaufen (eisgelaufen, eiszulaufen, ich laufe eis), heimfahren, irreführen, leidtun, kopfrechnen, kopfstehen, preisgeben, teilnehmen.*

**Rechtschreibhilfe: Regeln anwenden**

**8** Ergänze die Sätze mithilfe der Wörter in Klammern. Schreibe sie ab.

**1** Man sollte viel häufiger ___ (Rad – fahren) und weniger ___ (Auto – fahren).
**2** Manche wollen lieber ___ (Ski – laufen).
**3** Auch wenn du ___ (Kopf – stehen), du musst heute noch die Hausaufgaben machen.
**4** Ich lasse mich an der Kasse nicht so leicht ___ (Irre – führen), denn ich kann ganz gut ___ (Kopf – rechnen).
**5** Im Winter gehen wir gern ___ (Eis – laufen).
**6** Danach können wir mit dem Bus ___ (Heim – fahren).
**7** Sie wollte ihr Geheimnis nicht ___ (Preis – geben).
**8** Niemand wusste, dass sie ___ (Klavier – spielen) konnte.

● **9** Schreibe die Beispiele aus dem Merkkasten in eine Tabelle.

| Getrenntschreibung | Zusammenschreibung |
|---|---|
| Auto fahren ... | eislaufen ... |

●●● **10** Hier ist etwas durcheinandergeraten. Bringe Ordnung in diese Fügungen und beachte die Getrennt- und Zusammenschreibung sowie die Groß- und Kleinschreibung.

Achtung, Fehler!

**1** autolaufen **2** skistehen **3** kopflaufen **4** radrechnen **5** preisfahren **6** ratfangen **7** feuersuchen **8** diätstehen **9** schlangehalten **10** irretun **11** leidführen **12** kopfnehmen **13** teilgeben **14** eisfahren

*1. Auto fahren, 2. ...*

## Die Schreibung von Straßennamen

Achtung, Fehler!

**1**

a Man sieht immer wieder falsch geschriebene Namen von Straßen und Plätzen. Lies die folgenden Beispiele und suche die Fehler.

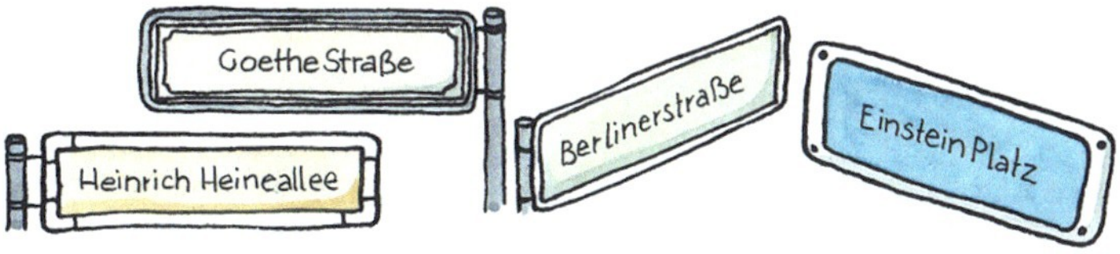


b Lies den Merkkasten und schreibe die Straßennamen aus Aufgabe a richtig auf.

!

**Zusammengeschrieben** werden **Straßennamen**, wenn sie folgende Bestandteile als Bestimmungswort haben:
- einteilige Personennamen, z. B.: *Schillerstraße, Einsteinplatz,*
- ungebeugte Adjektive, z. B.: *Rundweg, Blaugasse,*
- Nomen/Substantive, z. B.: *Bergstraße, Kastanienallee.*

**Getrennt geschrieben** werden Straßennamen, wenn sie folgende Bestandteile enthalten:
- gebeugte Adjektive, z. B.: *Alter Steinweg, Breite Straße, Innerer Ring,*
- geografische Eigennamen auf *-er* oder *-isch*, z. B.: *Berliner Platz, Grimmaische Straße,*
- eine Präposition (+ Artikel), z. B.: *Unter den Linden, Am Anger.*

**Mit Bindestrich** geschrieben werden Straßennamen, wenn sie folgende Bestandteile als Bestimmungswort haben:
- mehrgliedrige Personennamen, z. B.: *Robert-Schumann-Straße, Karl-May-Gasse, Gebrüder-Grimm-Platz.*

**2**

Achtung, Fehler!

a Berichtige die Straßennamen und ordne sie in die Tabelle ein.

Park Straße – Augustiner-Platz – Anderaue – Helden-Platz – Neuestraße – Schubert Straße – Geschwister Scholl Straße – Am-Stadtgraben – Juri Gagarinring – Luther Platz – Carl Maria von Weber Straße – Schloss-Platz – Marien-Gässchen – Suhlerstraße – Kosmonauten Straße

| Zusammenschreibung | Getrenntschreibung | mit Bindestrich |
|---|---|---|
| Parkstraße | … | … |

**b** Ergänze in den einzelnen Spalten der Tabelle jeweils ein Beispiel.

**c** Suche aus dem Stadtplan deiner Landeshauptstadt (Zentrum) passende Straßennamen heraus und ordne diese in die Tabelle aus Aufgabe a ein.

Rechtschreibhilfe: Regeln anwenden

**3** Bilde aus den folgenden Namen und Begriffen Straßennamen.

Bach – Martin Luther – Dom – Zwickau – Ludwig van Beethoven – Bahnhof – Dr. Robert Koch – Weimar – lang – breit – Friedrich Schiller – Tal – Greifswald – Ostsee

Straße – Platz – Allee – Gasse – Weg

*Bachstraße, ...*

**4** Stelle Straßennamen aus deinem Ort zusammen und ordne sie nach Getrenntschreibung, Zusammenschreibung und Schreibung mit Bindestrich.

**5** Lies diesen Text über ungewöhnliche Straßennamen und suche in deinem Wohn- oder Nachbarort ähnliche Straßennamen.

Im Prinzip haben die Straßen in den meisten Orten ganz normale Namen: **Hauptstraße**, **Kirchgasse**, **Heinrich-Heine-Platz**, **Berliner Allee**. Aber eben nur im Prinzip. Da gibt es z. B. die **Milchstraße**, den **Irrweg**, das **Schulterblatt** und den **Stinkbüdelsgang** in Hamburg. Vielleicht wollen die Bewohner von **Außenliegend** (Mühlheim) und der **Knochenhauertwiete** sowie **Hinter der Neuen Tröge** doch lieber in den **Döhnerweg** ziehen. Man kann aber auch auf dem **Hühnerposten** oder im **Duschweg** (alle Hamburg) leben. Im Zentrum von Köln wohnt man **Unter Fettenhennen** und in Aachen **An den Wurmquellen.** Auch auf der **Tüünlüüd** (Maasholm) und **Am Elend** (Wuppertal), **Am Schmandsack** (Dortmund), **Am Flötenhalterweg** und sogar im **Himmelreich** (Heide-Dithmarschen) wohnen Leute. Die Bewohner der **Ellenbogengasse** (Frankenthal) sind sicher ebenso wenig glücklich über den Namen wie die Leute in der **Frustbergstraße** (Hamburg), eher dagegen die Berliner auf der **Frohen Stunde**.

## Wörter mit Bindestrich

→ S. 244 Mit Wörterbüchern arbeiten

**1** Erkunde im Regelteil des Wörterbuchs, wann ein Bindestrich gesetzt werden sollte und wie viele man setzen darf.

!

**Bindestriche** erleichtern das Lesen. Sie machen Wortzusammensetzungen übersichtlicher, z. B.:
*das Preis-Leistungs-Verhältnis, die Berg-und-Tal-Bahn.*
Mit Bindestrich werden folgende Wörter geschrieben:

- Zusammensetzungen mit einzelnen Buchstaben, Abkürzungen, Kurzwörtern oder Ziffern, z. B.:
  *A-Dur, c-Moll, x-beliebig, Dehnungs-h, Lkw-Verkehr, Musik-CD, WLAN-Verbindung, 13-jährig, 100-prozentig, 5:1-Sieg,*
- Zusammensetzungen mit mehr als zwei Bestandteilen, z. B.:
  *Hals-Nasen-Ohren-Arzt, 24-Zoll-Monitor, Trimm-dich-Pfad,*
- Zusammensetzungen, die zu Missverständnissen führen können, z. B.:
  *Druck-Erzeugnis* (Erzeugnis einer Druckerei) – *Drucker-Zeugnis* (Zeugnis für einen Drucker),
- Eigennamen mit mehrteiligen Namen, z. B.:
  *Goethe-Schiller-Gedenkstätte, Nord-Ostsee-Kanal.*

Ein Bindestrich **kann** auch beim Zusammentreffen von drei gleichen Buchstaben in Zusammensetzungen gesetzt werden, z. B.:
*Auspuff-Flamme* (neben *Auspuffflamme*), *Tee-Ei* (neben *Teeei*).

**2** Schreibe die Zusammensetzungen mit Artikel ab und setze die Bindestriche richtig.

Achtung, Fehler!

MAIJUNIHEFT – RHEINMAINDONAUKANAL –
FRIEDRICHSCHILLERMUSEUM – HAVELSPREEKANAL –
HALSNASENOHRENARZT –
JOHANNWOLFGANGVONGOETHEDENKMAL –
HEINRICHHEINEOBERSCHULE – KOPFANKOPFRENNEN

das Mai-Juni-Heft, …

**3** Bilde Zusammensetzungen mit Ziffern und setze die Bindestriche.

alle Fünfzehnjährigen – das Zehnfache – sechsjährig – ein Achtzylinder – ein Dreipfünder – der Einhundertmeterlauf – eine vierzehntägige Reise

**4** Füge entsprechende Bindestriche ein, um die Lesbarkeit zu verbessern und um Missverständnisse zu vermeiden.

1 Kaffeeersatz – Flussschifffahrt – Kleeernte – Teeei – Hawaiiinseln – Schwimmmeisterschaft – Sauerstoffflasche – Klemmmappe – Schlusssignal – Alleeecke
2 Hansaufer – Urteilchen – Musikerleben – Uranfang

*1. Kaffee-Ersatz, …*

**Rechtschreibhilfe: Regeln anwenden**

**TIPP**
In zwei Fällen sind beide Schreibweisen möglich.

**Achtung, Fehler!**

**5** Wähle aus, wie die Wortgruppe richtig geschrieben wird, und schreibe sie auf.

1 ein 14 jähriges Mädchen – ein 14-jähriges Mädchen
2 das Robert-Schumann-Museum – das Robert Schumann-Museum
3 11 mal versuchen – 11-mal versuchen
4 ein 6 Achser – ein 6-Achser (Lkw)
5 der Elbe Havel Kanal – der Elbe-Havel-Kanal
6 100 prozentig – 100-prozentig
7 die November Dezemberausgabe – die November-Dezember-Ausgabe
8 der 100 Euroschein – der 100-Euro-Schein
9 Stofffetzen – Stoff-Fetzen
10 im Zooorchester spielen – im Zoo-Orchester spielen

*1. ein 14-jähriges Mädchen, …*

# Fremdwörter

**1** Erläutere die Verwechslungen der Fremdwörter und berichtige sie.

1. In Deutschland werden Staatsprasidenten immer von Polizeikonsorten begleitet.
2. »Herr Doktor, mein Mann infiziert sich für gar nichts mehr. Können Sie ihm helfen?«

**!** **Fremdwörter** kommen aus anderen Sprachen (engl.: *Mountainbike*), sind nicht immer einfach zu schreiben (ital.: *Pizza*), werden anders ausgesprochen als geschrieben (franz.: *Medaille*) und manchmal kennt man die genaue Bedeutung nicht (griech.: *Asteroid*).
Wenn man Fremdwörter nicht genau kennt, sollte man unbedingt ein Wörterbuch benutzen, z. B. einen Duden. Manchmal aber ist es notwendig, in einem speziellen **Fremdwörterbuch** nachzuschlagen. Dort findet man ausführliche Informationen zu Bedeutung, Aussprache, Schreibung und Herkunft vieler Fremdwörter.

**2** Entscheide, welche Bedeutung dieser Fremdwörter die richtige ist, und schreibe sie auf. Verwende ein Wörterbuch, wenn du unsicher bist.

**1** *Affäre*
a) Lufthülle
b) Affenart
c) peinlicher Vorfall
d) Transportschiff

**2** *anonym*
a) bekannt
b) unbekannt
c) gegenteilig
d) geheim

**3** *Cyberspace*
a) Raumschiff
b) Sportart
c) künstliche Welt
d) Wasserfahrzeug

**4** *Outlet*
a) Eiergericht
b) Werkverkauf
c) Auszeit
d) Ausgang

**5** *integrieren*
a) streiten
b) einbeziehen
c) vernachlässigen
d) sich einmischen

**6** *Individuum*
a) indisches Gewürz
b) Metall
c) Einzelwesen
d) naiver Mensch

**7** *Interpunktion*
a) Pünktlichkeit
b) Zeichensetzung
c) geheime Abmachung
d) Zwischenlösung

**8** *Collage*
a) Kollege
b) zusammengeklebtes Bild
c) Hunderasse
d) Schule

**9** *Niveau*
a) Hautcreme
b) Rang, Wertstufe
c) Parfüm
d) Sportgerät

**TIPP**
Prüfe die Lösung mit einem Wörterbuch.

**3** Diese Fremdwörter klingen ähnlich, haben aber eine ganz andere Bedeutung. Entscheide dich für das richtige Wort und erkläre mündlich den Unterschied.

1. in eine Marionetten-Wohnung / Maisonette-Wohnung ziehen
2. sich bei der Vorbereitung der Klassenfahrt stark arrangieren / engagieren
3. das Geld in einen Tresor / Ressort legen
4. neue Schüler integrieren / intrigieren
5. ein Pop-Konzert in einem Amphibientheater / Amphitheater erleben
6. eine Konifere / Koryphäe einpflanzen
7. Die Zeichensetzungslehre nennt man Interpunktion / Interjektion.
8. Ein Bindewort heißt lateinisch Konjunktion / Konjugation.

*1. Maisonette-Wohnung, 2. …*

**4** Fremdwörter aus dem Englischen: Erkläre das Missverständnis.

Eine Frau steht vor einer verschlossenen Ladentür. Kommt eine Nachbarin vorbei und sagt: »Hier brauchen Sie nicht zu warten. Sie sehen doch das Schild.«
»Ja, das ist mir auch aufgefallen, dass das Klosett falsch geschrieben ist. Aber wer immer da jetzt drin sitzt, braucht bestimmt nicht mehr lange.«

**!** Viele Wörter übernehmen wir gegenwärtig **aus dem Englischen**, vor allem aus den Bereichen der Informationstechnik (*DVD-Player, WLAN*), der Musik (*Rapper, Boy-Group*), der Mode und des Sports (*Jeans, Inlineskates*). Allerdings kommen auch Wörter in die deutsche Sprache, für die es schon deutsche Entsprechungen gibt, z.B.: *Ticket* (statt *Fahrkarte*), *Service-Point* (statt *Auskunft/Information*), *outsourcen* (statt *auslagern*).

**5** Übertrage die Tabelle in dein Heft und ordne die folgenden Wörter richtig ein. Begründe deine Meinung und verwende, wenn nötig, ein (Englisch-)Wörterbuch.

Service-Point – Skateboard – Aircondition – chatten – Location – chillen – Beauty-Case – Bodywear – biken – Public Viewing – googeln – shoppen – Coolness – easy – Kiddy Contest – Beachwear – scannen – Airbag – Fun – News – Bodyguard – Christmas

| **einfach ins Deutsche übertragbar** | **mit Problemen übertragbar** |
|---|---|
| Service-Point:<br>Auskunft/Information<br>… | Skateboard:<br>Rollerbrett??<br>… |

**TIPP**
Verwende ein Wörterbuch zur Kontrolle.

**6** Lies die Texte und finde heraus, um welche Begriffe es sich handelt. Schreibe, wenn möglich, Artikel und Pluralform auf.

**Fremdwortgeschichte – Wer kennt mich?**

**1** Eigentlich habe ich einen typisch englischen Namen. Aber in den USA und in England kennt niemand diesen Namen, der 1988 in Deutschland entstanden sein soll. Weil der Name den Deutschen zu englisch war, wurde sogar ein Wettbewerb ausgeschrieben, um einen anderen Namen für mich zu finden. Aber solche Bezeichnungen wie *Ohrli, Nervli, Rufli, Fonli, Mini, Mobi, Talky, Tragi* und *Schnelli* konnten sich alle nicht durchsetzen. So ist es bei dem ursprünglichen Namen geblieben, den jedes Kind kennt. Ich bin sehr begehrt, und die meisten besitzen mich auch, obwohl ich manchmal ganz schön teuer werden kann.
Übrigens: In China nennt man mich *sau kei* (Handmaschine), in Frankreich *portable*, in Griechenland *kinito*, in Italien *móbile* oder *telefonino* (das Telefönchen) und in Russland *mobilnik*.

**2** Ich habe einen kurzen, aber schwierigen Namen. Aussprache und Schreibung unterscheiden sich stark voneinander. Man verwendet mich meistens als Zusatzbezeichnung für Getränke, Jogurt oder Käse. Diese Produkte gelten im Zusammenhang mit meinem Namen als besonders gesund. Ernährungswissenschaftler aber bezweifeln das. Außerdem schummeln manche Hersteller. Obwohl sie meinen Namen verwenden, haben sie kaum etwas an ihren Produkten verändert, nur den Preis.

!

Die meisten **englischen Wörter** werden an die deutsche Sprache angepasst oder auch eingedeutscht. Dies geschieht mithilfe der für das Deutsche typischen Artikel (*der, die, das* + Großschreibung der Nomen/Substantive), Präfixe (*ge-*), Suffixe (*-ier-*) und Endungen (*-en, -er, -s, -et, -t*), z. B.:

| **Englisch** | **eingedeutscht** |
|---|---|
| shop | der Shop, die Shops, shoppen |
| airbag | der Airbag, die Airbags |
| to format | formatieren, formatiert |
| to scan | scannen, gescannt, der Scanner |

Übrigens: Es gibt auch eine ganze Reihe deutscher Wörter im Englischen, z. B.: *Autobahn, Bratwurst, Doppelgänger, echt, Gemütlichkeit, heiß, Kindergarten, Rucksack, Sauerkraut, verboten, Zwieback.*

**7** Bilde entsprechende Anpassungen an die deutsche Sprache: Artikel und Pluralform bei Nomen/Substantiven, Infinitiv und Partizip II bei Verben. Markiere die Wortbauteile, die du verwendet hast.

| | | | |
|---|---|---|---|
| **1** | to skate | **5** | game |
| **2** | to jog | **6** | notebook |
| **3** | to scan | **7** | match |
| **4** | to install | **8** | team |

1. to skate: skaten, …

**8** Schreibe Sätze, in denen du möglichst viele Fremdwörter aus Aufgabe 2 (S. 233) verwendest.

**9** Suche die entsprechenden französischen Fremdwörter mit *aill, eau, eur, age, ou*. Achte auch auf die Aussprache.

| | | |
|---|---|---|
| **1** | bekommt der Sieger | Med… |
| **2** | Streckenplan, Wegstrecke | R… |
| **3** | Rang, Stufe, Ebene | Niv… |
| **4** | Unterstellmöglichkeit für Autos | G… |
| **5** | gerollter Braten | Ro… |
| **6** | Hochebene | Pla… |
| **7** | studierter Techniker | Ing… |

# Abkürzungen und Kurzwörter

**1** Sieh dir die Karikatur an und beschreibe die Situation. Löse den Inhalt der Sprechblase auf.

**2**

**a** Überlegt, was eurer Meinung nach für bzw. gegen Abkürzungen und Kurzwörter spricht. Tauscht euch aus.

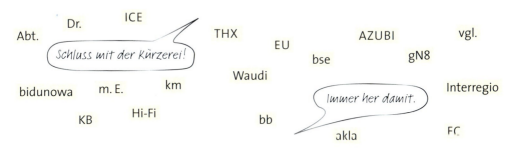

Abt. Dr. ICE THX EU AZUBI vgl.

*Schluss mit der Kürzerei!*

bse gN8 Waudi

bidunowa m. E. km Interregio

*Immer her damit.*

KB Hi-Fi bb akla FC

**b** Übertrage die Tabelle in dein Heft. Trage die Abkürzungen und Kurzwörter aus Aufgabe a in die richtige Spalte ein und ergänze die Langformen.

| allgemein gebräuchliche Abkürzungen | Abkürzungen beim Chatten und Simsen |
|---|---|
| Hi-Fi – High Fidelity | Waudi – Warte auf ... |

!

**Abkürzungen** sind in der Regel Einzelbuchstaben, Buchstabenfolgen oder Wortteile, die vorwiegend in der geschriebenen Sprache Verwendung finden, um das Schreiben schneller und platzsparender zu gestalten. Man unterscheidet
- **Abkürzungen mit einem Punkt,** z. B.: *z. B.* (zum Beispiel), *Dr.* (Doktor), *usw.* (und so weiter),
- **Abkürzungen ohne Punkt** für Maßeinheiten, chemische Elemente, Himmelsrichtungen und Währungseinheiten, z. B.: *m* (Meter), *Zn* (Zink), *W* (Watt), *SW* (Südwest), *MB* (Megabyte).

**Kurzwörter** werden teilweise auch im mündlichen Sprachgebrauch verwendet. Sie entstehen dadurch, dass Wortteile weggelassen werden, z. B.: *Fotografie* → *Foto, Fahrrad* → *Rad.*
Besondere Formen von Kurzwörtern sind **Buchstabenwörter,** bei denen die Buchstaben einzeln oder zusammenhängend gesprochen werden. Hinter den Buchstabenwörtern steht kein Punkt, z. B.: *Lkw* (gesprochen: el-ka-we, Lastkraftwagen), *PLZ* (Postleitzahl).
Auch **Silbenwörter** sind Kurzwörter. Silbenwörter werden aus den Anfangssilben zusammengesetzter Wörter gebildet, z. B.: *Kriminalpolizei* → *Kripo.*

**TIPP**
Hilfe findest du im Duden oder in einem anderen Wörterbuch oder unter www.abkuerzungen.de.

**3**

**a** Kennst du die folgenden Abkürzungen und Kurzwörter? Schreibe sie ab und ergänze ihre Langform.

| | | | |
|---|---|---|---|
| **1** AB | **10** d. h. | **19** evtl. | **28** Sek. |
| **2** Abb. | **11** DRK | **20** ha | **29** s. o. |
| **3** ARD | **12** i. A. | **21** SO | **30** TÜV |
| **4** BMW | **13** Ing. | **22** dm | **31** ü. d. M. |
| **5** BRD | **14** Jh. | **23** km/h | **32** u. a. |
| **6** b. w. | **15** Kfz | **24** Mg | **33** ugs. |
| **7** C | **16** MDR | **25** Nr. | **34** V |
| **8** ca. | **17** Mrd. | **26** z. T. | **35** vgl. |
| **9** DFB | **18** Dr. | **27** Pkw | **36** VW |

*1. AB – Anrufbeantworter, 2. …*

**b** Markiere in deinem Heft diejenigen Abkürzungen, die du schon häufiger verwendet hast. Erläutere, wann und warum du sie benutzt.

**4** Bilde von den Langformen die entsprechenden Abkürzungen. Übertrage die Tabelle in dein Heft und ordne die Abkürzungen in die richtige Spalte ein.

**1** umgangssprachlich **2** Europäische Union **3** Abkürzung **4** Diplom-ingenieur **5** Internationales Olympisches Komitee **6** Allgemeiner Deutscher Automobilclub **7** Elektronische Datenverarbeitung **8** digital versatile disc **9** Megahertz **10** Nordost **11** Rundfunk Berlin-Brandenburg **12** Nordrhein-Westfalen **13** Watt **14** Millimeter **15** meines Erachtens **16** und so weiter **17** zirka (cirka) **18** World Wide Web **19** Magnesium **20** und andere(s) mehr **21** zur Zeit **22** Zweites Deutsches Fernsehen

| mit Punkt | ohne Punkt |
|---|---|
| ugs.<br>… | EU<br>… |

**5** Bilde aus diesen Langformen die gebräuchlichen Kurzwörter.

**1** Lokomotive **2** Universität **3** Automobil **4** Omnibus **5** Mathematik **6** Katalysator **7** Auszubildender **8** Akkumulator **9** Abitur **10** Information **11** Navigationssystem **12** Diskothek **13** Kilogramm **14** Dinosaurier **15** Zoologischer Garten

**6**

**TIPP**
Nutze die Information aus dem Merkkasten auf S. 238.

**a** Erkläre an einem Beispiel, wie Silbenwörter entstehen.

**b** Schreibe jeweils die Langform zu den folgenden Silbenwörtern auf.

**1** Kita **2** Navi **3** Interpol **4** Trafo **5** Schiri **6** Reha **7** Stasi **8** Info

*1 Kita – Kindertagesstätte, 2. …*

→ **S. 231** Wörter mit Bindestrich

**7** Manche Abkürzungen werden mit einem Bindestrich geschrieben. Schreibe diese Wörter zusammen mit der Langform richtig auf.

**1** UBOOT **2** EMAIL **3** KMZAHL **4** PKWFÜHRERSCHEIN **5** DVDPLAYER **6** SBAHN **7** HMILCH **8** IPUNKT **9** KFZWERKSTATT

*1. U-Boot: Unterseeboot, 2. …*

!

Für SMS und andere Formen von Textübermittlung im Internet haben sich vielfältige Kürzungsvarianten entwickelt, denn die Eingabe des Textes für eine SMS ist mühsam.
**SMS-Abkürzungen** und -**Kurzwörter** sind z. B.: *glg* (ganz liebe Grüße), *tml* (Tut mir leid!), *waudi* (warte auf dich), *gN8* (*Gute Nacht!*).
Diese Abkürzungen sind nicht einheitlich. Sie können unterschiedliche Bedeutungen oder auch unterschiedliche Formen haben, z. B.: *G* (Grinsen oder Gangster), *HD!* oder *HDU* (Halte durch!).
Ebenso gibt es keine einheitlichen und nachvollziehbaren Regelungen zur Groß- und Kleinschreibung, z. B.: *GLG*, *glg* oder *glG* (ganz liebe Grüße).

**TIPP**
Hilfe erhaltet ihr auch im Internet.

**8**

**a** Findet die Bedeutung der folgenden SMS-Abkürzungen und -Kurzwörter heraus.

**1** 8tung **2** BIGBEDI **3** GNGN **4** HEGL **5** MFG **6** RUMIAN
**7** WASA **8** BB **9** BRADUHI **10** GN8 **11** HAHU **12** KV **13** THX

**b** Tauscht euch darüber aus, welche SMS-Abkürzungen ihr verwendet und ob sie verständlich sind.

**9**

**a** Überlege, warum Anzeigen (Annoncen) in Zeitungen voll von teilweise ungewöhnlichen Abkürzungen sind.

**b** Wähle eine Annonce aus und schreibe die Langform des Textes auf.

DD-Neustadt: EG, 54 qm, WZ, SZ, Bad, Kü m. Fe., inkl. Pkw-Stellpl., 8 € KM/qm. VB + NK, herrl. Fernbl., v. priv., Tel. (01 70) 2 40 91 87

Verk. gebr. Nintendo DS gelb, repar., aber voll funkt.fähig, wenn gewü. zusätzl. 2 Spiele u. Zusatz-Modul. Pr. n. Ver., Handy (01 57) 2 45 89 99

Mountainbike Cube LTD118 Z. 27 Gg.-Schalt. 5 J. alt, wen. gef., kl. Kratz., inkl. Fahrr.-Comput., 2 Trinkfl., kl. Sattelta. Pr. 150 €, zu erfr. bei Tim W. (03 41) 1 22 22 76

**10** Formuliere eine eigene Anzeige zu einem selbst gewählten Gegenstand (Fahrrad, PC, ...). Verwende dabei möglichst viele Abkürzungen.

# Fehlerschwerpunkte erkennen und Fehler korrigieren

## Mit Rechtschreibprogrammen arbeiten

**1**

**a** Versuche, den folgenden Text laut und flüssig zu lesen.

Achtung, Fehler!

Dih Schuhle, dih is fain,
mann haht sufile fecher
in ainem wirth mann sterger seihn
davür im anntrenn schwecher.

**b** Beschreibe, wie es dir beim Lesen ergangen ist. Wo liegen deiner Meinung nach die Probleme?

**c** Wie du siehst, hat das Rechtschreibprüfprogramm sehr viele Fehler rot markiert. Schreibe den Text richtig auf und lies ihn erneut.

*Die Schule, …*

**d** Beschreibe, welcher Zusammenhang offensichtlich zwischen Rechtschreibfehlern und dem Lesen besteht.

**!** Eine nützliche Hilfe, um Rechtschreibfehler aufzudecken, bieten Computer und deren **Rechtschreibprüfprogramme.** Rechtschreibfehler werden mit einer roten Wellenlinie markiert. Die **Stärke** solcher Programme liegt vor allem bei Fehlern im Bereich
- der Stammschreibung, z. B.: **komt* statt *kommt*, **schwecher* statt *schwächer*,
- der Schreibung von Fremdwörtern, z. B.: **Rütmuss* statt *Rhythmus*, **Kathastrophe* statt *Katastrophe*,
- der Vermeidung von Flüchtigkeitsfehlern, z. B.: **Shcule* statt *Schule*, **doer* statt *oder*.

* kennzeichnet fehlerhafte Schreibungen

**e** Diskutiert, welche Erfahrungen ihr mit Rechtschreibprogrammen bereits gemacht habt.

**2**

**a** Lies den folgenden Text, der 20 Fehler enthält. Das Rechtschreibprogramm hat aber nur 9 Wörter als fehlerhaft markiert.

Achtung, Fehler!

**Die teuerste Show der Welt**

Über 300 000 Zuschauer und etwa eine Miliarde Fernsehzuschauer sahen am 21. Juli 1990 das Popspektakel »The Wall«. Dort, wo die echte Berliner Mauer weniche Monate vorher gefallen war, hatten 300 Helfer eine 160 Meter lange und 18 Meter hohe Styroporwand aufgebaut. Diese Künstliche mauer brach auf dem Höhepunkt der Bühnenshow unter den klängen des Musicals »The Wall« specktakulär zusammen. Die kosten der Show belaufen sich auf über 7 Millionen Dollar, obwohl alle Künstler auf ihre Gage verzichteten. Der erlös kam den Opfern von kriegen und Naturkathastrophen zugute. Für das Spektakel wurde das gröste Plastikschwein der Welt angefertict, dass mit seinem 16 Meter dicken kopf die Mauer durch brach. Acht Videowände brachten die Show auch jenen Zuschauern nahe, denen der Vorderman den blick verstelte. Die Bühne wurde teil weise von Hupschraubern aus ausgeleuchtet die über den Zuschauern flogen.

**Rechtschreibhilfen: Regeln anwenden, Wörter nachschlagen**

**b** Übertrage die folgende Tabelle in dein Heft. Berichtige die vom PC markierten Wörter und schreibe sie in die entsprechende Spalte.

| **Fehler, die die Rechtschreibprüfung erkennt** | **Fehler, die die Rechtschreibprüfung nicht erkennt** |
| --- | --- |
| Milliarde<br>... | ... |

**TIPP**
Konzentriere dich auf die Groß- und Kleinschreibung, Getrennt- und Zusammenschreibung, *das/dass*-Schreibung.

**c** Welche elf Fehler hat das Rechtschreibprogramm nicht gefunden? Berichtige nun diese Fehler und schreibe sie in die entsprechende Spalte der Tabelle aus Aufgabe b.

**d** Erkläre, warum das Rechtschreibprogramm diese Fehler nicht gefunden hat.

**e** Das fehlende Komma im letzten Satz wurde vom Rechtschreibprüfprogramm auch nicht erkannt. Schreibe diesen Satz heraus und füge das Komma ein.

* kennzeichnet fehlerhafte Schreibungen

!

Das Rechtschreibprüfprogramm erkennt leider nicht zuverlässig jeden Fehler. Die **Schwächen** betreffen vor allem:

- Groß- und Kleinschreibung: Nominalisierte Verben und Adjektive werden nicht erkannt, z. B.: **das schwimmen – das Schwimmen*,*
- Getrennt- und Zusammenschreibung: Sinnzusammenhang wird nicht beachtet, z. B. *frei sprechen* oder *freisprechen* (von Schuld),
- *das/dass*-Schreibung: Wortart wird nicht erkannt, z. B.: *das Fahrrad, das mir gefällt; Ich hoffe, dass mir das Fahrrad gefällt.*

In diesen Bereichen sowie bei der Kommasetzung sollte man die Texte selbst prüfen, nachschlagen oder einen Experten fragen. Wenn man im Textverarbeitungsprogramm Word im Menü »Extras« oder »Überprüfen« den Programmpunkt »Rechtschreibung und Grammatik« anklickt, erscheinen jeweils für die rot unterstrichenen Wörter **Schreibvorschläge,** aus denen die richtigen auszuwählen sind.

**3** Erstelle den folgenden Text am PC. Korrigiere die markierten Fehler mithilfe der Vorschläge des Prüfprogramms.

Achtung, Fehler!

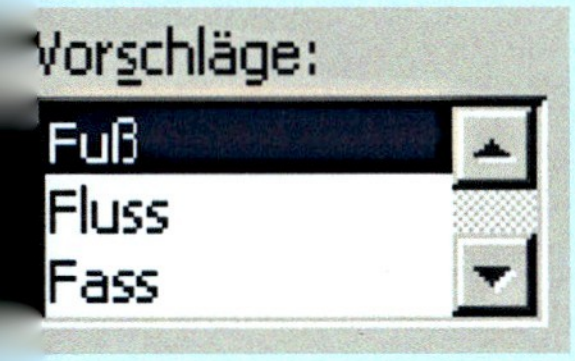


**Der absolut höchste Berg der Welt**

Nimmt man den Fuss eines Berges als Meßpunkt, dann ist der Mauna Kea der höhste Berg der Erde. Mit rund 4214 Metern über Normalnull ist er zunechst der höhste Berg auf Hawaii. Da er aber vom Meeresboden aus gewachsen ist, beträgt seine gesammte Höhe vom Fuss unter Wasser bis zum Gipfel rund 10 205 Meter. Damit ist er also wirglich der höchste Berg der Welt.

**4** Du musst die Vorschläge des Rechtschreibprogramms gründlich prüfen. Notiere die Sätze mit dem jeweils korrigierten Wort.

1 Bis zum Zentrum war es nicht wait. (wagt, wart, weit)
2 Wir gingen deshalb zu Fus. (Frs, Fs, Fuß)
3 Schon hatten wir den risigen (rispigen, rissigen, riesigen, rosigen) Dohm (Dahm, Dolm, Dom) im Blick.
4 Das war ein unvergässlicher (unvergesslicher, unverlässlicher) Anblick.

**5** Tauscht euch über die Vor- und Nachteile von Rechtschreibprüfprogrammen aus.

## Mit Wörterbüchern arbeiten

**Rechtschreibhilfe: Wörter nachschlagen**

**1** Prüfe, ob in den folgenden Wörtern ein Buchstabe fehlt. Schreibe die Wörter richtig auf. Verwende ein Wörterbuch, wenn du unsicher bist.

**1** viel■eicht **2** Blumenscha■le **3** unverse■rt **4** Süßwa■ren **5** gesto■len **6** Fußso■len **7** Kuchenkrü■mel **8** verlie■ren **9** Gewä■rleistung **10** Spä■ne

**2** Nimm ein Wörterbuch zu Hilfe und schreibe die Wörter richtig auf.

**1** ab■on■ieren **2** So■veni■r **3** Zer■emon■ie **4** Mo■nta■nbike **5** Pul■over **6** Sze■ne **7** Skiz■e **8** Mak■ar■oni **9** Dis■jo■key **10** r■yt■misch **11** gesca■nt **12** e■legant

**TIPP**
Zwei Wörter kommen aus dem Deutschen.

**3** Schlage in einem Wörterbuch nach und suche die Herkunft der Wörter heraus.

**1** Toast **2** Gen **3** Nominativ **4** Action **5** Orchester **6** Charakter **7** Interview **8** Video **9** Disziplin **10** Skizze **11** Ingenieur **12** Baum **13** Diskussion **14** Revier **15** Buch

*1. Toast (engl.), 2. …*

**TIPP**
Achtung: Von einigen Wörtern gibt es keinen Plural!

**4** Ermittle den Plural der folgenden Wörter. Schreibe beide Formen (Singular und Plural) mit dem Artikel auf.

**1** Datum **2** Lager **3** Knie **4** Jubiläum **5** Quiz **6** Status **7** Zirkus **8** Aroma **9** Kaktus **10** Spagetti **11** Gold **12** Jogurt **13** Kompass **14** Schal

*1. das Datum – die Daten, 2. …*

**5** Schlage nach, wie die folgenden Wörter ausgesprochen werden.

**1** Gouda **2** Zucchini **3** Bowle **4** Puzzle **5** Medaillon **6** Receiver **7** Bouillon **8** Chance **9** Brillant **10** Sweatshirt

**6** Schreibe die Bedeutung dieser Wörter aus dem Wörterbuch heraus.

**1** Dummy **2** Discounter **3** Hypnose **4** engagieren **5** arrangieren **6** Spam

! Die Schreibung von Wörtern kann man sich einzeln einprägen, aber weitaus praktischer ist das Einprägen von wichtigen **Rechtschreibregeln.** Diese Regeln findet man in den meisten Rechtschreibwörterbüchern, wie z. B. im Duden.

Rechtschreibhilfe: Regeln nachschlagen

**7** Finde heraus, wie Wörter mit den Konsonantenverbindungen *ch* (*Wache*), *ck* (*Zucker*) und *sch* (*Wäsche*) getrennt werden. Suche unter dem Stichwort *Worttrennung* die entsprechende Regel im Wörterbuch und schreibe sie mit jeweils vier Beispielwörtern heraus.

**8**

→ S. 222 Eigennamen

**a** Lies die folgende Regel, die du unter dem Stichwort *Groß- und Kleinschreibung* unter der Kennziffer K 90 findest.

| | |
|---|---|
| **K 90** Von geografischen Namen abgeleitete Wörter auf „-er" schreibt man immer groß, die von geografischen Namen abgeleiteten Adjektive auf „-isch" schreibt man klein, wenn sie nicht Teil eines Namens sind ⟨§ 61 u. 62⟩. | ▪ das Ulmer Münster<br>▪ eine Kölner Firma<br>▪ die Schweizer Uhrenindustrie<br>▪ die Wiener Kaffeehäuser<br>▪ chinesische Seide<br>▪ böhmische Dörfer<br>*aber:* Atlantischer Ozean (*vgl.* K 88) |

**b** Nutze diese Regel und entscheide über Groß- oder Kleinschreibung. Schreibe die Wortgruppen in der richtigen Schreibung in dein Heft.

1 CHINESISCHE SCHRIFTZEICHEN
2 MECKLENBURGISCHE WÄLDER
3 THÜRINGER ROSTBRATWURST
4 SÄCHSISCHE SCHULEN
5 POLNISCHE GRENZE
6 CHINESISCHE COMPUTER
7 BERLINER MAUER
8 LEIPZIGER KINDER
9 BAYERISCHE BERGE
10 ITALIENISCHES EIS
11 DRESDNER STOLLEN
12 HOLLÄNDISCHER KÄSE
13 FRANKFURTER WÜRSTCHEN
14 AFRIKANISCHE WÜSTEN

# Teste dich selbst!

**1** Suche die Regelungen für die Schreibung von *das – dass* aus dem Wörterbuch heraus. Schreibe die Regel in Kurzfassung auf.

**2** Schreibe die folgenden Sätze ab und füge *das* oder *dass* ein. Ergänze die jeweilige Wortart als Begründung deiner Entscheidung.

**1** Es ist kaum zu glauben, da■ da■ Skifahren schon mindestens 4000 Jahre alt sein soll.
**2** Da■ jedenfalls belegen Wissenschaftler, die im Norden Russlands Teile von Skiern ausgegraben haben.
**3** Da■ Alter soll über 10 000 Jahre betragen.
**4** Es ist anzunehmen, da■ sich die Skier aus Schneeschuhen entwickelt haben.
**5** Da■ waren Schuhe, die sich die Bewohner Skandinaviens um die Füße banden, sodass sie nicht zu tief im Schnee einsanken.
**6** Aber niemand weiß da■ ganz genau. Wahrscheinlich entwickelten die Menschen je nach Land unterschiedliche Skiarten.
**7** Mitte des 20. Jahrhunderts war es dann so weit, da■ sich da■ Skifahren als Freizeitbeschäftigung durchsetzte.
**8** In jedem Winter beginnt da■ große Warten auf den Schnee. Viele hoffen, da■ auch im Flachland genügend Schnee fällt.

**3** Übertrage den Text in richtige Rechtschreibung und markiere die Eigennamen farbig.

DAS WAR SPANNEND DAMALS IN CALGARY ZU DEN OLYMPISCHEN WINTERSPIELEN 1988. IM EISKUNSTLAUF DER DAMEN LIEGT DEBI THOMAS AUS DEN VEREINIGTEN STAATEN VON AMERIKA VOR KATARINA WITT AUS DER DDR. ZUR KÜR HABEN SICH BEIDE DAS GLEICHE MUSIKSTÜCK AUS DER OPER »CARMEN« VON GEORGES BIZET AUSGESUCHT. DER AUSGANG IST BEKANNT. DIE HÜBSCHE KATI AUS SACHSEN BESIEGT DIE ATTRAKTIVE DEBI AUS KALIFORNIEN UND GEWINNT OLYMPISCHES GOLD. 1994 GELINGT IHR EIN UNGLAUBLICHES COMEBACK BEI OLYMPIA IN LILLEHAMMER, EINER STADT IN NORWEGEN. NUNMEHR STARTET SIE FÜR DIE BUNDESREPUBLIK DEUTSCHLAND.

**4** Gib die folgenden Wortgruppen in richtiger Groß- und Kleinschreibung wieder.

1 über das HIER und JETZT sprechen
2 das FÜR und WIDER diskutieren
3 eine ACHT im Rad haben
4 mit einer ZWEI in der Mathearbeit RECHNEN
5 das REITEN und das SCHWIMMEN lieben
6 sich FÜR eine gute Sache einsetzen
7 ohne WENN und ABER helfen
8 das NEIN gut überlegen
9 etwas mit ACH und KRACH schaffen
10 heute MITTAG pünktlich sein
11 ABENDS ins Kino gehen
12 den Stuhl HIER stehen lassen
13 das ÜBEN JETZT beenden
14 mit dem BERICHTIGEN BEGINNEN
15 in aller FRÜHE AUFSTEHEN

**5** Schreibe die Abkürzungen und Kurzwörter für die folgenden Wörter und Wortgruppen auf.

1 das heißt
2 und so weiter
3 zum Beispiel
4 siehe oben
5 Personenkraftwagen
6 Deutsches Rotes Kreuz
7 Ingenieur
8 Doktor
9 Meter
10 Kilogramm
11 Celsius
12 compact disc
13 World Wide Web
14 Unterseeboot
15 Abkürzung
16 Kilopascal
17 Bankleitzahl
18 Abitur

**6** Diese Fremdwörter sind fast so geschrieben, wie man sie spricht. Berichtige die Schreibung, unterstreiche die schwierigen Stellen und ergänze bei den Beispielen 1 bis 5, 7 und 9 die Bedeutung.

Achtung, Fehler!

1 Etasche
2 Sitti
3 Medalljong
4 Beik
5 Puhl
6 Dschiens
7 Kiehboort
8 Kaubeu
9 Männätscher
10 Maneesche
11 Eipott
12 Inschenjör
13 Fejsbuk
14 Schangse
15 kuhl
16 Ährbäg
17 angaschiert
18 (Web)-Brauser

# Merkwissen

| | |
|---|---|
| **Ableitung** | Form der **Wortbildung**: Ableitungen entstehen durch:<br>▪ das Anfügen von **Präfixen** (Vorsilben) und **Suffixen** (Nachsilben) an einen Wortstamm, z. B.: *beachten, achtsam, Achtung, Verachtung,*<br>▪ **Änderung des Stammvokals**, z. B.: *fliegen – Flug, wählen – Wahl.* |
| **Adjektiv** (Eigenschaftswort) | **Deklinierbare und komparierbare Wortart**, die **Eigenschaften** und **Merkmale** bezeichnet, z. B.: *ein schönes Buch, mit schönen Bildern; schön, schöner, am schönsten.* |
| **Adverb** (Umstandswort) | **Nicht veränderbare Wortart**: Man unterscheidet **Adverbien**<br>▪ **der Zeit** (Fragen: *Wann? Wie oft?*), z. B.: *morgens, heute,*<br>▪ **des Ortes** (Fragen: *Wo? Wohin?*), z. B.: *oben, dort,*<br>▪ **der Art und Weise** (Frage: *Wie?*), z. B.: *seltsamerweise,*<br>▪ **des Grundes** (Frage: *Warum?*), z. B.: *darum, deswegen.* |
| **Adverbialbestimmung** (Umstandsbestimmung) | **Satzglied**, das Prädikate näher bestimmt. Man unterscheidet u. a.:<br>▪ **Temporalbestimmung** (Adverbialbestimmung der Zeit, Fragen: *Wann? Wie lange? Bis wann? Seit wann?*), z. B.: *Morgen wird von morgens bis mittags gelernt, ab 12 Uhr gibt es Mittagessen.*<br>▪ **Lokalbestimmung** (Adverbialbestimmung des Ortes, Fragen: *Wo? Woher? Wohin?*), z. B.: *Wir kommen aus Plauen, verbringen die Ferien in Binz und gehen jeden Tag zum Strand.*<br>▪ **Modalbestimmung** (Adverbialbestimmung der Art und Weise, Fragen: *Wie? Auf welche Art und Weise?*), z. B.: *Sie arbeiteten schnell. Mit viel Vergnügen planschten sie im Wasser.*<br>▪ **Kausalbestimmung** (Adverbialbestimmung des Grundes, Fragen: *Warum? Weshalb? Weswegen? Aus welchem Grund?*), z. B.: *Wegen des Wetters bleiben wir hier. Wir kamen zu spät, weil wir verschlafen hatten.* |
| **Anekdote** | (*griech.* anékdota – das nicht Herausgegebene) Eine ursprünglich mündlich überlieferte Geschichte, in der typische Eigenheiten einer bekannten Persönlichkeit, einer gesellschaftlichen Gruppe oder das Charakteristische eines bestimmten Ereignisses wiedergegeben werden. Anekdoten sind meist kurz und witzig und enden oft mit einer Pointe. |
| **Anredepronomen** | Gruppe von **Pronomen**. Die **persönlichen Anredepronomen** *du/dein, ihr/euer* können in Briefen und E-Mails **klein- oder großgeschrieben** werden. Die **höflichen Anredepronomen** *Sie* und *Ihr* und alle ihre Formen muss man **immer großschreiben.** |
| **Antonyme** | **Wörter mit gegensätzlicher Bedeutung**, die teils gemeinsame, vor allem aber gegensätzliche Bedeutungsmerkmale haben, z. B.:<br>*hell* (Lichtmenge, viel Licht) – *dunkel* (Lichtmenge, wenig Licht). |
| **Apposition** | siehe nachgestellte Erläuterungen |

| | |
|---|---|
| **Argument** | Ein **Argument** (**Begründung + Beispiel**) dient dazu, sich mit einer Behauptung (Meinung) auseinanderzusetzen und sie zu stützen bzw. zu widerlegen, z. B.:<br>▪ Behauptung: *Schulessen ist gesund und schmackhaft,*<br>▪ Begründung: *denn es ist abwechslungsreich, fettarm, ohne künstliche Zusätze und überwiegend frisch zubereitet.*<br>▪ Beispiel: *So gibt es z. B. viel Gemüse und regelmäßig Fisch.* |
| **Artikel** | **Deklinierbare Wortart**: **Begleiter** von Nomen/Substantiven, die Fall (Kasus), Zahl (Numerus) und Geschlecht (Genus) verdeutlichen. Man unterscheidet **bestimmte Artikel** *(der, die, das)* und **unbestimmte Artikel** *(ein, eine, ein).* |
| **Artikelprobe** | Probe zur Ermittlung der Groß- bzw. Kleinschreibung:<br>Steht bei dem Wort ein Artikel oder lässt es sich mit einem Artikel verwenden?<br>Ja → Nomen/Substantiv → Großschreibung<br>Nein → kein Nomen/Substantiv → Kleinschreibung |
| **Attribut** (Beifügung) | **Satzgliedteil**, das Nomen/Substantive näher bestimmt (Fragen: *Welche(-r, -s)? Was für ein(e)?*). Attribute können nicht allein umgestellt werden. Sie bleiben immer bei dem Nomen, zu dem sie gehören, und sind ein Teil dieses Satzgliedes, z. B.: *Wir sahen \| im Zimmer seines Bruders \| einen lustigen Film.* |
| **Aufzählung** | Wörter, Wortgruppen oder Teilsätze können aufgezählt werden. Zwischen den Gliedern einer Aufzählung **muss** man ein **Komma** setzen, wenn diese nicht durch eine **aufzählende Konjunktion** (*und, oder, sowie* oder *sowohl … als auch …*) verbunden sind, z. B.: *Wir sahen dichte Wälder, grüne Wiesen und hohe Berge.* Steht zwischen den Gliedern einer Aufzählung eine **entgegenstellende Konjunktion** (*aber, doch, jedoch* oder *nicht nur …, sondern (auch) …*), **muss** auch vor der Konjunktion ein **Komma** gesetzt werden, z. B.: *Sie kamen, sahen, aber blieben nicht. Wir sahen nicht nur Wälder, Wiesen und Berge, sondern auch seltene Pflanzen.* |
| **Autor, Autorin** | (*lat.* auctor – Urheber, Verfasser) Verfasser von literarischen (erzählenden, lyrischen, dramatischen) Texten, aber auch von Drehbüchern, Fernsehspielen oder Sachtexten (Fachbuch-, Lehrbuch-, Sachbuchautor). |
| **Ballade** | **Textsorte**: mehrstrophiges, meist gereimtes Gedicht, das die Merkmale von Geschichten, Gedichten und Dramen in sich vereint (Erzählgedicht). |
| **Berichten, Bericht** | ▪ **Darstellungsweise**, **Textsorte**, bei der i. d. R. **knapp**, **sachlich** und **in der richtigen Reihenfolge** über Sachverhalte oder Ereignisse **informiert** wird, indem man die wichtigsten *W*-Fragen beantwortet (*Was? Wann? Wo? Warum? Wer? Welche Folgen?*). Die Auswahl der Informationen und die Gestaltung eines **Berichts** hängen vom Anlass, Zweck und Empfänger ab. Besondere Berichtsformen sind der **Praktikumsbericht** und das **Protokoll**.<br>▪ **Journalistische Textsorte**: ausführlichere Sachdarstellung |
| **Beschreiben, Beschreibung** | **Darstellungsweise**, **Textsorte**, in der über **Gegenstände**, **Personen/Figuren**, **Tiere**, **Pflanzen**, **Bilder**, **Handlungen**, **Vorgänge**, **Experimente** informiert wird. Der Inhalt und die Gestaltung einer **Beschreibung** hängen vom zu Beschreibenden, vom Anlass, Zweck und Empfänger ab. |

| | |
|---|---|
| **Bewerbung, sich bewerben** | Zu den Bewerbungsunterlagen gehören ein **Bewerbungsschreiben** (Bewerbungssatz, Gründe für die Bewerbung, kurze Vorstellung der eigenen Person, Bitte um persönliches Gespräch) und ein **tabellarischer Lebenslauf** (wichtige persönliche Angaben in übersichtlicher Form, z. B. Name, Adresse, Geburtsort und -datum, Sprachkenntnisse, Hobbys; Angaben zu Eltern, Geschwistern und Passfoto sind freiwillig). Ob weitere Unterlagen (z. B. Zeugniskopien) einzureichen sind, muss erfragt werden. |
| **Brainstorming** (engl. *brain* – Gehirn, *storm* – Sturm) | **Methode zur Ideenfindung**: Schnell und ohne nachzudenken werden mit einem Bild, einem Begriff, einer Frage oder einem Problem verbundene Gedanken, Gefühle oder Erlebnisse geäußert und notiert. |
| **Buchvorstellung** | **Präsentation**, in der man Zuhörer mit einem Buch bekanntmacht, um sie dafür zu interessieren und zum Lesen anzuregen. Eine Buchvorstellung kann so aufgebaut sein:<br>▪ Autorin/Autor und Titel des Buches,<br>▪ handelnde Personen,<br>▪ kurze Zusammenfassung der Handlung,<br>▪ Vortrag einer besonders witzigen oder spannenden Stelle,<br>▪ Zusammenfassung, warum das Buch besonders gefallen hat. |
| **Charakterisieren, Charakterisierung** | **Darstellungsweise**, **Textsorte**, bei der neben den **äußeren Merkmalen** (Gesamterscheinung, Einzelheiten, Besonderheiten) einer Person oder Figur v. a. deren **innere Merkmale** (Lebensumstände, Gedanken, Gefühle, Verhaltensweisen, ihr Verhältnis zu anderen u. Ä.) dargestellt werden, die den Charakter der Person/Figur deutlich machen. |
| **Cluster, Clustering** (engl. *cluster* – Haufen, Schwarm, Anhäufung) | **Methode zum Sammeln von Ideen**. Man schreibt einen zentralen Begriff in die Mitte und ordnet ringsherum weitere Begriffe an. Dann verdeutlicht man die Beziehungen zwischen den Begriffen durch Verbindungslinien, sodass ein Netz (**Ideennetz**) entsteht. |
| **Datumsangabe** | siehe nachgestellte Erläuterungen |
| **Deklination, deklinieren** | **Beugung** (Formveränderung) von Nomen/Substantiven, Artikeln, Adjektiven und Pronomen, d. h., diese Wortarten verändern sich in **Fall** (Kasus), **Zahl** (Numerus) und **Geschlecht** (Genus), z. B.:<br>▪ Nominativ: *das neue Haus, die neuen Häuser*<br>▪ Genitiv: *des neuen Hauses, der neuen Häuser*<br>▪ Dativ: *dem neuen Haus, den neuen Häusern*<br>▪ Akkusativ: *das neue Haus, die neuen Häuser* |
| **Dialekt (Mundart)** | Älteste **Sprachvarianten** (**Sprachvarietäten**), die im 8. Jahrhundert n. Chr. entstanden und heute nur noch in Resten fortleben (Wörter, Formen, Laute/Lautkombinationen). Dialekte werden in einzelnen Regionen unterschiedlich gebraucht (v. a. mündlich, auf dem Land, von älteren Menschen, im Kreis der Familie und unter Freunden/Bekannten). In Deutschland unterscheidet man drei **Dialektregionen** bzw. Großdialekte: |

| | |
|---|---|
| | ▪ **Niederdeutsch** (auch: **Plattdeutsch**), z. B. Mecklenburgisch-Pommersch, Niedersächsisch,<br>▪ **Mitteldeutsch,** z. B. Sächsisch (Obersächsisch), Thüringisch, Hessisch,<br>▪ **Oberdeutsch,** z. B. Bairisch, Alemannisch. |
| **Dialog** | (*griech.* dialogos – Wechselrede, Zwiegespräch) Unterredung zwischen zwei oder mehreren Personen im Unterschied zum Monolog (Selbstgespräch). Szenische Texte bestehen fast ausschließlich aus Dialogen. |
| **direkte (wörtliche) Rede** | Wörtliche Wiedergabe von Gesagtem oder Gedachtem, am Anfang und Ende durch **Anführungszeichen** gekennzeichnet. Auch Ausrufe- und Fragezeichen, die zur direkten Rede gehören, stehen innerhalb der Anführungszeichen.<br>Oft steht vor, zwischen oder nach der direkten Rede ein **Begleitsatz**, der durch Doppelpunkt oder Komma(s) abgegrenzt wird, z. B.: *Nils flüstert mir zu: »Bestimmt ist alles bald wieder in Ordnung.« »Das hoffe ich«, ruft Randi, »schließlich müssen wir heim!« »Dann lasst uns doch einfach gehen«, denke ich.* |
| **Diskutieren, Diskussion** | Austausch über strittige Fragen und Probleme, in dem **Diskussionsteilnehmer** durch Diskussionsbeiträge ihre **Standpunkte** und **Argumente** darlegen und auf andere eingehen (**zustimmen**, **ablehnen**, einen **Kompromiss vorschlagen**). Größere **Diskussionen** haben oft einen **Diskussionsleiter**. Es empfiehlt sich außerdem, einen Protokollanten zu bestimmen und ein **Protokoll** anfertigen zu lassen. Abschließend sollte man die **Diskussion auswerten** (ggf. auf Grundlage des Protokolls). |
| **Eigennamen** | Wörter und Wortgruppen, die z. B. Personen, Orte, Veranstaltungen, Organisationen und Institutionen als einmalig bezeichnen. Eigennamen werden **immer großgeschrieben**, z. B.: *Emilia, Dirk Neumann, Bahnhofstraße, Potsdam, Sachsen-Anhalt, Europa, Deutsches Rotes Kreuz, Freie Universität, die Olympischen Spiele, die Vereinigten Staaten, Friedrich der Zweite.*<br>Von geografischen Eigennamen abgeleitete **Adjektive auf -*isch*** werden kleingeschrieben, wenn sie nicht Teil eines Eigennamens sind, z. B.: *eine sächsische Großstadt.* Als Teil eines Eigennamens werden sie dagegen großgeschrieben, z. B.: *die Sächsische Schweiz.*<br>Von geografischen Eigennamen abgeleitete **Adjektive auf -*er*** werden **immer großgeschrieben**, z. B.: *Thüringer Bratwurst.* |
| **einfacher Satz** | **Satz**, der **ein Subjekt** und **ein Prädikat** enthält. Die **finite Verbform** (Verb) steht in der Regel an erster oder zweiter Stelle, z. B.:<br>*Iva Procházková hat das Buch geschrieben. Die Handlung spielt in Berlin. Kennt ihr das Buch? Lies das Buch doch bald einmal!*<br>Neben Subjekt und Prädikat kommen meist weitere **Satzglieder** hinzu, die man mithilfe der **Umstellprobe** ermitteln kann. |
| **Epoche** | (*griech.* Haltepunkt, Zeitabschnitt) Bezeichnet einen längeren Zeitabschnitt, der über grundlegende Gemeinsamkeiten auf einem bestimmten Gebiet verfügt (z. B. in der Geschichte der Menschheit, der Musik- oder Literaturgeschichte). In der Literatur werden jeweils Grundströmungen im |

| | |
|---|---|
| | literarischen Schaffen einer Zeit benannt. Dabei sind die Grenzen zwischen Epochen fließend, auch lassen sich nicht alle Autoren einer bestimmten Epoche zuordnen. Beispiele für Epochen der deutschen Literatur sind: Barock, Sturm und Drang, Klassik, Romantik, Expressionismus. |
| **Erbwort** | Älteste Wörter unserer Sprache, die vor ungefähr 5000 Jahren entstanden und uns noch heute Auskunft über die Lebensweise der germanischen Stämme geben, z. B.: *Rind, Hund, Beil, weben.* |
| **Erörtern, Erörterung** | **Darstellungsweise**, **Textsorte**, die das Ziel verfolgt, Problemlösungen zu finden und darzustellen. In einer **schriftlichen Erörterung** setzt man sich denkend und schreibend mit einem **Problem (Thema)** und damit verbundenen **Fragen** auseinander, z. B.: *Mobbing unter Schülern: Was kann man gegen Mobbing tun? Ist Mobbing vermeidbar? …*<br>Dazu verschafft man sich einen Überblick über das Problem, bildet einen **Standpunkt,** sucht nach Lösungsmöglichkeiten und begründet diese mit **Argumenten**.<br>Man unterscheidet **lineare (steigernde) Erörterungen** (Argumente für oder gegen einen Standpunkt / eine These werden angeführt) und **dialektische (kontroverse) Erörterungen** (Argumente für und gegen einen Standpunkt / eine These werden abgewogen). |
| **Ersatzprobe** | Probe zur Ermittlung von Fällen und Satzgliedern, z. B.:<br>*Die Suppe schmeckt den Kindern. – Die Suppe schmeckt dem Jungen/ihm.* (Dativ)<br>*Sie aßen an einem schönen großen runden Tisch. – Sie aßen dort.* (Satzglied)<br>Probe zur Unterscheidung von *das* und *dass:*<br>▪ Kann man *da*■ durch *dieses* ersetzen? → **Artikel** → *das*<br>▪ Kann man *da*■ durch *welches* ersetzen? → **Relativpronomen** → *das*<br>▪ Ergibt der Satz bei der Probe keinen Sinn → **Konjunktion** → *dass* |
| **Erweiterungsprobe** | Probe zur Ermittlung der Groß- bzw. Kleinschreibung. Man erweitert eine **nominale Wortgruppe** (Nomen/Substantiv + Begleiter) durch Attribute, z. B.: *das Laufen, das schnelle Laufen, das anstrengende schnelle Laufen.*<br>Das Wort, das ganz rechts steht, ist das Nomen/Substantiv bzw. eine Nominalisierung/Substantivierung und wird großgeschrieben. |
| **Erzählen, Erzählung** | **Darstellungsweise**, **Textsorte**, mit der Erlebnisse, Ereignisse oder Erfundenes (Fantasiegeschichten) mithilfe verschiedener **Gestaltungsmittel** (z. B.: **Charakterisierung** von Figuren, **direkte Rede**, **feste Vergleiche**, **Metaphern**) anschaulich und unterhaltsam wiedergegeben werden.<br>Man kann aus verschiedenen **Perspektiven** erzählen:<br>▪ **Ich-Erzähler** (am Geschehen beteiligt, erzählt aus seiner Sicht), z. B.: *Heute ging ich besonders früh zu Bett, denn ich wollte …*<br>▪ **Sie-Erzählerin / Er-Erzähler** (nicht selbst beteiligt, beobachtet von außen), z. B.: *Heute ging Fanny besonders früh zu Bett, denn sie wollte …*<br>Ein wichtiges erzählerisches Mittel ist auch die **Zeitgestaltung,** z. B.:<br>▪ **Zeitdehnung**: Einfügen von Gedanken, Gefühlen, Beschreibungen u. Ä.; die Erzählzeit ist länger als die erzählte Zeit, |

| | |
|---|---|
| | ▪ **Zeitraffung**: verkürztes Wiedergeben des Geschehens, Zeitsprünge; die Erzählzeit ist kürzer als die erzählte Zeit,<br>▪ **Vorausdeutung**: Andeuten kommender Ereignisse,<br>▪ **Rückblende**: Aufgreifen von vergangenen Ereignissen. |
| **Fabel** | **Textsorte**: Kurzer erzählender oder gereimter Text. Zu den **Merkmalen** einer Fabel gehören:<br>▪ Tiere denken, handeln und sprechen wie Menschen,<br>▪ Tieren sind bestimmte menschliche Eigenschaften zugeordnet,<br>▪ Fabeln enthalten eine Lehre (zentrale Aussage). |
| **Figur** | (*lat.* figura – Gestalt, Wuchs) Person, die in einem literarischen Text vorkommt. Man unterscheidet zwischen Haupt- und Nebenfigur, je nach ihrem Anteil am Geschehen. Eine Figur wird charakterisiert durch ihr Äußeres, ihr beschriebenes Verhalten und eigene Äußerungen (Gedanken, wörtliche Rede). Die Beziehung der Figuren zueinander nennt man Figurenkonstellation. |
| **Figuren-konstellation** | Beschreibt die Gruppierung der Figuren in einem epischen oder dramatischen Werk. Dabei wird untersucht, in welchem Verhältnis die Figuren zueinander stehen und wie sich die wechselseitigen Beziehungen zwischen ihnen während des Handlungsverlaufes entwickeln bzw. ändern. Sind sie Gegner oder Verbündete? Welche Gefühle hegen sie füreinander? |
| **fester Vergleich** | Anschauliche, oft bildhafte Wortgruppen mit dem Vergleichswort *wie,* z. B.: *arm wie eine Kirchenmaus.* |
| **flektieren (die Flexion), flektierbar** | Ein Wort beugen, seine Form verändern (die Beugung, Formveränderung), z. B.: *(des) Flusses, (in den) Flüssen; (ich) gehe, (du) gehst, (wir) gingen.*<br>Flexion ist der **Oberbegriff** zu Deklination und Konjugation. |
| **Frageprobe** | Probe zur Ermittlung von Fällen, Satzgliedern und Satzgliedteilen, z. B.:<br>*dem Jungen helfen* – Wem helfen? (Dativ)<br>*die Katze fangen* – Wen/Was fangen? (Akkusativ)<br>*Sie essen den leckeren Kuchen nachmittags im Garten.*<br>▪ Wer/Was isst ...? (Subjekt)<br>▪ Wen/Was essen sie ...? (Objekt)<br>▪ Wann essen sie ...? (Temporalbestimmung)<br>▪ Wo essen sie ...? (Lokalbestimmung)<br>▪ Welchen/Was für einen Kuchen ...? (Attribut) |
| **Fremdwort** | Wort, das aus einer anderen Sprache übernommen wurde, sich aber in Aussprache, Schreibung und Betonung **nicht oder nur zum Teil dem Deutschen angepasst** hat, z. B.: *Sweatshirt, Ragout.* |
| **Gedicht** | **Textsorte**, in der Gedanken und Gefühle eines **lyrischen Sprechers** (**lyrisches Ich**) mithilfe besonderer Gestaltungsmittel (z. B. sprachliche Bilder, Vergleiche) ausgedrückt werden. Gedichte sind oft in **Strophen** unterteilt, die aus **Versen** (Gedichtzeilen) bestehen. Gedichte haben einen bestimmten **Rhythmus** und können sich nach einem bestimmten Schema **reimen**. |

| | |
|---|---|
| **Genus**<br>(Geschlecht) | Grammatisches Geschlecht: **männlich**, **weiblich** oder **sächlich**.<br>Das grammatische Geschlecht erkennt man am **Artikel**, z. B.:<br>*der/ein Regen, das/ein Wetter, die/eine warme Jacke.* |
| **germanische Sprachen** | Die deutsche Sprache gehört zur Gruppe der germanischen Sprachen in der indoeuropäischen Sprachfamilie, wie auch das Englische, Friesische, Niederländische, Dänische, Isländische und Norwegische.<br>Innerhalb der Gruppe der germanischen Sprachen können Wörter sich ähneln, z. B. *Mutter* – engl. *mother* – dän. *mor; drei* – engl. *three* – dän. *tre.* |
| **Gesprächsregeln beachten** | In Gesprächen sollte man einige **Regeln** beachten:<br>▪ sachlich und freundlich bleiben, andere zu Wort kommen lassen,<br>▪ aktiv zuhören und auf andere eingehen,<br>▪ Meinungen begründen, ggf. einen Kompromiss suchen. |
| **Gestik** | Bezeichnet Körperbewegungen, um Aussagen zu unterstützen oder um sich ohne Worte zu verständigen. |
| **Haiku**<br>(jap. lustiger Vers) | Kürzeste Gedichtform, die ursprünglich aus Japan stammt. Das Haiku besteht aus 17 Silben, die auf drei Verse zu 5, 7, 5 Silben verteilt sind. Themen sind vor allem Beobachtungen aus der Natur. |
| **Handlung** | Dabei unterscheidet man die **äußere Handlung**, die das sichtbare Geschehen, die Außenwelt, zeigt. Hier handeln und sprechen die Figuren direkt. Die **innere Handlung** dagegen umfasst die Gedanken und Gefühle der Figuren, also deren Innenwelt. |
| **Hauptsatz** | **Teilsatz eines zusammengesetzten Satzes**, in dem die finite Verbform an zweiter Stelle steht, z. B.: *Tim und Tom lächelten glücklich, als sie uns sahen.* |
| **Homonym** | **Gleichnamige Wörter**: Wörter, die gleich (bzw. fast gleich) geschrieben und ausgesprochen werden, aber unterschiedliche Bedeutungen haben, z. B.: *Bremse – Bremse.* Sie können auch zu verschiedenen Wortarten gehören, z. B.: *(der) Morgen – morgen.* |
| **Hörspiel** | Ein für den Hörfunk produziertes oder bearbeitetes Stück, das allein mit akustischen Mitteln (Wort, Ton, Geräusche) arbeitet. |
| **Hypertext, Hypertexte schreiben** | Text, der **Hyperlinks** (Stichworte zum Anklicken) enthält und nicht »der Reihe nach« (linear) gelesen wird.<br>So kann man Hypertexte verfassen: Textteil in eine Word-Datei schreiben, Stichwort markieren, auf »Einfügen« und dann auf »Hyperlink« klicken, Dateinamen eingeben und mit OK bestätigen, Fortsetzung schreiben usw. |
| **indirekte Rede** | **Nicht wörtliche Wiedergabe** von Gesagtem oder Gedachtem, in der Regel mithilfe des **Konjunktivs I**. Dabei muss man oft die **Pronomen**, Orts- und Zeitangaben umformulieren, z. B.:<br>*Nils flüsterte mir zu, er sei zu spät gekommen. Randi meint, sie helfe uns.*<br>Aber auch eine Wiedergabe im **Indikativ** ist möglich, z. B.:<br>*Randi sagt, dass sie uns hilft.*<br>Manchmal wird der **Konjunktiv II** oder die ***würde*-Ersatzform** verwendet, z. B.:<br>*Nils flüsterte, er käme pünktlich. Randi sagt, sie würde uns helfen.* |

| | |
|---|---|
| **Infinitivgruppe** | Wortgruppe, die einen **Infinitiv mit *zu*** enthält (**erweiterter Infinitiv mit *zu***).<br>Ist ein Infinitiv nicht erweitert, kann man ein Komma setzen, z. B.:<br>*Sibylle versprach(,) zu helfen.*<br>In folgenden Fällen **muss** man ein **Komma** setzen:<br>▪ wenn die Infinitivgruppe mit *um, ohne, (an)statt, außer, als* eingeleitet wird, z. B: *Sylva fuhr nach Berlin, um ihren Freund Niklas zu treffen.*<br>▪ wenn sich die Infinitivgruppe auf ein Nomen/Substantiv bezieht, z. B: *Sylva gab ihr den Rat, viel schwimmen zu gehen.*<br>▪ wenn sich die Infinitivgruppe auf ein hinweisendes Wort, wie *daran, darum, damit, es,* bezieht, z. B.: *Sie bemühte sich darum, Sylvas Probleme zu verstehen.*<br>Man kann Fehler vermeiden, indem man beim Infinitiv mit *zu* immer ein Komma setzt. |
| **Informationen suchen** | Um nach bestimmten Informationen zu suchen, kann man:<br>▪ im **alphabetischen**, **systematischen** oder **Onlinekatalog** einer **Bibliothek** nach Büchern und anderen Medien suchen,<br>▪ im **Inhaltsverzeichnis** von **Zeitschriften** nach Beiträgen suchen,<br>▪ in einem **Lexikon** (alphabetisches Nachschlagewerk) nachschlagen,<br>▪ im **Inhaltsverzeichnis**, **Klappentext** und **Register** von **Sachbüchern** nach geeigneten Inhalten suchen,<br>▪ **Suchmaschinen** und **Web-Kataloge** (nach Themen geordnete Sammlungen von Internetadressen) im **Internet** nutzen.<br>Die **Beurteilung der Suchergebnisse** sollte nach folgenden Punkten erfolgen:<br>▪ **Autor/-in** (Autor/Autorengruppe angegeben oder anonyme Seite?)<br>▪ **Herkunft** (Kontaktdaten/Impressum vorhanden? Von einer offiziellen Organisation oder privat? Ein Diskussionsforum?)<br>▪ **Aktualität** (Entstehungszeit? Letzte Aktualisierung?)<br>▪ **Inhalt** (Überprüfbarkeit der Fakten? Quellen genannt?)<br>Entnimmt man Büchern oder Internetseiten Informationen und Textstellen, muss man die **Quellenangabe** exakt notieren. |
| **Inhaltsangabe (zu literarischen Texten)** | Knappe, sachliche Darstellung des **wesentlichen Inhalts** eines literarischen Textes, Films oder Theaterstücks. Sie sollte folgende **Bestandteile** haben:<br>▪ Einleitung: Angaben zu Autorin/Autor, Textsorte, Titel, Thema<br>▪ Hauptteil: Darstellung der Figuren und des Handlungsverlaufs<br>▪ Schluss: Besonderheiten des Textes nennen<br>Folgende **sprachliche Besonderheiten** sollte man beachten:<br>▪ Inhalt mit eigenen Worten wiedergeben (keine Zitate),<br>▪ **direkte Rede** in **indirekte Rede** umwandeln,<br>▪ in Präsens oder Perfekt darstellen. |
| **Interview** | Mündliche **Befragung**, um Informationen über eine Person und/oder deren Meinungen, Einstellungen, Wissen und Verhalten zu erhalten. Am besten eignen sich für Interviews Ergänzungsfragen, die man ausführlich beantworten muss. Entscheidungsfragen, auf die man nur Ja oder Nein antworten muss, sind weniger geeignet. |

| | |
|---|---|
| **Kasus**<br>(Fall) | Fall in der Grammatik. Es gibt **vier Fälle**:<br>▪ **Nominativ** (Fragen: *Wer? Was?*), z. B.: *Die Lehrerin liest vor. Langsam fließt das Wasser ab.*<br>▪ **Genitiv** (Frage: *Wessen?*), z. B.: *Er fragt den Bruder seines Freundes.*<br>▪ **Dativ** (Fragen: *Wem? Wo?*), z. B.: *Er hilft seiner Mutter. Wir helfen ihm.*<br>▪ **Akkusativ** (Fragen: *Wen? Was? Wohin?*), z. B.: *Ihren kleinen Hund finden alle lustig. Wir spielen ein neues Spiel.* |
| **Kommasetzung** | Im **einfachen Satz** müssen **Kommas** gesetzt werden:<br>▪ bei der **Aufzählung** von Wörtern und Wortgruppen,<br>▪ bei **Infinitivgruppen**,<br>▪ bei **Partizipgruppen**,<br>▪ bei **nachgestellten Erläuterungen** (auch in Form von **Appositionen** und **Datumsangaben**).<br>Im **zusammengesetzten Satz** müssen **Kommas** gesetzt werden:<br>▪ in einem **Satzgefüge** zwischen **Haupt-** und **Nebensatz**, z. B.: *Wir packten gleich aus, als wir angekommen waren. Nachdem wir ausgepackt hatten, liefen wir zum See.*<br>▪ in einer **Satzreihe** (**Satzverbindung**) zwischen den **Hauptsätzen,** wenn sie nicht durch eine aufzählende **Konjunktion** verbunden sind, z. B.: *Wir wollten etwas unternehmen, aber wir konnten uns nicht einigen. Tom ging ins Kino, ich blieb zu Hause.* |
| **Kommentar** | **Journalistische Textsorte**: persönliche, namentlich gekennzeichnete Meinung eines Autors zu einem aktuellen Ereignis oder Vorgang |
| **Komparation, komparieren** | **Steigerung** von Adjektiven:<br>▪ Positiv (Grundstufe), z. B.: *klein*<br>▪ Komparativ (Mehrstufe), z. B.: *kleiner*<br>▪ Superlativ (Meiststufe), z. B.: *am kleinsten* |
| **Konflikt** | (*lat.* conflictus – Zusammenstoß) Problem der Hauptfigur, das sie im Verlauf der Handlung lösen muss. Das kann ein Streit sein oder eine schwierige Entscheidung. |
| **Konjugation, konjugieren** | **Beugung** (Formveränderung) von Verben nach **Person**, **Zahl** (Numerus), **Zeit** (Tempus) und **Handlungsform** (Aktiv, Passiv), z. B.: *(ich) schreibe, (wir) schrieben, (er) wurde geschrieben.* |
| **Konjunktion**<br>(Bindewort) | **Nicht veränderbare Wortart**, die Wörter, Wortgruppen und Teilsätze miteinander verbindet. Nach ihrer **Bedeutung** unterscheidet man:<br>▪ **aufzählende Konjunktionen** (treten bei Aufzählungen auf, z. B.: *und, sowie, sowohl … als auch, oder, weder … noch*),<br>▪ **entgegenstellende Konjunktionen** (drücken einen Gegensatz aus, z. B.: *aber, doch, nicht nur …, sondern auch …*).<br>Nach der **Funktion** unterscheidet man:<br>▪ **nebenordnende Konjunktionen** (verbinden gleichrangige Wörter, Wortgruppen und Teilsätze, z. B.: *aber, und, sondern, denn*), |

| | |
|---|---|
| | ▪ **unterordnende Konjunktionen** (leiten einen Nebensatz ein, z. B.: *als, weil, dass, wenn, falls, ehe, bevor, nachdem, sodass*). |
| **Kriminalgeschichte** | Erzählung, in deren Mittelpunkt ein Verbrechen steht (z. B. Diebstahl, Mord). Dabei liegt der Schwerpunkt entweder auf der Tat und dem Täter oder auf der Aufklärung des Verbrechens durch einen Detektiv. Im ersten Fall geht es um die Bedingungen, unter denen das Verbrechen geschieht, im zweiten Fall um Spurensuche und Beweisführung. Berühmte Detektive der Kriminalliteratur sind Sherlock Holmes oder Miss Marple. |
| **Kurzgeschichte** | **Textsorte**: (in Anlehnung an die amerikanischen *Short Stories*) kurze und prägnante Erzählungen mit folgenden typischen **Merkmalen**:<br>▪ erzählt werden einzelne alltägliche Ereignisse oder Erlebnisse,<br>▪ wenige Figuren,<br>▪ unvermittelter Beginn und offenes, mitunter überraschendes Ende,<br>▪ begrenzte Handlungszeit (wenige Stunden oder Tage) und Handlungsorte (oft nur einer),<br>▪ knappe alltägliche Sprache, häufig Andeutungen und Metaphern. |
| **Kurzwort** | Wörter, die durch das Weglassen von Wortteilen entstehen, z. B.: *Fotografie* → *Foto, Fahrrad* → *Rad.*<br>Besondere Formen von Kurzwörtern sind:<br>▪ **Buchstabenwörter** (Buchstaben werden einzeln oder zusammenhängend gesprochen), z. B.: *Lkw* (gesprochen: el-ka-we, Lastkraftwagen), *PLZ* (Postleitzahl).<br>▪ **Silbenwörter** (aus Anfangssilben zusammengesetzte Wörter), z. B.: *Kriminalpolizei* → *Kripo.* |
| **Lehnwort** | Wort, das aus einer anderen Sprache »entliehen« wurde und sich im Laufe der Zeit in Aussprache, Schreibung und Beugung **der deutschen Sprache angepasst** hat, z. B.: *Fenster* (von *lat.* fenestra). |
| **Leserbrief** | **Schriftliche Stellungnahme** zu einem Artikel in einer Zeitung oder Zeitschrift. Ein Leserbrief besteht aus:<br>▪ Einleitung (knapp mitteilen, auf welchen Artikel man sich bezieht),<br>▪ Hauptteil (mit Bezug auf den Artikel kurz die eigene Meinung formulieren und Begründungen nennen),<br>▪ Schluss (Standpunkt kurz zusammenfassen). |
| **Lesetagebuch** | In einem Lesetagebuch dokumentiert der Leser persönliche Leseeindrücke. Es wird z. B. notiert:<br>▪ wann welche Abschnitte gelesen wurden,<br>▪ was dem Leser persönlich wichtig erscheint,<br>▪ welche Textstellen für ihn besonders interessant waren,<br>▪ wie die Handlung alternativ aussehen könnte,<br>▪ wie das Handeln der Figuren bewertet wird.<br>Es können auch visuelle Gestaltungen einzelner Abschnitte vorgenommen werden. |

| | |
|---|---|
| **Literatur** | (*lat.* litterātūra – Buchstabenschrift, Schrifttum) Bezeichnung für alle Texte, die aufgezeichnet und veröffentlicht werden. Manchmal wird der Begriff *Literatur* auch in einem engeren Sinn verwendet und meint dann vor allem die künstlerische Literatur. |
| **lyrisches Ich** | Bezeichnet den Sprecher des Gedichts, also das sprechende, künstlerisch gestaltete Ich, das nicht mit dem Ich des Autors übereinstimmt. |
| **Medien** | Mittel zur **Verständigung**, Information, Wissensgewinnung, Unterhaltung und Entspannung, wie z. B. Zeitung, Zeitschrift, Hörfunk, Film und Fernsehen, Computer.<br>Man unterscheidet **Printmedien** (zum Lesen) und **audiovisuelle Medien** (zum Hören und Sehen). Wichtige Printmedien sind **Bücher** und **Zeitungen/ Zeitschriften**. |
| **mehrdeutiges Wort** | Wörter, die mehrere Bedeutungen haben, z. B.: *Hahn* (Tier, Wasserhahn), *Flügel* (Teil eines Vogels oder Flugzeugs, Musikinstrument). Welche der Bedeutungen gemeint ist, wird erst aus dem Textzusammenhang klar. |
| **Meldung** | **Journalistische Textsorte**: Kurznachricht, die nur das Nötigste über ein Ereignis, oft nur das Ereignis selbst, bekanntgibt. Nur die **Schlagzeile** ist noch kürzer. |
| **Metapher** | **Bildhafte Ausdrucksweise**, die durch Übertragung eines Wortes oder Ausdrucks mit seiner ursprünglichen Bedeutung auf einen anderen Sachbereich entsteht. Grundlage dafür ist ein gemeinsames Merkmal der Ähnlichkeit in beiden Bedeutungen, z. B.: *der Fuß des Menschen* → *am Fuß des Berges*. |
| **Mimik** | Bezeichnet den Gesichtsausdruck. Im Alltag, auf der Bühne oder im Film kann man an der Mimik die Gefühle eines Menschen ablesen. |
| **Mindmap** (engl. *mind* – Gedanken, Gedächtnis; *map* – Landkarte) | **Methode zur Sammlung und logischen Strukturierung von Informationen** zu einem Thema. Ausgehend von dem zentralen Begriff, der in der Mitte steht, werden weiterführende Informationen ringsherum angeordnet. Linien (z. B. Haupt- und Nebenäste) verdeutlichen Beziehungen, z. B. zwischen Ober- und Unterbegriff oder Teil und Ganzem. |
| **Mitschreiben** | Schriftliches Festhalten von Gehörtem. Dabei muss man:<br>▪ genau und konzentriert zuhören,<br>▪ Wesentliches von Unwesentlichem unterscheiden,<br>▪ Aussagen genau zusammenfassen.<br>Um schnell mitschreiben zu können, sollte man **Stichpunkte** formulieren und **Abkürzungen** benutzen, z. B.: *u., ca., usw.* |
| **Mitteilungen verfassen** | Es gibt verschiedene Anlässe und Möglichkeiten, Mitteilungen zu verfassen. Immer ist zu beachten, an wen und aus welchem Anlass man schreibt.<br>**Offizielle Briefe** bzw. **E-Mails** sind Mitteilungen an eine Institution oder ein Unternehmen, z. B. Anträge, Beschwerden und Bewerbungen, in denen man sachlich und knapp, aber höflich formuliert, die **Anredepronomen** *Sie, Ihr(-e)* verwendet, auf fehlerfreie Rechtschreibung und Zeichensetzung achtet. Eine **Betreffzeile** enthält kurz den Anlass des Briefs, z. B.: *Bewerbung um einen Praktikumsplatz.* |

| | |
|---|---|
| | In der **Anrede** schreibt man: *Sehr geehrte Frau Müller, ... Sehr geehrter Herr Lehmann, ...* oder *Sehr geehrte Damen und Herren, ...*<br>Nach dem Komma wird auf einer neuen Zeile klein weitergeschrieben.<br>Die übliche **Grußformel** am Schluss ist: *Mit freundlichen Grüßen / Mit freundlichem Gruß*<br>In Briefen folgt die **persönliche Unterschrift**. |
| **Modalverb** | Im Deutschen gibt es **sechs Modalverben.** Sie drücken aus, wie eine Tätigkeit, ein Vorgang, ein Zustand speziell gemeint ist:<br>*wollen* (Absicht): *ich will kommen,*<br>*sollen* (Aufforderung): *er soll kommen,*<br>*dürfen* (Erlaubnis): *er darf kommen,*<br>*können* (Fähigkeit oder Möglichkeit): *er kann kommen,*<br>*müssen* (Notwendigkeit): *er muss kommen,*<br>*mögen* (Wunsch): *er möchte kommen.* |
| **Monolog** | (*griech.* monologos – allein sprechend) Selbstgespräch einer Person im Gegensatz zum Zwiegespräch (Dialog). Im Drama, aber auch in erzählender Literatur kann eine handelnde Figur in einem Monolog ihre Gedanken äußern. |
| **Nacherzählen** | **Wiedergabe** gelesener oder gehörter Geschichten **mit eigenen Worten**.<br>Zur Vorbereitung kann man die Geschichte in Abschnitte einteilen und Stichpunkte zum Inhalt notieren. Besonders zu achten ist auf die zeitliche Abfolge der Handlung, auf die Orte und auf die Gedanken und Gefühle der handelnden Personen/Figuren. |
| **nachgestellte Erläuterung** | Einem Beziehungswort (meist Nomen/Substantiv) **nachgestellte Erklärung**, die durch **Kommas** abgegrenzt wird.<br>Es gibt nachgestellte Erläuterungen:<br>▪ im gleichen Fall wie das Beziehungswort (Appositionen), z. B.: *Sylva, Tochter eines tschechischen Vaters, steht im Mittelpunkt der Handlung.*<br>▪ die durch besondere Wörter eingeleitet werden, wie *und zwar, unter anderem (u. a.), zum Beispiel (z. B.), besonders, nämlich, vor allem (v. a.), das heißt (d. h.),* z. B.: *Sylva liebt Sport, besonders das Schwimmen.*<br>▪ Datumsangaben, die zu einem Wochentag gestellt werden, z. B.: *Die Geburtstagsfeier fand am Mittwoch, dem 16. April(,) statt.* |
| **Nachricht** | **Journalistische Textsorte**: kurze, sachliche Mitteilung über eine allgemein interessierende und nachprüfbare Tatsache |
| **Nebensatz** | **Teilsatz eines zusammengesetzten Satzes**, der allein meist nicht verständlich ist und durch **Komma** vom **Hauptsatz** abgegrenzt wird, z. B.: *Wir packten gleich aus, als wir angekommen waren. Nachdem wir ausgepackt hatten, liefen wir zum See.* Die meisten Nebensätze haben folgende **Merkmale**:<br>▪ die **finite Verbform** steht an letzter Stelle,<br>▪ am Anfang steht ein **Einleitewort**.<br>Nach dem Einleitewort unterscheidet man:<br>▪ **Konjunktionalsatz**: durch eine unterordnende Konjunktion eingeleitet, z. B.: *weil, dass, sodass, als, da, nachdem, bevor, seit,* |

| | |
|---|---|
| | ▪ **Relativsatz**: durch ein Relativpronomen eingeleitet, z. B.: *der, die, das, welcher, welche, welches,*<br>▪ **Fragewortsatz**: durch ein Fragewort eingeleitet, z. B.: *wo, wie, was, warum.* |
| **Nomen/Substantiv** | **Deklinierbare Wortart**, die Lebewesen, Gegenstände, Gefühle, Vorstellungen, Vorgänge, Orte und Veranstaltungen bezeichnet. Nomen werden **großgeschrieben**. Sie können Begleiter (Artikel, Possessivpronomen) und Attribute bei sich haben, an denen man Fall (Kasus), Zahl (Numerus) und Geschlecht (Genus) erkennt, z. B.: *die Wiese, unser Garten.* |
| **Nominalisierung/ Substantivierung** | Im Deutschen kann jedes Wort **als Nomen gebraucht** – also nominalisiert/ substantiviert – werden. Es wird dann wie Nomen **großgeschrieben** und kann ebenfalls einen Begleiter und ein Attribut bei sich haben, z. B.: *das Blau, euer lautes Rufen.* |
| **Numerale** (Zahlwort) | Wörter, die eine Menge oder eine Anzahl angeben. Man unterscheidet:<br>▪ **bestimmte Numeralien**, z. B.: *eins, zwei, erster,*<br>▪ **unbestimmte Numeralien**, z. B.: *einige, viele, alle.*<br>Numeralien gehören zu **verschiedenen Wortarten**:<br>▪ Nomen/Substantiv, z. B.: *eine Million,*<br>▪ Adjektiv, z. B.: *zwei Schüler, in der sechsten Klasse,*<br>▪ Adverb, z. B.: *er rief dreimal.* |
| **Numerus** (Zahl) | Zahl, in der Nomen/Substantive, Artikel, Adjektive oder Pronomen auftreten können. Es gibt eine Form für den **Singular** (Einzahl) und eine andere Form für den **Plural** (Mehrzahl), z. B.: *(das) Kind – (die) Kinder.* |
| **Objekt** | **Satzglied**, das das Prädikat ergänzt. Der Fall des Objekts ist vom Verb oder einer Präposition abhängig. Man unterscheidet:<br>▪ **Dativobjekt** (Frage: *Wem?*), z. B.: *Sie hilft ihrer Oma.*<br>▪ **Akkusativobjekt** (Frage: *Wen? Was?*), z. B.: *Er liest ein Buch.*<br>▪ **Genitivobjekt** (Frage: *Wessen?*), z. B.: *Sie erfreut sich bester Gesundheit.* Genitivobjekte werden selten, meistens in der Schriftsprache gebraucht.<br>▪ **Präpositionalobjekt** (Objekt, dessen Fall von einer **Präposition** bestimmt wird), z. B.: *Sie wartet auf ihn. Über das Buch freute sie sich.* |
| **Parallelgedicht** | Übernimmt das Muster des Vorbilds und füllt es mit neuem Inhalt. |
| **Partizip** | **infinite Verbform** |
| **Partizipgruppe** | Konstruktion, in deren Kern ein **Partizip** enthalten ist.<br>**Vorangestellte** und **eingeschlossene Partizipgruppen** können durch Komma abgetrennt werden, z. B.:<br>*In Berlin angekommen(,) besuchte Sylva ihren alten Freund Niklas. Er stimmte ihr(,) heftig mit dem Kopf nickend(,) zu.*<br>Nachgestellte **Partizipgruppen** müssen durch Komma abgetrennt werden, z. B.: *Er stimmte ihr zu, heftig mit dem Kopf nickend.*<br>Man kann Fehler vermeiden, indem man bei Partizipgruppen immer ein Komma setzt. |

| | |
|---|---|
| **Personifizierung** | **Bildhafte Ausdrucksweise**, bei der für Menschen typische Verhaltensweisen und Eigenschaften auf unbelebte Gegenstände und Erscheinungen übertragen werden, z.B.: *die Sonne lacht, stumme Steine.* |
| **Pointe** | (*frz.* Spitze, Schärfe) Unerwartete Wendung, z.B. zum Schluss einer Anekdote, mit dem Ziel, durch ihren Witz die Zuhörer oder Leser zum Lachen zu bringen. |
| **Prädikat** | **Satzglied**, das etwas über das Subjekt aussagt (Satzaussage, Frage: *Was wird ausgesagt?*). **Subjekt** und **Prädikat** bilden den **Satzkern**. Wenn das Prädikat nur aus dem finiten (gebeugten) Verb besteht, nennt man es **einteiliges Prädikat**, z.B.: *(er) liest*. Das **mehrteilige Prädikat** besteht aus der finiten (gebeugten) Verbform und anderen, infiniten (ungebeugten) Verbformen (Partizip II, Infinitiv) oder weiteren Wörtern. Das mehrteilige Prädikat kann andere Satzglieder einrahmen. Dann bildet es einen **prädikativen Rahmen**, z.B.: *Er hat ein Buch gelesen. Trotz der Kälte ging sie ohne Mütze los.* |
| **Präfix** (Vorsilbe) | Dem Wortstamm vorangestellter **Wortbaustein**, der nicht selbstständig stehen kann. Wichtige Präfixe sind *be-, er-, ent-, ge-, miss-, ver-, zer-*. Durch das Anfügen von Präfixen entstehen oft neue Wörter (**Ableitung**) mit veränderter Bedeutung, z.B.: *fallen* → *gefallen, verfallen, zerfallen, befallen.* |
| **Praktikumsbericht** | Dokumentation der Ziele, Aufgaben, des Verlaufs und der Ergebnisse eines Praktikums. Ein **Tagesbericht**, der als Tabelle oder als zusammenhängender Text gestaltet sein kann, enthält den Ablauf und die Ergebnisse eines Arbeitstages. In einem **Abschlussbericht** werden die wichtigsten Erkenntnisse und Erfahrungen aus dem gesamten Praktikum zusammengefasst. |
| **Präposition** | **Nicht veränderbare Wortart**, die räumliche, zeitliche oder andere Beziehungen zwischen Wörtern und Wortgruppen ausdrückt, z.B.: *in, aus, bei, mit, nach, vor, hinter, über, zu.*<br>Präpositionen stehen meist **vor dem Nomen/Substantiv** und seinen Begleitern und **fordern einen bestimmten Fall**, z.B.: *mit dem Ball* (Dativ); *für den Freund* (Akkusativ), *wegen des Wetters* (Genitiv), *auf dem Tisch* (*Wo?* → Dativ), *auf den Tisch* (*Wohin?* → Akkusativ). |
| **Präsentieren** | Zuhörer werden über bestimmte Themen, Vorhaben oder Arbeitsergebnisse informiert. Zur **Vorbereitung** sammelt und ordnet man Informationen und Anschauungsmaterial und fertigt übersichtliche Stichpunkte an (z.B. auf Karteikarten).<br>Beim **Halten des Vortrags** ist auf freies, langsames und deutliches Sprechen sowie auf Blickkontakt zu den Zuhörern zu achten.<br>Abschließend können die Zuhörer eine **Rückmeldung** (Feedback) geben. Dazu formuliert man freundlich und motivierend. |
| **Pronomen** | **Deklinierbare Wortart**, die **Stellvertreter** oder **Begleiter** eines Nomens/Substantivs sein kann, z.B.: *die Kinder* → *sie, ihr Vater.* |
| **Protokoll** | Besondere **Form des Berichts**, mit dem kurz und genau informiert oder dokumentiert wird. Im **Verlaufsprotokoll** hält man den Ablauf und die Ergebnisse einer Veranstaltung, Diskussion oder eines Experiments fest. Im **Ergebnisprotokoll** werden nur die Ergebnisse bzw. Beschlüsse notiert. |

| | |
|---|---|
| **Quellenangabe** | Verwendet man Informationen und Material aus verschiedenen Medien, muss man die Quelle genau angeben. Die **Quellenangabe zu einem Buch** sollte Folgendes enthalten:<br>▪ Autorin/Autor: *Hasselblatt, Karin und Sonja Wagenbrenner:*<br>▪ Titel: *Was du schon immer über China wissen wolltest.*<br>▪ Ort, Verlag, Jahr: *Berlin: Berlin Verlag, 2008,*<br>▪ Seitenzahl, woher die Information stammt: *S. 54.*<br>**Internetquellen** sollten so angegeben werden:<br>▪ Autorin/Autor (wenn möglich): *Schiefer, Kim:*<br>▪ Titel und Untertitel des Beitrags: *Die chinesische Sprache.*<br>▪ Internetadresse: *Online im Internet: http://www.chinaseite.de/china-kultur/chinesische-sprache.html*<br>▪ Abrufdatum, z. B.: *[03. 03. 2011]* |
| **Redewendung** | **Feste sprachliche Wendung** (Wortgruppe), mit der man etwas besonders anschaulich und einprägsam ausdrückt, z. B.: *auf die Nase fallen, sich den Kopf zerbrechen.* |
| **Regieanweisung** | (*frz.* régie – Verwaltung) Hinweise des Bühnenautors zu Bühnenbild, Sprechweisen, Figurenverhalten und Kostümen. Diese Hinweise werden nicht mitgesprochen. Im Text sind sie meist schräg gedruckt oder in Klammern gesetzt. |
| **Reim** | Gleichklang von Wörtern *(Hut – gut)* am Ende zweier Verse, z. B. der Paarreim (aabb), der Kreuzreim (abab) und der umarmende Reim (abba). |
| **Relativsatz** | Ein **Nebensatz**, der durch ein **Relativpronomen** (*der, die, das, welcher, welche, welches*) **eingeleitet** wird. Das Relativpronomen bezieht sich auf ein Nomen im vorangehenden Hauptsatz (Bezugswort). Relativsätze werden durch **Komma** vom Hauptsatz abgegrenzt, z. B.:<br>*Die Suppe, die wir morgens gekocht hatten, aßen wir zu Mittag.*<br>*Dazu gab es Brot, welches wir selbst gebacken hatten.* |
| **Sachtexte erschließen** | **Sachtexte** können mit unterschiedlichen Absichten geschrieben werden, z. B. um:<br>▪ über Sachverhalte und/oder Probleme zu **informieren** und **Argumente** anzuführen, damit die Leser eigene Meinungen bilden können.<br>▪ an Leser zu **appellieren**, d. h. ihre Meinung auf direkte oder indirekte Weise zu beeinflussen und vom Autor gewollte Handlungen auszulösen.<br>▪ den eigenen **Standpunkt** (die Wertungen) einer Autorin / eines Autors zu Sachverhalten oder Problemen direkt oder indirekt **mitzuteilen**.<br>Um Sachtexte zu erschließen, kann man die **5-Gang-Lesetechnik** nutzen:<br>1. Text überfliegen<br>2. Fragen an den Text stellen<br>3. Text gründlich lesen<br>4. das Wichtigste zusammenfassen<br>5. Text noch einmal lesen<br>Um grafische Schaubilder, z. B. **Tabellen** oder **Grafiken**, auszuwerten, beantwortet man folgende Fragen: |

| | |
|---|---|
| | ▪ Welches Thema wird behandelt?<br>▪ Was wird auf den Achsen des Diagramms bzw. in den Spalten und Zeilen der Tabelle angegeben?<br>▪ Welche konkreten Werte sind angegeben?<br>▪ Was ergibt sich bei einem Vergleich der Werte?<br>▪ Welche Schlussfolgerungen kann man aus dem Vergleich ziehen? |
| **Satzart** | Man unterscheidet drei Satzarten:<br>▪ **Aussagesatz**: Man stellt etwas fest, informiert über etwas.<br>Merkmale: finite (gebeugte) Verbform in der Regel an zweiter Stelle, Satzschlusszeichen: Punkt, z. B.: *Am Montag kommt eine neue Lehrerin.*<br>▪ **Fragesatz**: Man fragt, erkundigt sich nach etwas.<br>Merkmale: oft durch ein Fragewort eingeleitet (z. B.: *wer, was, wie, wann, wo, warum*) oder finite (gebeugte) Verbform an erster Stelle, Satzschlusszeichen: Fragezeichen, z. B. *Wann beginnen wir? Kommst du mit?*<br>▪ **Aufforderungssatz**: Man fordert jemanden zum Handeln auf oder drückt Bitten, Wünsche, Hoffnungen aus.<br>Merkmale: finite (gebeugte) Verbform an erster Stelle, Satzschlusszeichen: Ausrufezeichen oder Punkt, *z. B.: Holt bitte frisches Wasser! Sei einfach etwas freundlicher.* |
| **Satzgefüge** | siehe zusammengesetzter Satz |
| **Satzglied** | **Subjekt**, **Prädikat**, **Objekt** und **Adverbialbestimmung** sind Satzglieder. (Das Attribut ist ein Satzgliedteil.)<br>Satzglieder kann man mithilfe der **Umstellprobe** ermitteln. Durch das Umstellen von Satzgliedern lassen sich auch verschiedene Aussageabsichten verwirklichen, z. B.: *Die Kinder / warten / am Morgen / auf den Bus.*<br>*Am Morgen / warten / … Auf den Bus / warten …* |
| **Satzreihe/ Satzverbindung** | siehe zusammengesetzter Satz |
| **Satzverknüpfung/ Textgestaltung** | Um Texte inhaltlich und sprachlich flüssig und verständlich zu gestalten, verwendet man **sprachliche Verknüpfungsmittel**, die oft im **Vorfeld** des Satzes (an der ersten Satzgliedstelle vor der finiten Verbform) stehen, wie z. B.:<br>▪ Pronomen, wie *sie, diese, das,*<br>▪ Adverbien, wie *dort, dann, danach, deshalb,*<br>▪ bedeutungsähnliche Wörter (aus einem Wortfeld), wie *Gepäck* für *Koffer und Reisetasche.*<br>Auch die **Anordnung der Satzglieder** beeinflusst die Satz- bzw. Textaussage und -wirkung. |
| **Schildern, Schilderung** | **Darstellungsweise**, **Textsorte**, bei der Wahrnehmungen, Gedanken, Gefühle und Einstellungen von Personen oder Figuren ausführlich und anschaulich wiedergegeben werden. Man beschreibt z. B. **Sinneswahrnehmungen** (Hören, Sehen, Riechen, Schmecken, Fühlen) genau und verwendet **direkte Rede**.<br>Geeignete **sprachliche Mittel** sind z. B.: |

| | |
|---|---|
| | ▪ bildhafte Vergleiche und Bezeichnungen, z. B.: *kalt wie Eis, klettern wie ein Affe, Bruchbude – Hütte – Palast,*<br>▪ abwechslungsreiche, genaue Bezeichnungen (**Synonyme**), z. B.: *Auto – Wagen – Gefährt,*<br>▪ treffende Verben und Adjektive, z. B.: *flüstern, glitschiger Untergrund,*<br>▪ **Personifizierungen**, z. B.: *Kälte kroch in meine Zehen.* |
| **Schreibkonferenz** | In einer Schreibkonferenz werden **Texte gemeinsam** (in Gruppen) **überarbeitet**. Dazu sollte man Arbeitsschritte besprechen und festlegen (z. B. Text lesen; Notizen zu Inhalt, Satzbau, Wortwahl machen und vergleichen; Hinweise und Vorschläge formulieren). |
| **Schreibwerkstatt** | In einer Schreibwerkstatt steht der Spaß am gemeinsamen Schreiben im Mittelpunkt. Wie in einer Werkstatt wird **gemeinsam an Texten gearbeitet**. Die einzelnen Arbeitsschritte sind das Werkzeug und die Sprache ist das Material. |
| **sprachliche Mittel** | Sprachliche Mittel dienen der anschaulichen, einprägsamen und/oder zweckmäßigen **Satz- und Textgestaltung**, wie z. B. in der Werbung:<br>▪ Übertreibung, z. B.: *So wurden Sie noch nie erfrischt.*<br>▪ Aufzählung, z. B.: *Quadratisch. Praktisch. Gut.*<br>▪ Alliteration (gleicher Anfangsbuchstabe), z. B.: *Milch macht müde Männer munter.*<br>▪ Reime, z. B.: *Mars macht mobil, bei Arbeit, Sport und Spiel.*<br>▪ Wortspiel, z. B.: *Bemannte Räumfahrt.*<br>▪ Gegensatz, z. B.: *Sind sie zu stark, bist du zu schwach.*<br>▪ Ausruf, z. B.: *Wie gut, dass es Nivea gibt!*<br>▪ Wortneuschöpfungen, z. B.: *Los Wochos!*<br>▪ ungewöhnlicher Satzbau, z. B.: *Jetzt zuschlagen!*<br>▪ Abweichungen von der Grammatik, z. B.: *Hier werden Sie geholfen!* |
| **Sprachvarianten (Sprachvarietäten)** | **Erscheinungsformen** unserer Sprache. Man unterscheidet:<br>**Dialekte** (**Mundarten**), **Umgangssprache, Standardsprache** |
| **Sprichwort** | Ein Sprichwort gibt Erfahrungen, Beobachtungen und Einsichten der Menschen in Form eines Satzes besonders anschaulich und einprägsam wieder, z. B.: *Wer andern eine Grube gräbt, fällt selbst hinein.* |
| **Standardsprache** | Eine **Sprachvariante (Sprachvarietät)** des Deutschen, die v. a. in schriftlichen Texten (z. B. Literatur, Zeitungsartikel, Fachtexte, amtliche Mitteilungen), aber auch in bestimmten Sprechsituationen (z. B. Vorträge, Nachrichten) verwendet wird. Sie ist gekennzeichnet durch Wörter, die in allen Regionen des deutschen Sprachgebiets bekannt sind, einen geregelten Satzbau, eine geregelte Schreibung (Rechtschreibung) und eine geregelte Aussprache (nach bestimmten Normen). |
| **Standpunkt** | Als **Behauptung (These)** formulierte **Meinung** einer Person oder Personengruppe. Standpunkte sollten durch **Argumente** belegt bzw. widerlegt werden. |
| **Stegreifspiel** | Kurzes unvorbereitetes Rollenspiel zu einem Thema. |

| | |
|---|---|
| **Strophe** | (*griech.* strophe – Wendung, Dehnung) Abschnitt eines Gedichts, der sich aus mehreren Versen zusammensetzt. |
| **Subjekt** | **Satzglied**, über das im Satz etwas ausgesagt wird (Satzgegenstand). Es steht in der Regel im **Nominativ** und kann mithilfe der Fragen *Wer?* oder *Was?* ermittelt werden, z. B.: *Am Abend trafen die Großeltern und mein Bruder ein. Der Schnee begann langsam zu tauen.*<br>**Subjekt** und **Prädikat** bilden den **Satzkern**. |
| **Substantiv**<br>**Substantivierung** | siehe Nomen, Nominalisierung |
| **Suffix**<br>(Nachsilbe) | An den Wortstamm angehängter **Wortbaustein**, der in der Regel nicht selbstständig stehen kann. Durch das Anfügen von Suffixen entstehen Wortformen und neue Wörter (**Ableitungen**), z. B.:<br>*lernen, lernte, Lerner; Kindheit, kindlich, kindisch.*<br>Typische Suffixe für Nomen/Substantive sind *-heit, -keit, -ung, -nis,* z. B.: *Dunkelheit, Hindernis.*<br>Typische Suffixe für Adjektive sind *-ig, -lich, -isch,* z. B.: *windig, heimlich, himmlisch.* |
| **Synonym** | Zwei oder mehr Wörter mit verschiedener Form (Aussprache, Schreibung), die eine ähnliche (selten gleiche) Bedeutung haben. Sie bezeichnen denselben Gegenstand, dieselbe Handlung oder Eigenschaft, heben dabei aber oft unterschiedliche Merkmale hervor, z. B.: *Lärm – Krach – Geschrei.* |
| **Szene** | (*griech.* skene – Zelt, Bühne) Sinneinheit innerhalb einer Handlung. Sie ist die kleinste Einheit eines Theaterstücks, oft werden mehrere Szenen zu einem Akt zusammengefasst. Im Film besteht eine Szene aus einer oder mehreren Einstellungen. |
| **szenischer Text** | Wird in Dialogen geschrieben, es gibt keinen Erzähler.<br>Ziel ist es, den Text als Handlung zu spielen. Oft gibt es Regieanweisungen mit Hinweisen zur Handlung oder zum Sprechen. |
| **Texte verfassen** | Beim Verfassen von Texten sind verschiedene **Arbeitsphasen** und **Arbeitsschritte** nötig. So kann man vorgehen:<br>▪ Schreibaufgabe bedenken (Für wen, warum, was/worüber soll geschrieben werden?),<br>▪ Text planen und gestalten (Ideen/Informationen sammeln, ordnen und gliedern; Textteile formulieren, z. B. Einleitung, Schluss),<br>▪ Textentwurf schreiben,<br>▪ Textentwurf überarbeiten (Inhalt, Wortwahl, Satzbau, Rechtschreibung, Zeichensetzung; evtl. Schreibkonferenz),<br>▪ Endfassung schreiben (evtl. gestalten). |

| | |
|---|---|
| **Umfrage** | Mündliche oder schriftliche **Befragung** mithilfe eines **Fragebogens**, um Informationen über Meinungen, Einstellungen, Wissen und Verhalten verschiedener Menschen zu erhalten. Die Fragen sollten möglichst einfach, eindeutig und kurz formuliert sein, sodass die Antworten gut auszuwerten sind.<br>Zur Veranschaulichung der Ergebnisse können Diagramme, Tabellen oder Schaubilder dienen. |
| **Umgangssprache** | Eine **Sprachvariante (Sprachvarietät)** des Deutschen, die in bestimmten Alltagssituationen, z. B. in der Familie, mit Freunden und anderen vertrauten Menschen, vor allem in gesprochener Sprache gebraucht wird, aber auch im privaten Schriftverkehr oder in der Literatur (Figurenrede) vorkommen kann. Merkmale der Umgangssprache sind bestimmte Wörter und Wendungen, aber auch unvollständige Sätze, z. B.: *die große Klappe haben.* |
| **Umstellprobe** | Probe zur Ermittlung der **Satzglieder** eines Satzes: Alle Wörter, die nur zusammenhängend umgestellt werden können, bilden ein Satzglied. Im Aussagesatz kann jedes Satzglied, außer Prädikat, die erste Stelle (vor der finiten Verbform) einnehmen. Die finite (gebeugte) Verbform nimmt immer die zweite Stelle ein. Vor der finiten Verbform kann immer nur *ein* Satzglied stehen, z. B.:<br>*Max und Moritz \| spielten \| den Erwachsenen häufig \| böse Streiche.*<br>*Den Erwachsenen \| spielten \| ...*<br>*Häufig \| spielten \| ...* |
| **unpersönliche Ausdrucksweise** | Wenn es **unwichtig** ist, **wer handelt**, wird die unpersönliche Ausdrucksweise verwendet (z. B. in Berichten oder Beschreibungen).<br>Es gibt zwei Formen der unpersönlichen Ausdrucksweise:<br>▪ Verbform im Passiv, z. B.: *Das Wasser wird dazugegeben.*<br>▪ *man*-Form, z. B.: *Man gibt das Wasser dazu.* |
| **Verb** | **Konjugierbare Wortart**, die **Tätigkeiten**, **Vorgänge** und **Zustände** bezeichnet.<br>Es gibt:<br>▪ **infinite** (ungebeugte) **Verbfomen: Infinitiv** (z. B. *lesen,*) **Partizip I** (z. B. *lesend*), **Partizip II** (z. B. *gelesen*),<br>▪ **finite** (gebeugte) **Verbformen**: Personalformen, die durch **Konjugation** entstehen und in Person und Zahl mit dem Subjekt übereinstimmen (z. B. *ich lese, du gehst*).<br>Verben bilden **Zeitformen** (Tempusformen): **Einfache Zeitformen** sind **Präsens** und **Präteritum**, z. B.: *Ich lese gern. Er las gestern ein Buch.* **Zusammengesetzte Zeitformen** sind **Perfekt, Plusquamperfekt** und **Futur**, z. B.: *Wir haben viel gelesen. Er hatte viele Bücher mitgebracht. Bald werden wir neue Bücher bestellen müssen.*<br>Die meisten Verben haben eine **Aktivform** (Betonung des Handelnden) und eine **Passivform** (Unwichtigkeit des Handelnden, Bildung: Hilfsverb *werden* + Partizip II, z. B.: *(ich) werde getragen, (du) wirst begleitet*).<br>Verben bilden **Modusformen** (Formen der Aussageweise):<br>▪ Verbformen im **Indikativ** (Wirklichkeitsform) werden verwendet, um Tatsachen und **direkte Rede** wiederzugeben, z. B.:<br>*Er arbeitet beim Zirkus. »Ich habe früh damit begonnen«, sagt Dergin.* |

| | |
|---|---|
| | ▪ Verbformen im **Konjunktiv I** werden verwendet, um **indirekte Rede** wiederzugeben, z. B.: *Er sagt, er arbeite beim Zirkus.*<br>▪ Verbformen im **Konjunktiv II** (Möglichkeitsform) verwendet man, um (irreale) Wünsche, Bedingungen, Vorstellungen und Vergleiche auszudrücken, z. B.: *Wäre Tanzen ein Schulfach, gäbe es weniger Bewegungsmuffel.*<br>▪ Verbformen im **Imperativ** werden verwendet, um Aufforderungen, Befehle, Ratschläge oder Empfehlungen auszudrücken, z. B.:<br>*Warte!* (Singular) *Wartet!* (Plural) *Warten Sie!* (Höflichkeitsform)<br>Aufgrund ihrer Formenbildung unterscheidet man:<br>▪ **starke Verben** (Stammvokal ändert sich, die 1./3. Person Präteritum ist endungslos, das Partizip II endet auf *-en*, z. B.: *schwimmen – schwamm – geschwommen.*)<br>▪ **schwache Verben** (Stammvokal ändert sich nicht, die 1./3. Person Präteritum endet auf *te*, das Partizip II endet auf *t*, z. B.: *lachen – lachte – gelacht.*)<br>Zur Bildung der verschiedenen Verbformen kann man sich an den **Leitformen** (Stammformen) orientieren: **Infinitiv – Präteritum** (1./3. Person Singular) **– Partizip II**, z. B.: *lesen – las – gelesen.* |
| **Vergleich** | Verbindet Wörter oder Wortgruppen mit »wie« oder »als (ob)«, um etwas miteinander zu vergleichen und dadurch deutlicher zu machen. Wird in der Alltagssprache verwendet oder als sprachliches Mittel im Gedicht, z. B.: *Die Luft ist wie aus grauem Tuch.* |
| **Verlängerungs-probe** | Probe zur Ermittlung der Schreibung eines einsilbigen Wortes.<br>Man verlängert das einsilbige Wort, indem man z. B. folgende Formen bildet:<br>▪ die Pluralform (z. B.: *Flu■ – Flüsse, Sta■ – Stäbe*),<br>▪ ein Verb (z. B.: *Ba■ – baden*),<br>▪ ein Adjektiv (z. B.: *Gol■ – golden, goldig).* |
| **Vers** | (*lat.* versus – Wendung, Linie) Bezeichnet die einzelne Gedichtzeile. Mehrere Verse ergeben eine Strophe. |
| **Verwandtschafts-probe** | Probe zur Ermittlung der Schreibung eines Wortes. Man sucht ein stammverwandtes Wort aus der Wortfamilie, z. B.: *mahlen – Mehl – Mühle; Biss – bissig.* |
| **Weglassprobe** | Probe, um zu ermitteln, ob ein Attribut weggelassen werden kann, ohne dass der Sinn des Satzes verlorengeht, z. B.:<br>*Ich legte den (verhassten) (grünen) Wisch auf den Schrank (in der Küche) und spürte, wie mein (brodelnd) (heißes) Blut vom Kopf in den Bauch rann.* |
| **Wortart** | Wörter lassen sich verschiedenen Wortarten zuordnen. Es gibt<br>▪ **veränderbare Wortarten**: Nomen/Substantiv (deklinierbar), Verb (konjugierbar), Adjektiv (deklinierbar, komparierbar), Artikel (deklinierbar), Pronomen (deklinierbar),<br>▪ **nicht veränderbare Wortarten**: Präposition, Adverb, Konjunktion, Interjektion.<br>▪ Numerale (Zahlwörter) können zu verschiedenen Wortarten gehören. |

| | |
|---|---|
| **Wortbildung** | Für die Wortbildung haben sich im Deutschen zwei Formen bewährt:<br>▪ die **Ableitung** mithilfe von Präfixen und Suffixen,<br>▪ die **Zusammensetzung** (Bestimmungswort + Grundwort).<br>Mithilfe der **Zerlegeprobe** lassen sich Wörter in ihre Bauteile zerlegen. |
| **Wörterbuch** | Wörterbücher oder Lexika (Singular: Lexikon) enthalten meist eine Vielzahl von Informationen und sind so aufgebaut: Die **Stichwörter** stehen in **alphabetischer Reihenfolge**. **Seitenleitwörter** (das erste und letzte Wort einer Seite) helfen bei der Orientierung. Rechtschreib-Wörterbücher enthalten neben dem **Wörterverzeichnis** oft einen Anhang mit den gültigen **Rechtschreibregelungen**, meist mit K (Kennziffer) oder R (Regel) und einer Nummer gekennzeichnet. |
| **Wortfamilie** | Wörter, die einen **gemeinsamen Wortstamm** haben, bilden eine Wortfamilie. Wortfamilien entstehen durch **Ableitung** und **Zusammensetzung**, z. B.:<br>*lehren – Lehrer – Lehrbuch – Lehrling – gelehrig …* |
| **Wortfeld** | Bedeutungsgleiche oder -ähnliche Wörter (**Synonyme**) bilden ein Wortfeld. Wörter eines Wortfeldes lassen sich in **Oberbegriffe** (mit allgemeiner Bedeutung) und **Unterbegriffe** (mit spezieller Bedeutung) einteilen, z. B.:<br>*Pflanze: Baum – Birke, Buche, Fichte, …* |
| **Wortschatz-erweiterung** | Unser Wortschatz erweitert sich ständig, z. B. durch<br>▪ **Wortbildung** mithilfe von **Zusammensetzung** und **Ableitung**, z. B.: *Hörbuch, wässrig,*<br>▪ **Übernahme** von Wörtern aus anderen Sprachen, z. B.: *Pizza, scannen,*<br>▪ **Nominalisierung** von Wörtern (Verben und Adjektive), z. B.: *filmen → das/beim Filmen, neu → der Neue.* |
| **Zeilensprung** | Übergang eines Satzes oder Teilsatzes am Ende eines Verses in die nächste Zeile. Bewirkt ein Innehalten. |
| **Zerlegeprobe** | Probe zur Ermittlung der Schreibung eines Wortes. Man zerlegt Wörter in **Sprechsilben**, um zu erkennen, ob es mit zwei gleichen oder zwei verschiedenen Konsonanten geschrieben wird, z. B.: *es-sen, lis-tig.*<br>Man kann Wörter auch in ihre **Bauteile** zerlegen, um Sicherheit über deren Schreibung zu bekommen, z. B.: *Ver-kauf, du nasch-st.* |
| **Zitat, zitieren** | Wörtliche Wiedergabe einer Textstelle in einem anderen Text. Zitate müssen buchstabengetreu übernommen und in **Anführungszeichen** gesetzt werden. Auslassungen werden durch eckige Klammern mit drei Punkten […] gekennzeichnet, z. B.:<br>*»Sylva mochte Taberys Stunden gern. Sie gehörten zu den wenigen, denen sie nicht aus dem Weg ging. […] Er täuschte keinen Sinn für Humor vor. Er machte auch keine peinlichen Witzchen […].«*<br>Um Herkunft und Wortlaut eines Zitats überprüfbar zu machen, ist eine präzise **Quellenangabe** erforderlich, z. B.: *Procházková, Iva: Die Nackten. Düsseldorf: Sauerländer Verlag, 2008, S. 9.* |

| | |
|---|---|
| **zusammen-gesetzter Satz** | Satz, der aus zwei oder mehreren inhaltlich eng miteinander verbundenen **Teilsätzen** besteht. Die Teilsätze werden in der Regel durch **Komma** voneinander getrennt. Jeder Teilsatz enthält mindestens ein **Subjekt** und ein **Prädikat** (finite Verbform). Man unterscheidet:<br>▪ **Satzgefüge** (Haupt- und Nebensatz), z. B.: *Alle waren begeistert, als die Clowns auftraten.*<br>▪ **Satzreihe/Satzverbindung** (mindestens zwei Hauptsätze), z. B.: *Clown Tilo stand auf dem Kopf (,) und Clown Marek spielte Trompete.*<br>▪ **mehrfach zusammengesetzte Sätze** (drei oder mehrere Haupt- und Nebensätze), z. B.: *Clown Tilo, der auf dem Kopf stand, konnte sich nicht wehren, als Clown Marek ihn umstieß.* |
| **Zusammensetzung** | Form der **Wortbildung**: Zusammensetzungen bestehen aus **Grund-** und **Bestimmungswort**. Manchmal ist ein **Fugenelement** eingefügt.<br>Das Grundwort bestimmt die Wortart und das Geschlecht der Zusammensetzung, z. B.: *wunder\|schön, die Mittag\|s\|zeit.*<br>Bei zusammengesetzten Verben gibt es<br>▪ **fest zusammengesetzte Verben**, z. B.: *unterrichten – (er) unterrichtet,*<br>▪ **unfest zusammengesetzte Verben**, z. B.: *teilnehmen – (er) nimmt teil.*<br>Man kann sie durch die **Betonung** unterscheiden:<br>▪ Betonung auf dem Grundwort → fest zusammengesetzt,<br>▪ Betonung auf dem Bestimmungswort → unfest zusammengesetzt.<br>Einige Verben bilden in Verbindung mit ***durch***, ***hinter***, ***über***, ***unter*** und ***um*** sowohl **feste** als auch **unfeste Zusammensetzungen** mit unterschiedlichen **Bedeutungen**, wie z. B.:<br>*Franz wollte während der Fahrradrallye mit Geschick alle aufgestellten Kegel umfahren und nicht einen einzigen umfahren.* |

# Lösungen zu den Tests

## Texte erschließen (S. 46–47)

**1**

**a** Es wird das Problem der Meeresverschmutzung durch Plastikmüll angesprochen.

**b** Der Autor möchte in dem Text informieren und seinen Standpunkt mitteilen. Die Frageform provoziert außerdem die Suche nach einer Antwort.

**c** Die Überschrift weckt das Interesse, denn das Wort »Müllstrudel« ist eher ungewöhnlich.

**2**

**a** Meeresverschmutzung durch Plastikabfälle ist ein ernstzunehmendes Umweltproblem, an dem einzig und allein der Mensch schuld ist.

**b** (siehe Tabelle unten ↓)

**c** Der Autor äußert die Befürchtung, dass der Müllstrudel in zwei bis drei Generationen riesige Ausmaße haben wird.

**d** Bekämpft aktiv die Meeresverschmutzung durch Plastikmüll, damit der Müllstrudel nicht noch größere Ausmaße annimmt!

**3**

**a** Besonders problematisch bei Plastikmüll ist seine chemische Zusammensetzung:
Er kann giftige Substanzen, zum Beispiel Weichmacher, enthalten. (überzeugendes Argument)
Ein weiteres Problem ist seine relativ lange Haltbarkeit und die langsame Abbaurate. Richtig beängstigend wird diese Umweltverschmutzung, wenn man bedenkt, dass Kunststoff bis zu 500 Jahre braucht, um sich im Salzwasser zu zersetzen.
(noch überzeugenderes Argument)
Und: Kunststoff wird in großem Maße erst seit 60 Jahren hergestellt. Kaum auszudenken, welche Ausmaße dieser Strudel erst in zwei, drei Generationen haben wird. (überzeugendstes Argument)

**b**

| Adjektive | Verben | Nomen |
|---|---|---|
| dramatisch (Z. 1)<br>absichtlich oder versehentlich (Z. 3)<br>(der) schlimmste (Meeresverschmutzer) (Z. 9)<br>(besonders) problematisch (Z. 13)<br>giftige (Substanzen) (Z. 14)<br>beängstigend (Z. 16/17)<br>ernstzunehmendes (Z. 24)<br>schuld (Z. 28) | ballt sich ... zusammen (Z. 8/9)<br>kaum auszudenken (Z. 20) | Erdverschmutzung (Z. 1)<br>Müllstrudel (Z. 2)<br>(die) Dimension Mitteleuropas (Z. 5)<br>(der schlimmste) Meeresverschmutzer (Z. 9)<br>(weiteres) Problem (Z. 15)<br>(in zwei, drei) Generationen (Z. 21)<br>Umweltproblem (Z. 24)<br>Erderwärmung (Z. 25)<br>(ökologisches) Desaster (Z. 27/28) |

**b** mögliche Lösung: Die Argumente sind steigernd aufgebaut, das heißt, das dritte ist das überzeugendste Argument.

**c** Der Autor vergleicht die Größe des Müllstrudels mit Mitteleuropa.

**4**

**a** Das Diagramm veranschaulicht die Aussage: »Plastikmüll ist der schlimmste Meeresverschmutzer überhaupt.«

**b** mögliche Lösung: Plastikmüll und Styropor machen 75,3 Prozent des gesamten Mülls aus, der 2002 bis 2008 an der Wattenmeerküste Deutschlands gefunden und untersucht wurde. Daneben werden die Weltmeere auch durch Holz (8,3 %), Glas (5,4 %), Papier und Pappe (3,2 %) verschmutzt.

## Über Sprache nachdenken (S. 218 – 219)

**2** Olmütz ist eine gemütliche, alte Stadt in Mähren, mit vielen krummen Gassen, geheimnisvollen Ecken und Innenhöfen und vielen netten Leuten.
Die nettesten von allen waren wahrscheinlich meine Großmutter und meine Urgroßmutter, die mich meine drei ersten Jahre erzogen und verwöhnten.
Dann musste ich nach Prag zu meinem Vater und meiner Mutter, die mich nicht verwöhnten, aber sie liebten mich nicht weniger.
Er liebte lustige Geschichten und konnte wunderbar erzählen.
Von ihm unheilbar angesteckt, bin ich wie in einem Rausch oder in einem hohen Fieber, wenn ich schreibe, und dieser Zustand dauert, bis das Buch fertig ist.
Momentan ist mein Fieber normal, ich schreibe nichts, aber eine Geschichte entwickelt sich schon langsam in meinem Kopf (oder Herz?), klopft ungeduldig und wird bald rausgelassen werden …

**3** eine gemütliche, alte Stadt in Mähren, mit vielen krummen Gassen, geheimnisvollen Ecken und Innenhöfen und vielen netten Leuten
Mein Vater, ein Schriftsteller …

**4** Konjunktionen, Relativpronomen, Fragewort, finite Verbform
Die Autorin Iva Procházková erzählt über ihr Leben: »Ich bin am 13. Juni 1953 in Olmütz geboren. Olmütz ist eine gemütliche, alte Stadt in Mähren, mit vielen krummen Gassen, geheimnisvollen Ecken und Innenhöfen und vielen netten Leuten. Die nettesten von allen waren wahrscheinlich meine Großmutter und meine Urgroßmutter, die mich meine drei ersten Jahre erzogen und verwöhnten. Dann musste ich nach Prag zu meinem Vater und meiner Mutter, die mich nicht verwöhnten, aber sie liebten mich nicht weniger. Mein Vater, ein Schriftsteller, ist gestorben, als ich 17 war, und er fehlt mir bis heute. Manchmal erzähle ich ihm vor dem Einschlafen etwas Lustiges, um ihm eine Freude zu machen. Er liebte lustige Geschichten und konnte wunderbar erzählen. Das ist vielleicht der Grund, warum auch ich Schriftstellerin geworden bin. Von ihm unheilbar angesteckt, bin ich wie in einem Rausch oder in einem hohen Fieber, wenn ich schreibe, und dieser Zustand dauert, bis das Buch fertig ist. Momentan ist mein Fieber normal, ich schreibe nichts, aber

eine Geschichte entwickelt sich schon
langsam in meinem Kopf (oder Herz?),
klopft ungeduldig und wird bald
rausgelassen werden ...«

5 Dann musste ich nach Prag zu meinem Vater und meiner Mutter, die mich nicht verwöhnten, aber sie liebten mich nicht weniger.
HS 1, NS 1, HS 2.

Mein Vater, ein Schriftsteller, ist gestorben, als ich 17 war, und er fehlt mir bis heute.
HS 1, NS 1, HS 2.

Von ihm unheilbar angesteckt, bin ich wie in einem Rausch oder in einem hohen Fieber, wenn ich schreibe, und dieser Zustand dauert, bis das Buch fertig ist.
HS 1, NS 1, HS 2, NS 2.

Momentan ist mein Fieber normal, ich schreibe nichts, aber eine Geschichte entwickelt sich schon langsam in meinem Kopf (oder Herz?), klopft ungeduldig und wird bald rausgelassen werden ...
HS 1, HS 2, HS 3.

6 Manchmal erzähle ich ihm vor dem Einschlafen etwas Lustiges, um ihm eine Freude zu machen. Von ihm unheilbar angesteckt, bin ich wie in einem Rausch oder ...

7 Viele Erinnerungen regen die Autorin dazu an, Geschichten zu erzählen.

8 Iva Procházková wuchs in einem kleinen mährischen Städtchen auf, von der Großmutter und der Urgroßmutter verwöhnt.

9 Nomen, Attribute
**1** eine gemütliche, alte Stadt
**2** lustige Geschichten
**3** viele nette Leute
**4** mit vielen krummen Gassen und geheimnisvollen Ecken

10 vor dem Einschlafen, etwas Lustiges

11 **1** Ich wurde von Großmutter und Urgroßmutter erzogen. **2** Ich wurde (von Mutter und Vater) nicht verwöhnt.

12 Iva Procházková sagte, das sei der Grund, warum auch sie Schriftstellerin geworden sei. Von ihm unheilbar angesteckt, sei sie wie in einem Rausch […], wenn sie schreibe (schriebe), und dieser Zustand dauere, bis das Buch fertig sei.

13 dann, heute, manchmal, momentan, bald

14 **Ableitungen:** Autor|in, er|zählt, gemüt|lich, er|zogen, (ver|wöhnten – abgeleitet von *gewöhnen*), Lust|iges, wunder|bar, Schriftsteller|in, un|heil|bar, ent|wickelt, lang|sam, un|geduld|ig
**Zusammensetzungen:** geheimnis|voll, Innen|höfen, Groß|mutter, Ur|groß|mutter, Schrift|steller, Ein|schlafen, (viel|leicht), an|gesteckt, raus|gelassen

## Richtig schreiben (S. 246–247)

1 Mit nur einem *s* schreibt man den Artikel, das Relativpronomen und das Demonstrativpronomen *das*, die Konjunktion *dass* wird mit *ss* geschrieben. (Duden, S. 328)

2 **1** dass, das **2** Das **3** Das **4** dass **5** Das **6** das **7** dass, das **8** das, dass

3 Das war spannend damals in Calgary zu den Olympischen Winterspielen 1988. Im Eiskunstlauf der Damen liegt Debi Thomas aus den Vereinigten Staaten von Amerika vor Katarina Witt aus der DDR. Zur Kür haben sich beide das gleiche Musikstück aus der Oper »Carmen« von Georges Bizet ausgesucht. Der Ausgang ist bekannt. Die hübsche Kati aus Sachsen besiegt die attraktive Debi aus Kalifornien und gewinnt olympisches Gold. 1994 gelingt ihr ein unglaubliches Comeback bei Olympia in Lillehammer, einer Stadt in Norwegen. Nunmehr startet sie für die Bundesrepublik Deutschland.

4 **1** über das Hier und Jetzt sprechen **2** das Für und Wider diskutieren **3** eine Acht im Rad haben **4** mit einer Zwei in der Mathearbeit rechnen **5** das Reiten und das Schwimmen lieben **6** sich für eine gute Sache einsetzen **7** ohne Wenn und Aber helfen **8** das Nein gut überlegen **9** etwas mit Ach und Krach schaffen **10** heute Mittag pünktlich sein **11** abends ins Kino gehen **12** den Stuhl hier stehen lassen **13** das Üben jetzt beenden **14** mit dem Berichtigen beginnen **15** in aller Frühe aufstehen

5 **1** d.h. **2** usw. **3** z.B. **4** s.o. **5** Pkw **6** DRK **7** Ing. **8** Dr. **9** m **10** kg **11** C **12** CD **13** WWW **14** U-Boot **15** Abk. **16** kPa **17** BLZ **18** Abi

6 **1** Etage (Stockwerk) **2** City (Innenstadt) **3** Medaillon (Bildkapsel, Rundbild, rundes Relief) **4** Bike (Fahrrad) **5** Pool (kleines Schwimmbecken) **6** Jeans **7** Keyboard (elektronisches Tasteninstrument) **8** Cowboy **9** Manager (Leiter eines großen Unternehmens) **10** Manege **11** I-Pod (iPod als eingetragenes Warenzeichen) **12** Ingenieur **13** Facebook **14** Chance **15** cool **16** Airbag **17** engagiert **18** (Web)-Browser

# Quellenverzeichnis

## Textquellen

**6** Freunde treffen, Schule, Sport – Prioritäten setzen. Online im Internet: http://www.yaez.de/20100914/Erwachsenwerden [15.03.2011], Hrsg: Deutsche Presse-Agentur GmbH. **13** »Raubkopierer sind Verbrecher« ... Nach: http://www.test.de/themen/computer-telefon/meldung/Musik-und-Filme-kopieren-Geraubt-oder erlaubt-1251490-1252410/ [20.12.2011], © Stiftung Warentest, Berlin. **19** Jacobs, Claudia: Tückische Tattoos. Nach: Focus Schule Magazin, 5/2010, S. 9.
**25 f.** An einem unfreundlichen Novembertage .... Aus: Gottfried Keller: Kleider machen Leute. In: Böning, Thomas; Kaiser, Gerhard und Müller, Dominik (Hrsg.): Gottfried Keller. Sämtliche Werke in sieben Bänden. Bd. 4: Die Leute von Seldwyla. Frankfurt am Main: Deutscher Klassiker Verlag, 1989, S. 286 f. **27 f.** Ich sah Lucas ... Aus: Brooks, Kevin: Lucas. Aus dem Englischen von Uwe-Michael Gutzschhahn. München: Deutscher Taschenbuchverlag, 2005, S. 9, 17–19. **32 f.** Im Jeep ... Aus: Rosoff, Meg: So lebe ich jetzt. Aus dem Englischen von Brigitte Jakobeit. Hamburg: Carlsen, 2005, 2008, S. 13–17. **40 f.** Czycholl, Harald: Rosen aus Kenia. Ostafrikas gefährliche Blüten. Nach: http://www.faz-net.de [15.03.2011] **42 f.** Wischniewski, Thomas: Deutschland ist Wasserimporteur. Online im Internet: http://www.verbraucherbildung.de [15.03.2011] **43** *Diagramm*, Aus: BUND (Hg.): Virtuelles Wasser oder: Wie viel Wasser wir wirklich verbrauchen. Kiel, 2008.
**46** Maiwald, Stefan: Wo ist der Müllstrudel? Nach: P. M. Fragen und Antworten 9/2010, S. 20. **47** *Diagramm*. Online im Internet: http://www.nabu.de/themen [15.03.2011]. **48** Hugo, Victor: Die Zukunft hat viele Namen. Zitiert nach: Fred Endres: Maximen der Lebenskunst. E-Book, 1997, S. 108. **49** die liebe. Schülertext.
**50 ff.** Procházková, Iva: Die Nackten (Auszug). Mannheim: Sauerländer, 2008, S. 140 ff. **54 f.** Hein, Jakob: Nu werdense nich noch frech. Aus: J. H.: Mein erstes T-Shirt. München: Piper, 2001, S. 129 ff. **64 f.** Krump, Hans: Bezahlen ohne Ende. Aus: Märkische Oderzeitung, 16.12.2010, S. 2. **67 f.** Riesiger Jubel ... Nach: http://www.focus.de/panorama/welt [27.01.2011], © Tomorrow Focus. Friedemann Bauschert ist ... Online im Internet: http://www.dradio.de [15.03.2011] © 2010 Deutschlandradio, Köln **68** Die Bergleute kommen ... Nach: http://www.focus.de/panorama/welt [27.01.2011], © Tomorrow Focus. **70** *Diagramm*, Aus: Feierabend, Sabine; Karg, Ulrike und Thomas Rathgeb: JIM 2013: Jugend, Information, (Multi-)Media. Basisstudie zum Medienumgang 12- bis 19-Jähriger in Deutschland. Herausgegeben vom Medienpädagogischen Forschungsverbund Südwest. Stuttgart, 2013, S. 13 (http://www.mpfs.de). **73 ff.** Funke, Cornelia: Herr der Diebe. Sonderausgabe mit Filmbildern. Hamburg: Cecilie Dressler Verlag, 2005, S. 7 ff.
**73** Der Herr der Diebe – das ist der ... Klappentext der DVD „Herr der Diebe", Warner Bros. Family Entertainment, 2007. **76 f.** Herr der Diebe – Der Film. Dialogtext nach: Claus, Richard und Musgrave, Daniel: Herr der Diebe. Warner Bros Family Entertainment, 2006.
**85 ff.** Wölfel, Ursula: Lügen. Aus: U. W.: Du wärst der Pienek. Weinheim: Anrich Verlag, 1972. **88 ff.** Drawe, Anna: Im Warenhaus. Aus: Vorlesebuch Religion I. Göttingen: Vandenhoeck & Ruprecht, 1971, S. 236 f.
**94 ff.** Doyle, Arthur Conan: Ein Skandal in Böhmen (Auszug). Aus: A. C. D.: Die Abenteuer des Sherlock Holmes. Neu übersetzt von Gisbert Haefs. Zürich: Haffmanns Verlag, 1984, S. 7 ff. **97 ff.** Christie, Agatha: Der Prügelknabe (Auszug). Aus: A. C.: Zeugin der Anklage. Der Prügelknabe. Aus dem Englischen von Maria Meinert. Bern/München/Wien: Scherz, 1991, S. 63–69 und S. 125–127. **108 ff.** Dahl, Roald: Lammkeule. Aus: R. D.: Georgy Porgy. Gesammelte Erzählungen. Ins Deutsche übertragen von Hans-Heinrich Wellmann. Reinbek bei Hamburg: Rowohlt Verlag, 1996, S. 7 ff. **116** Schiller, Friedrich: Ich fühle eine Armee ... Aus: Schiller, Friedrich: Die Räuber (Auszug). Aus: Stapf, Paul (Hg.): Schillers Werke. Berlin, Darmstadt, Wien: Deutsche Buch-Gemeinschaft, 1964, S. 73. **116** Lotz, Ernst Wilhelm: Wir sind nach Dingen krank ... (Auszug). Aus: Dietrich Bode (Hg.): Fünfzig Gedichte des Expressionismus. Stuttgart: Phillipp Reclam jun., 2002, S. 9.
**119** Bürger, Gottfried August: Der Bauer an seinen Durchlauchtigen Tyrannen. Aus: Grimm, Gunter E. (Hg.): G. A. Bürger: Gedichte. Stuttgart: Philipp Reclam jun., 1997, S. 25. **121** Auszug aus einem Soldatenbrief. Aus: http://www.g-geschichte.de/pdf/plus/soldatenbriefe_aus_dem_ersten_weltkrieg.pdf [06.07.2011]. **122** Köppen, Edlef: Mein armer Bruder – warum tat man das? Aus: Martin Reso (Hg.) in Zusammenarbeit mit Silvia Schlenstedt und Manfred Wolter. Expressionismus. Berlin und Weimar: Aufbau Verlag, 1969, S. 386. **122** Stramm, August: Patrouille. Aus: A. S.: Das Werk. Wiesbaden: Limes Verlag, 1963, S. 86. **123** Stramm, August: Im Feuer. Aus: A. S.: Das Werk. Wiesbaden: Limes Verlag, 1963, S. 90. **124** Trakl, Georg: Vorstadt im Föhn. Aus: Killy, Walther und Szklenar, Hans (Hg.): Das dichterische Werk. Salzburg: Otto Müller Verlag, 1986.
**125** Lasker-Schüler, Else: Weltende. Aus: Ginsberg, Ernst

(Hg.): Else Lasker-Schüler: Dichtungen und Dokumente. München: Kösel Verlag, 1951, S. 88. **126** Hoddis, Jakob van: Weltende. Aus: Kurt Pinthus (Hg.): menschheitsdämmerung. ein dokument des expressionismus. Rowohlts Klassiker der Literatur und der Wissenschaft. Deutsche Literatur, Band 4. Hamburg: Rowohlt Taschenbuch Verlag, 1959, S. 39. **126** Becher, Johannes R.: Diese zwei Strophen ... Aus: Das poetische Prinzip. Berlin, Weimar: Aufbau Verlag, 1957, S. 339f. **127** Kordon, Klaus: Biologie. Aus: Gelberg, Hans- Joachim (Hg.): Überall und neben dir: Gedichte für Kinder. Weinheim, Basel: Beltz Verlag, 1986, S. 110. **128** Brecht, Bertolt: Der Rauch. Aus: Gesammelte Werke in 20 Bänden. Band 10. Frankfurt a. M.: Suhrkamp, 1967, S. 1012. **128** Rühm, Gerhard: du. Aus: Gomringer, Eugen (Hg.): konkrete poesie. deutschsprachige autoren. anthologie. Stuttgart: Philipp Reclam jun., 1991, S. 121. **128** Auer, Martin: Zufall. Aus: Gelberg, Hans-Joachim (Hg.): Überall und neben dir: Gedichte für Kinder. Weinheim, Basel: Beltz Verlag, 1986, S. 64. **130 ff.** Schiller, Friedrich: Die Räuber (Auszug). Aus: Stapf, Paul (Hg.): Schillers Werke. Berlin, Darmstadt, Wien: Deutsche Buch-Gemeinschaft, 1964, S. 27 ff. **134** Tucholsky, Kurt: Luftveränderung. Aus: Gerold-Tucholsky, Mary und Raddatz, Fritz J. (Hg.): Gesammelte Werke. Bd. III. Reinbek: Rowohlt Taschenbuch, 1975, S. 534. **135** Holz, Arno: Märkisches Städtchen. Aus: Israel, Jürgen und Walther, Peter (Hg.): Musen und Grazien in der Mark. 750 Jahre Literatur in Brandenburg. Ein Lesebuch. Berlin: Lukas Verlag, 2002, S. 223.
**140** *Diagramm* Angebot und Nachfrage nach Ausbildungsstellen. Aus: http://www.arbeitsagentur.de/web/wcm/idc/groups/public/documents/webdatei/mdaw/mje3/~edisp/l6019022dstbai627048.pdf?_ba.sid=L6019022DSTBAI627051, Agentur für Arbeit, Bautzen.
**156** Procházková, Iva: Die Nackten (Auszug). Mannheim: Sauerländer, 2008, S. 138. **157** Urlaub, Farin (eigentl. Jan Ulrich Max Vetter): Junge. Aus: Die Ärzte: Jazz ist anders. Booklet. Hot Action Records GmbH 2007. **161, 162, 166, 168** © Deutsches Rotes Kreuz. **170** Radtke, Günther: Modalverben. Aus: Wiemer, Rudolf Otto (Hg.): bundes deutsch. Lyrik zur sache grammatik. Wuppertal: Hammer, 1974, S. 70. **181** Filip ist ... Aus: Procházková, Iva: Die Nackten. Düsseldorf: Sauerländer Verlag, 2008, S. 32. **183** Sylvas Vater seufzte ... Aus: Procházková, Iva: Die Nackten. Düsseldorf: Sauerländer Verlag, 2008, S. 23–24. **187** Sylva geht gern ... Aus: Procházková, Iva: Die Nackten. Düsseldorf: Sauerländer Verlag, 2008, S. 28.
**189** Nöstlinger, Christine: Liebeskummer. Aus: Kratzer, Hertha und Welsh, Renate (Hg.): Antwort auf keine Frage. Geschichten von und über die Liebe. Wien, München: Verlag Jugend und Volk, 1985, S. 41 ff.
**189** Bei aller Ernsthaftigkeit ... Online im Internet: http://www.residenzverlag.at [15.03.2011] © Residenz Verlag.
**190** Der alte Mann ... Nach: Straube, Peer: Sogar die Seismografen schlugen aus. Aus: Der Tagesspiegel, 15. Oktober 2010, S. 13. **203** Es ist unbeschreibbar ... Aus: Heine, Heinrich: Die Harzreise. Aus: Nationale Forschungs- und Gedenkstätten der Klassischen Deutschen Literatur in Weimar (Hrsg.): Heines Werke in fünf Bänden. Bd. II. Berlin, Weimar: Aufbau Verlag, 1981, S. 271 f. **210** Geschem. Aus: Pressler, Mirjam: Nathan und seine Kinder. Weinheim, Basel: Beltz Verlag, 2010, S. 9. Oomen, Hans-Gert: Karl der Große ... Aus: Entdecken und Verstehen. Geschichtsbuch Sekundarstufe I, Berlin, 7./8. Schuljahr. Berlin: Cornelsen, 2007, S. 60.
**212** Zweiter Merseburger Zauberspruch. Aus: Mettke, Heinz (Hrsg.): Älteste deutsche Dichtung und Prosa. Ausgewählte Texte althochdeutsch – neuhochdeutsch. Leipzig: Verlag Philipp Reclam jun., 1976, S. 84 ff.
**213** Phol und Wodan ... Aus: Mettke, Heinz (Hrsg.): Älteste deutsche Dichtung und Prosa. Ausgewählte Texte althochdeutsch – neuhochdeutsch. Leipzig: Verlag Philipp Reclam jun., 1976, S. 84 ff. **214** von der Vogelweide, Walther: Ich saz ûf eime steine. Aus: Protze, Helmut (Hrsg.): Walther von der Vogelweide: Lieder und Sprüche. Auswahl mittelhochdeutsch – neuhochdeutsch. Neuhochdeutsche Fassung von R. Schaeffer. Leipzig: Verlag Philipp Reclam jun., 1982, S. 24. **215** Uns ist ... Aus: Brackert, Helmut (Hrsg.): Das Nibelungenlied. Mittelhochdeutscher Text und Übertragungen. Frankfurt: Fischer Taschenbuch Verlag, 1992, S. 6 f. **216** Ein kurtzweilig lesen von Dil Ulenspiegel. Aus: Frühneuhochdeutsche Texte. Ausgewählt und eingeleitet von Gerhard Kettmann. Leipzig: Bibliographisches Institut, 1971, S. 176. **217** Ickelsamer, Valentin: Teutsche Grammatica. Aus: Frühneuhochdeutsche Texte. Ausgewählt und eingeleitet von Gerhard Kettmann. Leipzig: Bibliographisches Institut, 1971, S. 153. **218** Die Autorin ... Online im Internet: http://ivaprochazkova.com/index_de.html [21.03.2012] © Iva Procházková. **220** Schlechte Manieren. Nach: Lenz, Nikolaus: Das Superbuch der 1001 Rekorde. Bindlach: Gondrom Verlag, 2001, S. 287.
**242** Die teuerste Show der Welt. Nach: Lenz, Nikolaus: Das Superbuch der 1001 Rekorde. Bindlach: Gondrom Verlag, 2001, S. 173. **243** Der absolut höchste Berg der Welt. Nach: Brauburger, Birgit u. a.: Das große Buch der 555 Rekorde. Köln: Buch und Zeit Verlagsgesellschaft, 2007, S. 71. **245** Von geografischen Namen .... Aus: Duden: Die deutsche Rechtschreibung. 25., völlig neu bearbeitete und erweiterte Auflage. Mannheim, Wien, Zürich: Dudenverlag, 2009, S. 64.

## Bildquellen

**6** picture-alliance, Frankfurt a. M. **11** © Bernd Jürgens–Fotolia.com **19** © Haramis Kalfar–Fotolia.com **22** © fatman73–Fotolia.com **27** Buchcover (Lucas): Deutscher Taschenbuch Verlag, München 2005 **29** bpk/Gustave Marissiaux, Berlin, (Kohlebergwerk, Belgien, 1904) **30** © Kindernothilfe/Hartmut Schwarzbach **40** picture-alliance/dpa, Frankfurt a. M. **42** © parazit–Fotolia.com **46** © Peter Arnold **48** links: © AiA–Fotolia. com, rechts: Wesemann (privat), unten: © Jörg Lantelmé, Kassel **50** Buchcover (Die Nackten): Sauerländer Verlag, Mannheim 2010 **55** © Marco2811–Fotolia.com **56** picture-alliance/ZB, Frankfurt a. M. **57** (1) © Udo Hoeft–Fotolia.com, (2) © drx–Fotolia.com, (3) © c–Fotolia.com, (4) overthehill–Fotolia.com **60** Thomas Schulz, Teupitz **61** Cover (Spiesser): © Spiesser GmbH, Dresden **66** http://www.schueler-zeitung.de/projekte-und-veranstaltungen/sz-wettbewerb/ **68** picture-alliance/abaca, Frankfurt a. M. **73** links: Buchcover (Herr der Diebe): Cecilie Dressler Verlag, Hamburg, 2000; rechts: Cover (DVD): Interfoto/NG-Collection, München **76**, **77**, **78**, **79**, **82**, **83** Interfoto/NG-Collection, München **93** links: picture-alliance/Mary Evans, Frankfurt a. M.; rechts: picture-alliance/Mary Evans, Frankfurt a. M.; unten: Illustration: Jutta Bauer. © Verlag Friedrich Oetinger, Hamburg **116** links: Artothek, Weilheim © VG Bild-Kunst, 2014; rechts: Ruth Waltz, Berlin **118** links: picture-alliance/akg-images, Frankfurt a. M.; links Mitte: picture-alliance/akg-images, Frankfurt a.M.; rechts Mitte: picture-alliance/dpa, Frankfurt a. M.; rechts: akg-images/Michael Teller, Berlin **121** akg-images, Berlin **122** akg-images, Berlin, © VG Bild-Kunst, 2014 **138** links: © ehrenberg-bilder–Fotolia.com; rechts: © Mike Schröder/argus **143** © Robert Kneschke–Fotolia.com **144** © hapa7–Fotolia.com **145** © MNStudio–Fotolia.com **149** Thomas Schulz, Teupitz **150** Tobias Schneider, Berlin **151**, **154** Thomas Schulz, Teupitz **158**, **159** picture-alliance/dpa, Frankfurt a. M. **161**, **162** (2), © Deutsches Rotes Kreuz **163** ddp images/dapd, Berlin **165** ddp images/dapd, Berlin **166**, **168** © Deutsches Rotes Kreuz **167** © Gorilla–Fotolia.com **169** links: picture-alliance/ dpa, Frankfurt a. M.; rechts: Task Force Germany – Deutsche Erdbebenrettung e. V. **171** © Cientotres–Fotolia.com **172** Buchcover (Die Nackten): Sauerländer Verlag, Mannheim 2010 **190** picture-alliance/dpa, Frankfurt a. M.

**205** Dialektkarte: Volkhard Binder, Berlin **210** Buchcover (Nathan und seine Kinder): Beltz Verlag, Weinheim und Basel 2011 **212**, **214** akg-images, Berlin **218** privat/© Mafa Jan Zatorsky **220** © www.naturfoto-cz.de **231** © ArTo – Fotolia.com **233** Cover (Duden Fremdwörterbuch): Bibliographisches Institut, Mannheim, 2007 **237** Cartoon Caricature Contor, München **242** picture-alliance/dpa, Frankfurt a. M. **246** picture-alliance/dpa, Frankfurt a. M.

# Sachregister

Zu diesem Buch gibt es ein passendes **Arbeitsheft** (ISBN 978-3-06-062994-7).

Autoren und Redaktion danken Veronika Amm (Sachsen), Anke Bartz (Mecklenburg-Vorpommern), Thomas Brand (Berlin), Kristina Bullert (Sachsen-Anhalt), Simone Fischer (Sachsen), Hannelore Flämig (Brandenburg), Franziska Möder (Mecklenburg-Vorpommern), Viola Oehme (Berlin), Katrin Paape (Sachsen), Freya Rump (Thüringen), Petra Schonert (Thüringen), Silvia Teutloff (Sachsen-Anhalt) und Bernd Skibitzki (Sachsen) für wertvolle Anregungen und praktische Hinweise bei der Entwicklung des Manuskripts.

**Redaktion:** Birgit Patzelt, Karin Unfried, Gabriella Wenzel
**Bildrecherche:** Angelika Wagener
**Illustrationen:** Friederike Ablang, Berlin: S. 8, 17, 32, 33, 36, 38, 127, 128, 136, 139, 154, 170, 174, 175, 176, 177, 179, 180, 181, 182, 183, 184, 185, 187, 191, 192, 194, 195, 196, 198, 200, 202, 203, 204, 207, 213, 215, 216, 217, 221, 222, 224, 226, 227, 228, 229, 230, 232, 234, 245
Sylvia Graupner, Annaberg-Buchholz: 49, 53, 81, 86, 87, 88, 90, 94, 95, 97, 100, 102, 105, 107, 108, 110, 112, 115, 119, 124, 125, 126, 129, 131, 134, 157

**Umschlaggestaltung:** werkstatt für gebrauchsgrafik, Berlin
**Umschlagillustration:** Dorothee Mahnkopf, Diez a. d. Lahn
**Typografisches Konzept, Satz und Layout:**
Klein & Halm Grafikdesign, Berlin,
nach Entwürfen von Farnschläder & Mahlstedt, Hamburg

**www.cornelsen.de**



1. Auflage, 1. Druck 2015

Alle Drucke dieser Auflage sind inhaltlich unverändert und können im Unterricht nebeneinander verwendet werden.



Druck: Mohn Media Mohndruck, Gütersloh

ISBN 978-3-06-062988-6

PEFC
PEFC/04-31-1033

**PEFC zertifiziert**
Dieses Produkt stammt aus nachhaltig bewirtschafteten Wäldern und kontrollierten Quellen.

www.pefc.de